O porquê das coisas

O porquê das coisas

Causalidade em ciência, medicina e vida

Peter Rabins

Tradução de Fernanda Ruiz

MAGNITUDDE

MAGNITUDDE

O porquê das coisas – Causalidade em Ciência, Medicina e Vida
Título original: *The Why of Things: Causality in Science, Medicine, and Life*

Esta edição em português é uma tradução completa da edição dos EUA, especialmente autorizada pelo editor original, Columbia University Press.

***Magnitudde* é um selo da Lúmen Editorial Ltda.**

1ª edição - março de 2015

Direção editorial: *Celso Maiellari*
Direção comercial: *Ricardo Carrijo*
Preparação de originais: *Karina Gercke*
Revisão: *Sandra Regina Fernandes*
Projeto gráfico, capa e diagramação: *Ricardo Brito | Estúdio Design do Livro*
Imagens de capa: *Gurkesalat | iStockphoto*
Impressão e acabamento: *Yangraf Gráfica*

Dados Internacionais de Catalogação na Publicação (CIP)
(Câmara Brasileira do Livro, SP, Brasil)

Rabins, Peter.
O porquê das coisas : causalidade em ciência, medicina e vida / Peter Rabins ; tradução de Fernanda Ruiz. -- São Paulo : Magnitudde, 2015.

Título original: The why of things: causality in science, medicine and life.
Bibliografia.

ISBN 978-85-65907-31-6

1. Causação 2. Causalidade 3. Ciência - Filosofia 4. Ciências da vida - Filosofia I. Título.

15-01397 CDD-122

Índices para catálogo sistemático:
1. Ciências da vida : Causalidade 122

Lúmen Editorial Ltda.
Rua Javari, 668
São Paulo - SP
CEP 03112-100
Tel/Fax (0xx11) 3207-1353

visite nosso site: www.lumeneditorial.com.br
fale com a Lúmen: atendimento@lumeneditorial.com.br
departamento de vendas: comercial@lumeneditorial.com.br
contato editorial: editorial@lumeneditorial.com.br
siga-nos nas redes sociais:
@lumeneditorial
facebook.com/lumen.editorial1

2015

Impresso no Brasil - *Printed in Brazil*

Aos meus mentores

DONALD GALLANT

PAUL MCHUGH

PHILIP SLAVNEY

MARSHAL FOLSTEIN

Sumário

Prefácio

As ideias desenvolvidas neste livro foram abordadas pela primeira vez em uma apresentação de um quadro clínico para alunos e professores do Departamento de Psiquiatria e Ciências Comportamentais da Escola de Medicina Johns Hopkins. Neste fórum, o palestrante inicia discutindo a consulta com um paciente e usa os assuntos levantados pela situação para tratar de uma questão mais ampla. Na tentativa de responder a pergunta do meu paciente, "Por que isso aconteceu comigo?", percebi que a mesma questão se coloca a todos nós na vida profissional e pessoal. A visão do então chefe do departamento, Paul McHugh, é uma prova de que a causalidade deveria ter um acompanhamento adequado durante a discussão de um quadro clínico. Para ele, a prática da medicina deve estar enraizada em um quadro intelectualmente defensável e discutível. Enquanto o esboço do esquema apresentado naquela palestra em 1995 é mantido aqui, as ideias evoluíram em resposta às sugestões, perguntas e críticas feitas por muitos colegas, amigos e membros da família. A eles, eu devo profunda gratidão.

Tive muitos professores maravilhosos e influentes que datam da escola primária, e não tenho dúvidas de que as ideias apresentadas aqui são uma consequência de seus ensinamentos. As quatro pessoas a quem dedico este livro desempenharam um papel especial no meu desenvolvimento como médico e psiquiatra e influenciaram minha abordagem tanto no meu trabalho científico quanto no clínico ao longo da minha carreira. Donald Gallant me mostrou que a psiquiatria pode ser intelectualmente rigorosa, que muitos pacientes poderiam ser ajudados, e que levar atendimento aos locais onde viviam os mais desfavorecidos faria a diferença na vida de muitas pessoas. Com Paul McHugh e Philip Slavney aprendi muitas coisas, principalmente a importância de identificar pressupostos fundamentais, modos de raciocínio, e antecessores intelectuais. Marshal Folstein guiou minha imersão na conexão entre a psiquiatria e o cérebro e me deixou bem claro a importância do teste de hipóteses.

Comecei a escrever este livro durante um período sabático de três meses em 2001. Sua gestação de uma década reflete tanto a evolução das ideias quanto a depuração que vem com muitas edições. O Instituto de Bioética Johns Hopkins Berman providenciou um escritório durante o meu período sabático e um fórum para apresentar essas ideias, e sou muito grato aos seus membros. Grande parte da escrita e edição ocorreu no chalé de Marilyn e Peter Julius em Plum Lake. Este lugar extraordinário, longe das distrações do trabalho clínico, das aulas e questões administrativas, me ajudou a refinar meus pensamentos.

Philip Slavney fez uma leitura atenta do primeiro rascunho completo do livro, e suas sugestões melhoraram muitos aspectos da minha lógica e apresentação. Meu editor, Patrick Fitzgerald, da editora da Universidade Columbia, foi, ao mesmo tempo, solidário e crítico e ainda ajudou a melhorar a escrita. Os três revisores que ele recrutou para examinar o texto datilografado fizeram muitas sugestões valiosas, e a eles, expresso minha gratidão.

Minha família extraordinária tem me apoiado ao longo da escrita deste livro. As discussões com eles me ajudaram a moldar as minhas ideias, e contribuíram com o trabalho artístico. Continuam a me inspirar e a me ensinar. Minha esposa, Karen, leu a versão final e, como tem feito em muitos dos meus escritos, fez contribuições significativas.

Introdução

Todos os homens, por natureza, desejam saber.
— Aristóteles

Em 11 de março de 2011, um tsunami atingiu a usina Fukushima Daiichi, na costa nordeste do Japão. A fábrica havia fechado, como previsto, 40 minutos antes, quando um terremoto ocorreu a poucos quilômetros da costa, mas o tsunami destruiu as fontes de backup de energia elétrica que alimentavam a refrigeração constante exigida pelos reatores. O derretimento do núcleo de três dos cinco reatores das instalações levou a uma grande liberação de radiação.

O que causou esta falha catastrófica? A resposta mais simples é o terremoto e o tsunami. Mas análises periciais posteriores citaram "deficiências técnicas e institucionais", uma estrutura e gestão deficientes da empresa provocaram esse resultado, e o carácter voluntário dos padrões pelos quais as usinas nucleares são geridas e supervisionadas. Outros ainda apontam para falha dos engenheiros nucleares, pois deveriam fornecer um mecanismo pelo qual o resfriamento poderia continuar mesmo com a perda prolongada de energia e poderiam ter decidido construir menos reatores em um único local.

Trinta e dois anos antes, em março de 1979, a usina nuclear de Three Mile Island, na Pensilvânia, sofreu uma falha catastrófica. O evento precipitador foi uma válvula aberta que provocou uma série de eventos que terminam na falha do reator. Em seu livro sobre a catástrofe chamado *Acidentes normais*, o sociólogo Charles Perrow concluiu que a complexidade das instalações de produção industriais modernas, principalmente as usinas nucleares, torna as falhas catastróficas inevitáveis e prevê um acidente desse tipo a cada década (Chernobyl e Fukushima se repetiriam nos próximos trinta e dois anos). Perrow identificou uma série de causas que contribuíram para o fracasso da Three Mile Island, incluindo multiplicidade de elementos interagindo na usina e uma falta de vontade de muitas pessoas envolvidas na concepção, gestão, aprovação política, financiamento e preparação para desastres — aceitando a incapacidade dos seres humanos de prever todas as fontes potenciais de falhas. Uma atitude melhor caracterizada como arrogância humana.

No meu trabalho como psiquiatra, ao longo dos últimos trinta e cinco anos, frequentemente me perguntam a causa: "Por que me tornei deprimido? Foi algo que fiz ou deveria ter feito? Ou é por causa de alguma experiência minha do passado?", "É genético, pois minha mãe fez tratamento para a depressão?", "Isso é um castigo de Deus?", "Por que faço amizade com pessoas que no final acabam virando-se contra mim?", "Por que tenho repetidamente problemas com meus chefes e perco meus empregos?"

São questões como estas que levaram à escrita deste livro.

Estes "porquês" parecem tão naturais a serem perguntados, e tão importantes, que muitas pessoas estão convencidas de que devem ser respondidos. No entanto, as respostas para perguntas como por que os desastres de Fukushima e Three Mile Island ocorreram ou por que uma pessoa se torna deprimida, são complexas e multifatoriais. Como podemos incluir fatores tão díspares como uma válvula ficar aberta, a complexidade inerente à estrutura de vários sistemas, e a incapacidade dos seres humanos de prever todos os possíveis erros e eventos adversos na operação de um sistema tão intrincado? Como a genética, a primeira experiência de vida, e os eventos atuais podem ser entendidos como causadores da depressão em uma pessoa, mas não em outra, com experiências e contextos semelhantes? Como se pode escolher por onde começar? Quais são as regras ou padrões pelos quais respostas devem ser julgadas? Existe um padrão? Será que essa tarefa é impossível, pois não há maneira de julgar a resposta correta?

A solução aqui proposta é uma abordagem pluralista que pressupõe que há uma melhor abordagem para cada questão e que é trabalho do pesquisador determinar qual o método ou combinação de abordagens é a mais adequada à questão colocada. Este livro propõe um modelo de três facetas de causalidade. Como uma prévia:

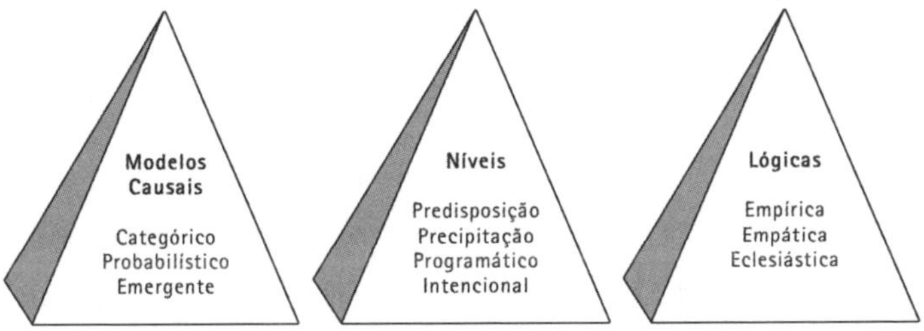

➜ Faceta 1 consiste em três *modelos conceituais* da lógica causal: a válvula aberta na Three Mile Island é um exemplo de respostas sim/não ou modelo categórico. A contribuição genética para o desenvolvimento de depressão é um risco classificado como *probabilístico* ao invés de um sim/não absoluto. A depressão que ocorre após um mínimo fator de estresse que sucedeu uma longa sequência de estressores moderados ou graves seria um exemplo de uma causa *emergente* ou não linear.

➜ Faceta 2 descreve quatro *níveis de análise*, uma abordagem sugerida pela primeira vez por Aristóteles há dois mil e quatrocentos anos. Nos exemplos de Three Mile Island e Fukushima, as causas *predisponentes* foram a gestão e supervisão falhas, o tsunami foi uma causa de *precipitação*. A complexidade inerente dos muitos sistemas que interagem e compõem uma usina de energia nuclear é uma causa *programática*, e a arrogância humana é uma causa *intencional*.

➔ Faceta 3 descreve as três *lógicas* pelas quais o conhecimento da causa é adquirido. O método *empírico* utiliza o método científico, por exemplo, a determinação de que uma variante genética está presente em vários membros desta família em que a depressão é comum. O método *empático* usa a lógica de conexão narrativa para apoiar o raciocínio de que um estressor específico é negativo para uma pessoa, mas não à outra. A lógica *Eclesiástica* seria utilizada por um crente que atribui a causa à um lapso real em sua participação de longa data nos preceitos de sua religião.

Os três lados de um tetraedro é uma forma fácil de visualizar estas três facetas, como mostrado na figura aqui e nos diagramas que abrem cada capítulo. Esses diagramas reforçam vários aspectos importantes desta abordagem. Em primeiro lugar, as três facetas não são totalmente independentes, elas podem (e devem) ser utilizadas em combinação quando adequado. Em segundo lugar, elas não são hierárquicas. Para ajudar o leitor ao longo de sua leitura, cada capítulo é aberto com uma imagem da faceta que será focada (ou de uma combinação delas).

O modelo das três facetas é complexo, até mesmo assustador, e a complexidade está no livro para justificar esta abordagem enredada. Trago à tona, pois vários desafios amplos devem ser levantados por alguém interessado em explorar como a atribuição causal pode ser justificada.

Em primeiro lugar, não existe uma definição única de causa. Em segundo lugar, a compreensão da causa tem variado ao longo do tempo e em diferentes cùlturas. E em terceiro lugar, não se pode *"provar"* a existência do conceito de causa ou causalidade. Como resultado, este livro é construído sobre a *premissa* de que existem causas e que *relações causais* podem ser *descobertas* e *confirmadas.* Isto deve ser declarado como uma suposição, pois não é apenas impossível de se provar, mas também, como será discutido mais adiante no livro, impossível de se refutar. De fato, alguns estudiosos e pensadores respeitados afirmam que o conceito de causa nada mais é do que uma conveniência que não tem nenhum significado além do seu uso em discursos cotidianos, ciência aplicada, lógica ou religião. Outros citam a visão amplamente variável de causalidade entre culturas como prova de que ela é uma convenção, ao invés de uma construção válida ou universal.

Para tornar a questão ainda mais complexa, não existe uma única definição ou método para determinar "o porquê de uma coisa". Como podemos explicar que não há um método certo ou melhor para determinar a causa, mas que existem causas que podem ser identificadas com precisão e que a melhor maneira de abordar a questão específica da causa é, por vezes, possível? Acredito que uma resposta a esta questão surge quando se reconhece que a definição de causa, a história do conceito de desenvolvimento, bem como o estabelecimento de métodos para determinar a causa estão interligados. O modelo pluralista aqui apresentado é construído sobre uma fusão dessas três grandes questões. Exemplos serão usados em todo o livro para ilustrar os tipos de perguntas que um método ou modelo em particular utilizam para conduzir respostas. Esses exemplos também ilustram os pontos fortes e as limitações dessa abordagem e devem deixar claro que a tentativa de identificar os princípios gerais muitas vezes simplifica demais o que acontece no mundo real. O leitor é convidado a trazer um ceticismo saudável para essas discussões e usar os exemplos com coerência para verificar se os argumentos que estão sendo colocados têm validade.

1
PANORAMA HISTÓRICO:
As quatro abordagens à causalidade

Uma coisa não pode ocorrer
sem uma causa que a produza.
— PIERRE SIMON DE LAPLACE

O conceito de causalidade é uma parte muito importante de nossas vidas que, muitas vezes, pensamos, discutimos, ou identificamos as causas, sem considerarmos a complexidade do conceito subjacente. Perguntas sobre causa tocam em pequenas e grandes questões, como, por que tropeçei, o que levou àquele acidente de carro, o que causou o tempo de hoje? Por que algumas pessoas são mais felizes do que outras? Por que algumas pessoas ficam doentes, enquanto outros evitam uma doença que "todo mundo está pegando"? O que causa a pobreza, os ciclos econômicos, o abuso de substâncias, o mal? Como o universo surgiu?

O objetivo deste livro não é responder quaisquer destas perguntas, com absoluta certeza - isso não seria possível. Ao invés disso, seu objetivo é proporcionar abordagens para responder a essas perguntas. Vamos começar tentando compreender o que queremos dizer com a palavra "causa". A compreensão do que está por trás das nossas palavras pode ajudar a direcionar uma pesquisa, esclarecer o que está sendo procurado, e resolver alguns dos argumentos que possam surgir. Esta abordagem compartilha uma suposição, vinda dos antigos gregos, de que o raciocínio humano pode ser uma fonte de conhecimento.

Compreender o que se entende por causa é uma grande questão. É a pergunta "por quê" feita por crianças de dois anos de idade, adultos, historiadores, geneticistas, clérigos, especialistas em ética e tantas outras pessoas. Grandes pensadores em disciplinas tão díspares como a teologia, a filosofia, a neurofisiologia, história, física de partículas, e prevenção de acidentes têm dado atenção ao que se entende por "uma causa." Para começar a responder a pergunta: "O que queremos dizer com causalidade?", examinaremos algumas das principais teorias. Isto fará com que o leitor aprecie como conceitos atuais têm se desenvolvido ao longo do tempo e identifique alguns dos principais desafios enfrentados por qualquer pessoa interessada na questão.

No entanto, levando em conta uma abordagem histórica, neste caso, não significa que as teorias e conceitos surgiram em uma sequência específica, ordenada ou desenvolvida em um caminho progressivo, linear. Muitos dos conceitos discutidos aqui foram desenvolvidos em locais bastante distantes e atingiram outras partes do mundo apenas séculos mais tarde. Isto é claramente ilustrado no desenvolvimento de aspectos semelhantes de causalidade que surgiram nos mundos Oriental e Ocidental em tempos diferentes e sem influência aparente entre si. A vantagem da abordagem seqüencial é que ela fornece uma estrutura sobre a qual as diferentes ideias podem ser expostas e mostra como os conceitos de causalidade têm mudado ao longo do tempo. Talvez ainda mais importante, traça o desenvolvimento do conceito de causalidade na história humana, enfatiza a longa luta com a questão e apoia a noção de que um entendimento completo talvez nunca seja desenvolvido. Uma revisão histórica também revela que os nossos conceitos atuais de causalidade são uma amálgama de ideias que surgiram e se desenvolveram ao longo de milhares de anos. Refletem e derivam de uma longa tradição de pensamentos que envolveram muitos grupos e culturas. Por necessidade, esta revisão será seletiva. Serão destacadas algumas das questões mais desafiadoras e contenciosas e definido o cenário para grande parte das discussões nos capítulos seguintes.

Panorama histórico

Os primeiros escritos demonstram a centralidade do conceito de causalidade para a humanidade. As tábuas sumérias de cinco mil anos e os papiros egípcios de três mil e quinhentos anos identificam forças ou seres que provocaram algo (causaram) ao mundo de maneira que estas culturas (ou pelo menos os autores) vivenciaram a experiência. Tratados religiosos antigos como o Rig Veda hindu e o aramaico Tanakh, ou o Velho Testamento, trazem as mesmas informações. Esses textos antigos também vinculam eventos do presente à influência de outros seres ou de uma força inicial. A identificação de uma causa inicial como a explicação para o universo, como o conhecemos, não só persiste até hoje em muitas religiões, mas também é um princípio central de tais hipóteses científicas como a teoria do Big Bang, que atribui o universo físico atual aos eventos que ocorreram no instante de sua formação, e o conceito de Gaia panteística, o qual descreve a Terra como um organismo construído de tal modo que uma alteração em um aspecto conduz a um ajustamento em outros, a fim de manter o equilíbrio. Assim, o que hoje é rotulado como uma origem sobrenatural dos eventos pode ser encontrada em muitas, se não em todas as culturas e deve ser abordada sempre que o conceito de causalidade for contestado. Este será o foco do Capítulo 10.

A ideia de que os seres humanos podem causar eventos individualmente também estava presente no pensamento Oriental e Ocidental por milhares de anos, embora não seja possível provar que todos os grupos conceituaram causalidade desta forma. O conceito hindu do carma, que atribui aos indivíduos a responsabilidade por suas ações e explica a forma pela qual uma pessoa é reencarnada como resultado de escolhas passadas implica que os indivíduos são os agentes da causa. A mais antiga compilação de leis, o Código de Hamurabi, que data de 1750 A.C., também atribui aos indivíduos a responsabilidade por suas ações, assim como as histórias bíblicas de Adão e Eva, o Dilúvio, e os Dez Mandamentos. A importância desses documentos demonstra que o conceito do agente causal tem sido um aspecto central do pensamento humano há muito tempo.

Várias centenas de anos após a história de Moisés, os Gregos desenvolveram a tradição Ocidental do pensamento analítico como uma fonte de conhecimento. Demócrito (c. 400 A.C.) desenvolveu a ideia de que eventos têm causas individuais extremas, embora tenha sugerido que a causalidade pode ser tão complexa que muitas vezes ficou escondida da observação humana ou, pelo menos, se tornou muito difícil de ser discernida. Mais ou menos ao mesmo tempo, Platão propôs que objetos como cadeiras e conceitos como causa existem como ideais em contraposição ao objeto cadeira e às causas que podem ser medidas ou comparadas.

A ideia de Platão, de que usamos modelos ideais ou "exemplares" como um padrão em contraposição a um evento real que é medido, tem sido demonstrada em recentes experimentos de neurociência cognitiva como uma abordagem humana inata. São inerentes a ela duas teses que se repetem ao longo deste livro. Primeiro é a ideia de que uma vez que um padrão é identificado, este pode ser abordado repetidas vezes ao longo do tempo, apesar da perfeição nunca ser alcançada. Em segundo lugar está a ideia de que o ideal existe tanto no abstrato como na realidade. Platão nunca aplicou esses conceitos ao estudo da causa. No entanto, eles sustentam a abordagem adotada neste livro, que defende ser possível desenvolver um modelo de causalidade que se aproxima do ideal ao longo do tempo, incorporando ao conceito aquelas ideias que melhoram a sua precisão e descartando aquelas não tão úteis. A implicação de que a abordagem platônica resultou em um conceito cada vez mais sutil e mais profundo da causalidade está inclusa neste livro, bem como o reconhecimento de que uma definição completa e permanente não pode ser alcançada.

Aluno de Platão, Aristóteles, propôs um modelo multifatorial de causa e efeito, descrevendo que a causa existe em vários níveis diferentes de análise. A Tabela 1.1 lista os quatro níveis de causalidade que ele identificou, fornece minha adaptação a eles, e um exemplo comumente citado a partir dos escritos de Aristóteles. O significado de "causa" de Aristóteles era diferente do que a causa geralmente significa na era atual, mas sua concepção ainda é muito moderna. Ele descreve a "causa" de uma estátua.

Tabela 1.1 Modelo Aristotélico da Causa

Termo aristotélico	Termo Descritivo Novo	Definição	Estátua de bronze de Zeus
Material	Predisposição	Inerente, pré-existente	Força e maleabilidade do bronze
Eficiente	Precipitação	Iniciação, provocação	O escultor
Formal	Programático	Sistemático, interacional	O ideal de beleza do corpo humano
Final	Intencional	Razão, teologia	Para inspirar e honrar

O *material causa* é o bronze e as propriedades únicas que o tornam desejável para a produção de uma representação de um corpo humano detalhado. A *causa formal* é a concepção do corpo ideal e o conceito de fazer uma representação idealizada. A *causa eficiente* é o artesão e a habilidade que o artesão traz ao processo.

A *causa final* é o propósito da estátua, por exemplo, exaltar o corpo humano ideal, ou homenagear o deus representado. "O que causa uma estátua?" É claramente uma questão sobre o que a trouxe à existência, uma questão que aborda um aspecto da causalidade, mas, hoje, não é uma questão de interesse primário. Embora complexo, o modelo multifatorial, multinível de Aristóteles foi extraordinariamente influente durante quase dois mil anos. Por exemplo, quando Tomás de Aquino (c. 1225-1274) discutiu causa em um contexto teológico, ele conceituou Deus operando em cada nível aristotélico. O Capítulo 2 apresentará uma versão ampliada e modificada do modelo aristotélico adaptado às questões atuais.

Com o surgimento e desenvolvimento do método científico, a conceituação de causa e os métodos para demonstrar causalidade têm sofrido grandes mudanças ao longo dos últimos quatrocentos anos. Embora o método científico como o conhecemos não tenha tido um início isolado, Francis Bacon (1561-1626), em seu *Novum Organum* (1620), é frequentemente citado como o primeiro indivíduo a reconhecer suas características e potencialidades. Bacon não era um experimentalista nato, no entanto, reconheceu que uma abordagem ao conhecimento que combina três elementos da observação repetida, a integração dos resultados positivos (confirmação) e resultados negativos (desconfirmação), e ceticismo em relação à autoridade como a principal fonte de informações precisas, sinalizou uma nova forma de buscar conhecimento. Ele citou a volumosa coleção de estudos do astrônomo dinamarquês, Tycho Brahe, sobre o movimento dos corpos celestes e posterior descoberta em 1512 de uma nova (o que demonstrou que o universo não era estático, contrariando um preceito básico aristotélico) como exemplos dessa nova abordagem para a aquisição de conhecimento.

Outras descobertas no século XVI contradisseram ainda mais o modelo aristotélico do universo e prejudicaram a aceitação absoluta da autoridade intelectual aristotélica. Por exemplo, a afirmação de Copérnico de que o Sol, e não a Terra era o centro do sistema solar (em seu livro *De Revolutionibus* — Das revoluções das esferas celestes — publicado na época de sua morte em 1543) foi apoiado pela demonstração de Johannes Kepler (1571-1630), de que a movimentaçao dos planetas poderia ser descrita matematicamente como elipses e não círculos perfeitos como Aristóteles alegava. A a identificação de Galileu Galilei (1564-1642), que as luas giram em torno de Júpiter contradisse a afirmação de Aristóteles de que os corpos celestes giravam apenas em torno da Terra.

Além disso, sua crença de que objetos em movimento naturalmente desaceleram, foi substituída pela demonstração de Galileu de que corpos em queda aceleram em ritmo uniforme, e pelo conceito de Isaac Newton (1642-1727), como sua primeira lei do movimento, que os objetos continuam a mover-se na mesma direção e na mesma velocidade, a menos que influenciado por uma força externa.

Galileu atacou diretamente o modelo aristotélico de causa em seu livro *Discourse on Two New Sciences* (Discurso sobre duas novas ciências, de 1638). Ele propôs que o novo conhecimento era mais bem obtido pela observação e medição, e não pela introspecção. No *Discurso*, o personagem que representa o ponto de vista de Galileu cita sua capacidade de descrever a aceleração da queda dos corpos matematicamente, mas sua incapacidade concomitante para identificar a causa da aceleração como prova de que a busca de uma causa final aristotélica é fútil. A rejeição de Galileu à ideia aristotélica de que a causa tem vários significados e sua ênfase na identificação de questões, ou eventos, em que medições diretas podem ser feitas (similar ao aspecto da causa que Aristóteles se referiu como "eficiente") estabeleceu um conceito estreito de causa que persiste hoje. Vou me referir a esta definição mais estreita de causa como o *modelo categórico*, pois procura como causa eventos únicos que estão presentes ou ausentes. Este modelo será discutido em detalhes no Capítulo 3. Como observado anteriormente, esse conceito estreito de causa antecedeu Aristóteles, mas o modelo aristotélico ofuscou tanto esse conceito que a abordagem categórica só recuperou um papel de destaque com o surgimento do método científico no século XVII.

Outra ideia de Galileu sobre a causalidade e que tem sido influente no meio acadêmico foi destacada por John Stuart Mill duzentos anos mais tarde em seu uso da frase "necessário e suficiente". Essa concepção de causa afirma que A é a causa necessária e suficiente de B, *se* A sempre ocorre antes de B *e* B nunca ocorre sem A. Esse é um padrão muito elevado: implica que um evento pode ter apenas uma causa. Este padrão não pode ser aplicado em muitas situações. No entanto, quando se descreve uma situação, a probabilidade de uma relação causal é alta.

Enquanto a visão de Galileu foi apresentada aqui com uma distância radical da multifatorial aristotélica, o modelo multinível de causalidade torna-se absoluto apenas em retrospecto. Mesmo os cientistas da época não tinham noção de que as concepções pré-galileanas de causalidade haviam sido derrubadas. Por exemplo, tanto Isaac Newton quanto Gottfried Wilhelm von Leibniz, dois dos cientistas mais talentosos e mais conhecidos (e, por vezes rivais) do século XVII, escreveram tratados filosóficos que identificaram Deus como a causa final, assim como Tomás de Aquino quatro séculos antes.

Newton acreditava que a regularidade de suas leis demonstrava que eram manifestações da obra de Deus, e Leibniz acreditava que a organização do mundo refletia o plano de Deus e era, portanto, a melhor maneira possível de organizar o mundo. Tanto Leibniz quanto Newton viram um papel para o estudo experimental e matemático, mas mantiveram-se convencidos de que Deus era a explicação final. Nenhum deles viu esse modelo duplo como uma contradição, mas sim como ciência e religião conceituadas como modelos causais complementares que confirmavam uns aos outros.

Enquanto a crítica de Galileu sobre Aristóteles pode ser caracterizada como uma nova ênfase na precipitação de causa ao invés de uma rejeição do modelo aristotélico, a mudança foi radical, e influenciou significativamente a abordagem à causa ao longo dos trezentos e cinquenta anos posteriores. Fez da busca de elementos "suficientes" o critério de definição de causalidade e reduziu a procura de causas aos elementos observáveis e testáveis. Com efeito, foi definida a essência da causalidade como a identificação de *eventos* precipitantes. O que representou — o que causou — este desenvolvimento dramático? Sugiro que foi a concatenação de acontecimentos no Ocidente durante os séculos XVI e XVII. Eles incluíram novas tecnologias, tais como o telescópio; novos métodos para coleta e análise de informações, tais como modelos probabilísticos; grandes pensadores como Leibniz, Newton e Galileu; mudanças econômicas que proporcionaram momentos de lazer e apoio financeiro para pessoas brilhantes buscarem novos conhecimentos fora da Igreja, o desenvolvimento das notícias impressas, o que proporcionou um método de ampla e relativamente rápida transferência de informações; e a emergência em toda a Europa das instituições de ensino, nas quais os indivíduos poderiam compartilhar as novas observações tecnológicas e métodos trabalhados. (Este é um exemplo da lógica narrativa, discutida no Capítulo 9.)

Limitações do método científico

No entanto, as dúvidas sobre a capacidade do método científico para identificar as causas se espalharam rapidamente, mesmo entre indivíduos que eram praticantes da ciência. Por exemplo, René Descartes (1596-1650), um experimentalista cujas contribuições incluem as coordenadas cartesianas, a ideia de que as relações matemáticas são a base dos fundamentos da física, e o conceito de impulso, ceticismo expressado sobre a capacidade de adquirir conhecimento sozinho através da observação. Ele propôs que se deve começar a partir de princípios estabelecidos e *deduzir* verdades deles. Isto levou à sua afirmação de que se poderia começar a partir da declaração *Cogito ergo sum* (Penso, logo existo) e deduzir tanto a existência de Deus quanto a dualidade da mente e do corpo.

Tal ceticismo sobre a confiança nos sentidos pode ser atribuído aos estóicos, mil e quinhentos anos antes, mas é relevante aqui a sugestão de Descartes, de que o método de dedução é o mais útil para identificar causas, pois o método dedutivo ainda está conosco e as aplicações de Descartes demonstram que o dedutível ainda é passível de impugnação.

A ênfase renovada de Galileu e Bacon na precipitação como a característica definidora de causalidade também foi um desafio para o filósofo escocês David Hume (1711-1776). Hume afirmou que a causalidade nunca poderia ser definitivamente demonstrada, pois dependia do raciocínio *indutivo*, ou seja, era necessário um salto de crença de que dois eventos eram inevitavelmente ligados e, assim, a elaboração de conclusões que vão além dos fatos. Hume argumentou que mesmo que um evento B sempre siga o evento A, só se podia "supor" que A causou B. Tais associações nunca poderiam *provar* causalidade.

No entanto, Hume não descartou totalmente a indução, mas disse que nunca poderia estabelecer causalidade com certeza. O ceticismo de Hume sobre o raciocínio indutivo persiste até hoje, tanto entre os cientistas que se opõem à busca de grandes explicações para fenômenos naturais quanto entre os anticientistas, os quais rejeitam o método científico como um meio de aumentar o conhecimento e compreensão.

Como apontado por Karl Popper duzentos anos mais tarde, a rejeição da indução de Hume é por si só uma indução. No entanto, Hume identificou uma importante advertência: o raciocínio indutivo tem limitações inevitáveis e não pode "provar" com precisão que dois eventos estão causalmente relacionados. É igualmente importante ressaltar, porém, que Hume não reivindicou que a busca da causa é inútil. Ele citou a demonstração repetida de que dois eventos ocorrem em conjunto e a identificação de múltiplas linhas de evidência que apontam na mesma direção como apoio, mas não como prova de relações causais.

Mesmo hoje, embora a ressalva de que a ocorrência de dois eventos juntos (associação) não indica causalidade seja amplamente reconhecida, a identificação de Hume a essa limitação na busca de relações causais é frequentemente ignorada. A sedução do raciocínio indutivo é uma armadilha que captura facilmente os incautos. Ser atencioso sobre o significado da "causa", sendo cuidadoso ao afirmar que essa relação existe, e exigindo múltiplas linhas de evidência, pode diminuir a chance de erro. O ceticismo de Hume desafiou a disposição de a causalidade ser aceita como um dado, mas estimulou um refinamento do conceito e sustentou grande parte do pensamento Ocidental sobre o assunto durante os subsequentes duzentos anos.

Ao mesmo tempo em que Hume estava expressando ceticismo sobre a possibilidade da identificação da causa com certeza absoluta, o filósofo Italiano Giambattista Vico (1668-1744) estava expressando preocupações semelhantes sobre a validade do conhecimento causal na disciplina de História. Vico observou que a maioria dos mecanismos causais propostos, encontrados por escritos históricos, derivou de uma análise dos acontecimentos *depois* de terem acontecido. Ele sugeriu que uma distinção básica deveria ser feita entre informações obtidas por métodos científicos e não científicos. Sua preocupação será analisada a fundo no Capítulo 9.

Immanuel Kant e o papel da percepção humana

A rejeição radical de Hume pela indução estimulou Immanuel Kant (1724-1804) a reformular os conceitos de causa e causalidade menos de meio século depois. Kant afirmou que os seres humanos impõem sobre a natureza categorias básicas, tais como causalidade. Dito em termos mais modernos, esta proposta prevê que a organização do sistema nervoso determina a maneira pela qual as coisas são percebidas. Kant estendeu essa hipótese para a questão da causalidade e propôs que o conceito de causa é um aspecto inato do pensamento humano. Assim, causas existem porque o cérebro humano é organizado para conceber as relações causais entre eventos. Esta ideia extraordinariamente radical (embora tivesse precedentes entre os antigos gregos) recebeu o apoio de várias linhas de experimentos modernos. Pacientes que se submeteram a calosotomia (cirurgia de "divisão" no cérebro em consequência da síndrome de desconexão hemisférica), por exemplo, mostraram experimentar e pensar sobre as relações causais entre dois eventos de forma diferente em cada uma das metades desconectadas de seus cérebros. Pesquisas com crianças também sugerem que a noção de uma relação causal se desenvolve entre os dois e três anos, mas a interpretação dessas experiências depende de certos comportamentos indicarem a presença do conceito de causalidade, uma interpretação que não é universalmente compartilhada. Estudos recentes em ressonâncias magnéticas também sugerem uma base neural para a categorização humana.

A Medicina trabalha com a causa

Pela segunda metade do século XIX, novas tecnologias e abordagens intelectuais construíram os pontos fortes do modelo de "agente-direto" da causa defendida por Galileu e seus sucessores. Isso é bem ilustrado pelos avanços no conhecimento médico. Por milhares de anos, os médicos que escreveram sobre medicina focaram em sintomas individuais tais como febre, falta de ar, convulsão e desorientação. Cada um foi considerado uma realidade específica, tanto quanto nós hoje consideramos doenças individuais sendo condições distintas. No entanto, em meados do século XVII, o médico britânico Thomas Sydenham (1624-1689) observou que alguns sintomas médicos agrupavam-se com regularidade em muitos pacientes. Ele sugeriu que esses agrupamentos de sintomas, agora chamados *síndromes,* representavam aspectos reais e propôs um teste desta hipótese: eles seriam encontrados em pacientes de diferentes partes do mundo e em diferentes épocas históricas. Além disso, ele propôs que a existência desses aspectos fosse comprovada pelo fato de que cada uma segue um curso previsível ao longo do tempo e tem um resultado previsível, independentemente de onde ou quando a pessoa viveu. Por exemplo, pacientes que apresentavam os três sintomas de febre, tosse e expectoração provavelmente estavam sofrendo de pneumonia, uma doença dos pulmões, enquanto os pacientes com febre, rigidez do pescoço e desorientação, provavelmente estavam sofrendo de meningite, uma doença do revestimento do cérebro e do sistema nervoso central.

Esta nova abordagem introduziu o conceito de doenças como as entendemos hoje. Duzentos anos mais tarde, esse conceito foi relacionado à autópsia por esses médicos do século XIX, como o patologista Alemão Rudolf Virchow (1821-1902), para desenvolver um método chamado de correlação clínica/patológica. Esta ligação proporcionou um meio de demonstrar que muitos pacientes com síndromes identificadas pelo método Sydenham de agrupamento de sintomas tinham as mesmas anomalias corporais na autópsia e, portanto, proporcionou um método para demonstrar que uma anomalia física específica era causadora de uma doença específica.

Mais relevante a essa discussão, a abordagem clínica/patológica tornou-se um método por meio do qual foi possível estabelecer a causa de uma doença específica. Por exemplo, a ligação das anormalidades específicas nas estruturas corporais às síndromes clínicas específicas, levou ao abandono das crenças dos antigos gregos, que diziam ser os desequilíbrios de humores corporais (bile negra, bile amarela, catarro e sangue) e as substâncias ambientais ("miasmas") as causas das doenças. O que a autópsia ofereceu foi uma forma de "provar" tais relações e, portanto, provar o valor e a especificidade do modelo proposto por Sydenham. A concepção moderna de doença que derivou deste modelo ainda é amplamente aceita tanto no âmbito da profissão de medicina, quanto pelo público. Muitos dos avanços que ocorreram na medicina ao longo dos últimos cem anos atestam os pontos fortes deste modelo de causalidade, mas, como veremos nos capítulos 4, 5 e 8, alguns de seus fracassos também derivam das limitações de um modelo excessivamente simples de causalidade de doença.

Outra grande descoberta médica do século XIX, a teoria dos germes, levou diretamente a uma codificação de métodos para estabelecer causalidade na medicina experimental e clínica. Em experimentos realizados em meados do século XIX, Louis Pasteur (1822-1895) e outros descobriram que organismos microscópicos chamados bactérias poderiam ser associados com muitas síndromes, como pneumonia e meningite. Mas como essas relações causais poderiam ser provadas?

O microbiologista Robert Koch (1843-1910) propôs três critérios, mais tarde chamados de postulados de Koch, para provar que um organismo causou uma infecção:

1. O organismo é repetidamente isolado de indivíduos com uma doença específica;

2. O organismo é então reproduzido em tal quantidade que
3. após a inoculação em animais ou em seres humanos, a doença inicial é replicada.

Este esquema contém elementos da sugestão de Hume, que repetidas associações reforçam a probabilidade de uma relação causal, e da ideia de Galileu, a causalidade implica que a relação entre os dois eventos é *necessária*, isto é, de que a doença não ocorreria sem o agente. Os critérios foram alterados ao longo do século passado e agora incluem um elemento de *suficiência*, isto é, a ideia de que a doença nunca ocorre sem o agente ou que a doença deixa de existir se o agente é removido, por exemplo, por meio de tratamento. Esses critérios descrevem a essência do processo científico pelo qual uma causa ou causas são identificadas em um sistema biológico. É uma poderosa aplicação do modelo de doença de causa única que será discutido no Capítulo 3. Dito de uma forma mais geral, esses critérios postulam que A pode demonstrar ser uma causa de B se

1. A estiver *repetidamente* associado com B (correlacionado ou associado); *e*
2. B ocorrer regularmente quando A é inoculado (suficiente); *e*
3. a remoção do A levar a uma resolução de B (necessário).

No entanto, os postulados de Koch ou critérios causais não explicam várias questões em causalidade que se relacionam com microbiologia e a causalidade de forma mais ampla. Por que alguns indivíduos que estão inoculados com um organismo não desenvolvem a doença? Por que a mesma cepa de organismo causa manifestações variáveis em pessoas diferentes?

Por que as doenças variam em sua frequência ou prevalência em diferentes áreas geográficas? Essas questões revelam que há limites para a universalidade dos postulados, mas os avanços no conhecimento que resultaram de sua aplicação ao longo dos últimos cem anos são um testemunho de seu poder e utilidade. A rápida ligação do organismo HIV à síndrome da imunodeficiência adquirida (AIDS), por exemplo, usou exatamente essa lógica, embora o critério 3 não tenha sido demonstrado em seres humanos por dez anos após a descoberta do vírus.

As perguntas no último parágrafo, que não são respondidas pelos postulados de Koch, ilustram uma questão muito mais ampla: a nossa capacidade de avançar com regras gerais para o estabelecimento de causalidade será sempre limitada pelas especificidades de uma determinada questão causal. No exemplo de provar que um agente infeccioso específico é a causa de uma doença específica, existe uma variabilidade não apenas entre os organismos conhecidos por causar uma doença específica (por exemplo, alguns podem ter um gene que confere resistência a antibióticos, enquanto outros não) mas também entre os indivíduos que estão infectados ("hospedeiro", fatores imunes) e diferenças entre os ambientes em que o hospedeiro e o agente estão residindo. Neste exemplo, porém, há três elementos da cadeia causal: o agente, o hospedeiro e o ambiente, e os aspectos de todos os três influenciam o evento de interesse (aqui uma doença infecciosa) e sua cadeia causal. Esta questão será encontrada de diversas maneiras ao longo deste livro. É tão freqüente quanto muito importante afirmar que:

> *A capacidade de prever causa em um único contato é influenciada não só pela especificidade do agente causador em potencial A e especificidades do objeto O que está sendo posto em prática, mas também por especificidades do ambiente E em que ocorrem.*

Nessa limitação na capacidade de determinar a causalidade ecoa a teoria de Hume dos limites de indução. Cada replicação do evento A não é uma cópia exata do evento – cada exemplo é único, não importa o quão cuidadosamente a situação é manipulada para torná-lo o mesmo. Esse limite à replicação identifica uma limitação da nossa capacidade de generalizar sobre a causa, mas uma série de medidas podem ser tomadas na situação experimental para minimizar consideravelmente as diferenças. Os muitos sucessos da microbiologia e da aplicação bem sucedida em muitas disciplinas contidas no raciocínio dos postulados de Koch demonstram que generalizações precisas podem ser feitas. Assim, regras gerais sobre a causalidade podem ser derivadas, mas provavelmente sempre haverá excepções a elas, e, portanto, provavelmente sempre terão limitações. (É claro que esta afirmação por si só é uma generalização, portanto, se ela tem uma limitação, o resultado seria uma exceção à exceção, isto é, a afirmação de que uma generalização pode existir, não tem limitações. Isso reflete uma limitação do método retórico utilizado no raciocínio empático [veja o Capítulo 9].)

Reconhecer as limitações de qualquer conjunto de critérios para a identificação de relações causais é um passo importante para estabelecer a existência de tais diretrizes. A identificação das limitações realmente fortalece a busca de relações causais; enfatizando que as relações causais não podem ser estabelecidas com certeza absoluta, o reconhecimento das limitações de qualquer abordagem deve estimular os usuários a identificar outras informações que confirmam ainda mais uma proposta de relacionamento. Como veremos no Capítulo 4, os métodos para estimar a probabilidade de um relacionamento têm sido desenvolvidos ao longo dos últimos cem anos, e é possível afirmar que a probabilidade de um relacionamento é muito próxima ou quase absoluta. A palavra "quase" será rejeitada por alguns que acreditam que é possível estabelecer causalidade com certeza absoluta e levará outros a concluir que é impossível estabelecer relações causais. O que está sendo proposto aqui é uma limitação ao conceito de causalidade, uma limitação que finalmente fortalece o conceito pelo enlace dessas limitações.

Nem um único conjunto de regras pode ser estabelecido para comprovar a causalidade. Por cada evento ser único no tempo, sempre haverá elementos específicos de uma situação que influenciam o resultado, mas não podem ser enumerados. No entanto, a causalidade pode ser estabelecida com certeza quantificável mesmo que a certeza absoluta não seja possível.

Ressurge a ideia de que a causa pode ser analisada

No final do século XIX, o método científico tornou-se amplamente aceito como a abordagem para estabelecer os mecanismos causais em disciplinas tão diversas como a Medicina, Física e Biologia, e muitos o conceberam como o único método pelo qual a causalidade pode ser comprovada. Críticas ao método indutivo de Hume eram bem conhecidas entre os filósofos, mas ignoradas ou descartadas por muitos nas ciências. No entanto, a dificuldade de aplicar um padrão semelhante ao campo da História, apontada inicialmente por Vico, meio século antes de Hume, começou a ser apreciada e levou muitos a distinguir entre as ciências "verdadeiras" e as ciências "sociais".

Max Weber (1864-1920), um dos fundadores da Sociologia, procurou resolver esta tensão entre a ciência e a história, propondo que há duas abordagens para estabelecer causalidade: uma ligada ao estudo de questões científicas e outra adequada ao estudo da história. Esta proposta foi semelhante à sugestão de

Vico, dois séculos antes. Mais tarde, esta ideia foi desenvolvida por Karl Jaspers (1883-1969), que fez sua residência em psiquiatria e mais tarde tornou-se um filósofo existencial eminente, em seu livro *Psicopatologia Geral (General Psychopathology)*, publicado pela primeira vez em 1913.

Jaspers descreveu dois modelos conceituais de causa. Ele chamou um de *verklaren (decifrar)*, o *método casuístico*. Esta abordagem determina causalidade em situações em que os fenômenos podem ser notados por vários observadores e, de preferência, pode ser replicada em várias ocasiões. As experiências de Galileu, os postulados de Koch, e o método clínico-patológico são exemplos de disciplinas em que o método casuístico está devidamente empregado. Jaspers rotulou a segunda abordagem que estabelece ligações entre os eventos de *verstehen (entender)*, a lógica da *compreensão significativa. Verstehen* depende da apreciação intuitiva de uma situação e as relações entre os eventos que levaram a ela. Precisão em *verstehen* é estabelecida quando um consenso se desenvolve entre pessoas conhecedoras que uma ligação causal particular é precisa.

Weber e Jaspers acreditavam que estes dois tipos de lógicas causais se complementam. Eles os conceituaram como métodos distintos para determinar dois tipos diferentes de causalidade e acreditavam que o uso adequado desses métodos é determinado pela situação que está sendo considerada. Como resultado, eles não os viam como conflitantes ou competitivos, mas sim como abordagens complementares que são adequadamente empregadas em situações diferentes. Não é de estranhar, porém, que critérios distintos são utilizados para determinar a sua exatidão. De acordo com este modelo weberiano, a habilidade em empregar esses modelos de causalidade depende de saber quando é apropriado aplicar cada método.

É claro que a ideia de que existe mais de um modelo de causalidade não era nova. O modelo aristotélico havia proposto o uso de múltiplas abordagens para a compreensão das relações causais mais de dois mil e quatrocentos anos antes. O que diferenciou o modelo weberiano foi sua sugestão de que os diferentes modelos devem ser aplicados às diferentes circunstâncias, ao passo que o modelo aristotélico aplica diferentes níveis de análise ao mesmo problema. Como a abordagem aristotélica, o modelo weberiano usa a questão que se coloca como o guia para a escolha de qual método de análise é o melhor. Ela não resolve o desafio apresentado por Hume, uma vez que não remove a necessidade de um salto indutivo. No entanto, ele esclarece que a base do salto indutivo poderia ser distinto com diferentes perguntas. Nas ciências sociais, o "salto" de raciocínio indutivo depende de uma compreensão empática que dois eventos estão ligados em uma forma causal. Nas ciências físicas e biológicas, este salto não requer tal ligação, embora, como será discutido nos capítulos 6, 7 e 8, plausibilidade, às vezes, também é um critério nas ciências.

Parece seguro dizer que a proposta de Weber não tenha sido amplamente apreciada ou aceita. Não só a maioria das pessoas parece acreditar que só há uma abordagem à causalidade, mas até mesmo pessoas que aceitariam a proposta, de que mais de um método ou abordagem existe, tendem a acreditar que um método é melhor do que o outro. Na verdade, essas divergências estão no centro de muitos debates atuais sobre causalidade. Há um resultado de que cada um dos dois modelos propostos por Weber tem fortes adeptos que diminuem a aproximação do outro com descrições como "não científico", "improvável", ou "frio e insensível". Uma razão alternativa para descartar a distinção está na aceitação da ênfase de Hume sobre o salto de julgamento que é feito, ao invés de analisar se é uma pergunta de ciência "física" ou "social". Este livro aceitará a proposta de Weber de que diferentes tipos de raciocínio são úteis para tratar diferentes tipos de perguntas causais apesar do reconhecimento de que as distinções não são absolutas. No entanto, a clareza da base e os critérios para fazer as distinções é um desafio que ainda deve ser tratado.

A distinção proposta por Weber não é apenas a ciência/não ciência divisora de águas, descrita por Charles Percy Snow em seu influente livro *Duas culturas (Two Cultures)*. Muitos historiadores, cientistas políticos e sociólogos utilizam informações como as taxas de natalidade e documentos em papel para determinar relações causais plausíveis entre eventos e tiram suas conclusões a partir do que quase todo mundo concluiria que são dados. Por outro lado, muitos cientistas biológicos e físicos especulam sobre causas de eventos únicos, como origem do universo ou por que a seleção natural escolheria um caminho ao invés do outro ou extrapolam comparando o comportamento de camundongos e ratos ao comportamento humano e tiram conclusões sobre a violência ou depressão. O uso generalizado de dos conceitos *verstehen e verklaren* por indivíduos e grupos que se vêem usando apenas um desses métodos é um erro de raciocínio. Os indivíduos que se vêem como cientistas usam ambos, como fazem os praticantes das ciências humanas e sociais. A grande contribuição de Hume foi demonstrar que cada experimento requer um salto de julgamento de *verklaren*. Por outro lado, muitas aplicações do raciocíno de *verstehen* dependem de informações (dados) reunidas com os métodos de observação que podem ser examinados pelo menos por segurança.

Outro exemplo de um debate que repousa sobre a adesão servil a um único método de análise é o conflito de longa data entre afirmações causais na ciência e na religião. Esse conflito pode ter levado ao desaparecimento da ciência islâmica nos séculos XI e XII e ao desenvolvimento da ciência como uma disciplina distinta na Europa logo após a renúncia forçada de Galileu às ideias apresentadas em *As duas ciências*. Essas tensões existem hoje nos debates entre certos religiosos e alguns cientistas sobre a evolução e a origem do universo. Os indivíduos de cada lado do debate usam um único método (mas com diferenças) para afirmar que resolveram uma questão muito difícil. Eles fazem isso sem reconhecer que estão começando com hipóteses muito diferentes e usando modelos muito diferentes de raciocínio causal e sem reconhecer que a resposta que se busca será determinada pelo que se está tentando explicar. A solução proposta por Aristóteles é aceitar que existem várias abordagens diferentes para a identificação de causalidade e que o método mais adequado para uma determinada questão depende da que está sendo feita e as relações entre os fatores causais a serem identificados.

A solução proposta por Vico e Weber repousa sobre a afirmação de que diferentes tipos de conhecimento existem (também uma ideia aristotélica) e que os métodos diferentes são apropriados para a obtenção de entendimento ou a verdade sobre eles. O que essas propostas compartilham é uma rejeição da ideia de que um único modelo ou método existe pelo qual o conhecimento causal é atingível.

Probabilismo ultrapassa a física moderna e a ciência

Do mesmo modo que descobertas nas ciências físicas e novas ideias radicais nas ciências sociais desafiaram conceitos básicos de longa data, o conceito de causalidade passou por mudanças dramáticas durante o século XX. Essas novas conceituações foram especialmente notáveis na física, com a teoria da relatividade e a mecânica quântica derrubando convenções bem estabelecidas sobre a composição do mundo físico.

A teoria da relatividade surgiu de um "experimento mental" (ou especulação, se você preferir), em que Albert Einstein (1879-1955) demonstrou que o movimento de um observador tem uma influência direta sobre o que essa pessoa está observando. Esta conclusão decorre da demonstração, então recente, que a velocidade da luz tem um valor finito (186.000 milhas por segundo). Se este for o caso, fundamentou Einstein, então o tempo pararia para um observador se movendo na velocidade da luz a um evento fixo e desaceleraia para um observador movendo-se um pouco menos do que a velocidade da luz. Eventos parecem ocorrer na ordem inversa, a chamada viagem no tempo, se esse observador estivesse se movendo mais rápido do que a velocidade da luz. Esta ideia contradiz a experiência humana que uma sequência de eventos ocorre apenas de uma maneira e implica que a precisão de uma observação depende tanto do movimento do observador, quanto do movimento do evento observado.

Em um nível filosófico (reconhecidamente um grande salto), a teoria da relatividade enfraqueceu a crença na medição absoluta e, por extensão, os conceitos de precisão absoluta. O grande interesse na teoria da relatividade é demonstrado pela colocação na primeira página de um artigo no *New York Times* relatando que o eclipse do sol de 1919 confirmou a previsão da teoria de que a luz é inclinada por um objeto tão grande quanto o sol.

Uma implicação surpreendente da teoria da relatividade é que o tempo não tem direção inerente — ele pode mover-se para "frente" e para "trás", dependendo da velocidade do observador e do observado. Isto representa um grande desafio para o modelo de causa desenvolvido até agora, desde que propusemos que a sequência em que os eventos ocorrem tem um papel primordial para determinar se existe uma relação causal. De fato, pelo menos desde Aristóteles, o tempo havia sido considerado uma característica constante da natureza. Embora o filósofo Arthur Schopenhauer (1788-1860) propôs que o tempo é uma construção humana sem fundamento na natureza, a proposta de Einstein de que o tempo pode variar com a velocidade do observador forneceu uma declaração quantificável e testável dessa relação.

Claramente, isto tem implicações significativas para a causalidade, pois se a direcionalidade não é absoluta, é preciso renunciar a exigência de que uma relação equencial (para A ser uma causa de B, A deve ocorrer antes B) é uma característica determinante da causalidade, destituir a teoria da relatividade como errada, limitar a aplicabilidade da teoria ao mundo da partícula subatômica (isto é, afirmam que não se aplica ao mundo macroscópico da nossa experiência), ou, como será feito aqui, postular *que o tempo tem uma direção única que experimentamos como "para a frente"*. Esta suposição limita a aplicabilidade da nossa discussão às situações que ocorrem substancialmente inferiores à velocidade da luz, mas esta tem a vantagem de permitir que a discussão prossiga. Portanto, as nossas conclusões não serão relevantes para os eventos que ocorrem em velocidades que se aproximam ou ultrapassam a velocidade da luz, no entanto esses tipos de eventos serão mencionados brevemente no Capítulo 6. Outro fenômeno que não será tratado aqui é a *simultaneidade*, uma previsão da mecânica quântica que um evento A distante de outro evento B pode afetar o outro evento B no exato momento em que A está ocorrendo. Evidências experimentais já demonstraram que isso ocorre em uma distância de metros, e as distâncias em que este fenômeno tem sido observado têm aumentado em experimentos sucessivos ao longo dos últimos anos.

Alguns dos parágrafos anteriores, os que expõem a existência do tempo unidirecional e exclusão de eventos perto da velocidade da luz ou demonstrando a simultaneidade, são exemplos da ideia de que a identificação dos limites pode realmente incentivar discussão mais aprofundada, pois descreve limites dentro dos quais ideias devem ser aplicadas. Este foi o conceito utilizado por Galileu quando rejeitou o modelo aristotélico como sendo muito complexo. Se o fizer, reconhece que as conclusões que são utilizadas não podem ser universais, mas têm o potencial de aumentar a compreensão do conceito em estudo.

Outra comsequência da mecânica quântica era o princípio da incerteza de Heisenberg, que afirma que não é possível saber a velocidade de um objeto e localização no mesmo instante, pois o ato de medir um influencia o outro. Isso também tem implicações extraordinárias para o estudo da causalidade, uma vez que indica que a localização de um objeto no espaço não pode ser determinada com precisão absoluta. Dito de uma forma mais geral:

> *A quantidade de informação que se pode reunir sobre qualquer fenômeno é limitada, pois a própria medida afeta o processo que está sendo descrito.*

Se esse princípio da física de partículas pode ser aplicado ao mundo macroscópico em que os seres humanos funcionam é aceito, assim, a implicação é que a causalidade nunca pode ser afirmada com precisão de 100 %, pois o ato de determinar se A causa B influencia a relação entre A e B.

Por que aceitar o princípio da incerteza, mas rejeitar a reversibilidade do tempo introduzida pela teoria da relatividade, conforme aplicável para a nossa compreensão de tempo e relações causais e sequenciais? A resposta é prática. Estamos à procura de uma definição tão universal quanto possível e faremos suposições ou limitaremos a aplicabilidade de conceitos precisos apenas quando precisarmos. Uma relação sequencial no tempo é um componente necessário da relação causal. A alegação de que sempre haverá alguma incerteza ao afirmar ou provar uma relação causal, uma observação feita por Hume, é irrefutável e não impede a discussão do processo. Algum suporte para a aplicação do princípio da incerteza para os fenômenos de ordem superior é demonstrado pela extensão de Chaitin (extensão ao teorema de Gödel) aos programas de computador. A implicação do princípio da incerteza mais relevante aqui é que os limites para o conhecimento, incluindo o conhecimento causal, existem em qualquer sistema fechado.

Um limite semelhante surgiu na prova de Kurt Gödel 1931 (1906-1978) que não é possível construir um sistema matemático em que todos os teoremas podem ser derivados. Seu teorema da incompletude afirma que cada sistema matemático terá declarações que podem ser provadas *apenas* se pisarmos fora desse sistema. Pois a matemática está no cerne das ciências físicas — e se (e este é um grande "se") aceita a premissa de que todas as declarações causais podem ser afirmadas matematicamente — então, o teorema da incompletude de Gödel pode ser reescrito mostrando que não é possível descrever ou especificar um sistema físico em que a causa de todos os eventos pode ser conhecida.

> *Em qualquer sistema fechado, a medição (definição) de uma variável afetará ou influenciará a medição de todas as outras variáveis. Isto significa que alguma incerteza sobre as variáveis em qualquer sistema é inevitável. Como resultado, haverá elementos de todas as relações de causalidade que devem ser hipotéticos ou extrapolados, pois cada tal relação não pode ser comprovada.*

A implicação fundamental para a presente discussão é que tanto o teorema da incompletude de Gödel, quanto o princípio da incerteza de Heisenberg estabelecem limites inerentes que o método científico não pode superar. Eles também reafirmam e comparam ao reconhecimento de Hume dos limites do raciocínio indutivo, embora em bases diferentes. Uma vez que nenhum sistema que utiliza matemática, ou os princípios da física de partículas pode ser descrito ou especificado com precisão, é impossível provar que um tenha especificado, muito menos medido com precisão todas as causas em sistemas fechados, o conhecimento ou suposições de uma fonte "de fora" sempre serão necessários.

O poder e a influência do método científico durante o século XX é demonstrado não só pelo progresso dos conhecimentos, mas também pelas reivindicações de praticantes da Psicanálise e Marxismo, que são disciplinas científicas. O filósofo austríaco Karl Popper (1902-1994) discordou dessa afirmação de ambos os campos e procurou identificar as características centrais do método científico, a fim de combatê-las. Isto o levou cara a cara com a negação de Hume de que causa poderia ser absolutamente determinada, afinal, se a ciência é diferente de um campo como a psicanálise, porque pode descobrir verdadeiras relações na natureza, então a ciência também deveria ser capaz de determinar se a relação entre dois eventos é causal.

Popper preferiu enfatizar um princípio das escritas de Francis Bacon, propondo que a característica única da ciência é a exigência de que suas teorias ou relações podem ser *negadas* ou refutadas. Esta ideia é conhecida como *falseabilidade*. Como Bacon e Hume, Popper reconheceu que as experiências documentais de uma relação seqüencial entre dois eventos apoiam a alegação de uma relação causal, mas Popper acreditava que sua "descoberta" da *falseabilidad*e confrontou a conclusão de Hume de que raciocínio indutivo (o salto improvável) é sempre uma parte do raciocínio causal. Se a afirmação de Popper fosse verdade, poderia ser feita uma distinção absoluta entre o conhecimento científico e o não científico e, por implicação, entre causalidade, a qual é apurada por métodos científicos e não científicos.

No entanto, muitas atividades e teorias que a comunidade científica abraça como científicas não cumprem o critério de Popper de falseabilidade. Por exemplo, muitos eventos passados não são passíveis de estudo experimentais, e isso limita a capacidade de determinar a falseabilidade. Pode ser possível eliminar certas hipóteses, mostrando que elas são falsas, mas às vezes não é possível projetar testes falseáveis. A evolução é um exemplo de uma teoria que a maioria concordaria ser científica, mas os elementos de prova são essencialmente positivos, não falseáveis. (Evolução como um conceito causal é discutido no Capítulo 11.)

O foco de Popper foi a definição do raciocínio científico, não a identificação de critérios que comprovem a presença de uma relação causal. No entanto, a eliminação de explicações alternativas por meio da construção de hipóteses falseáveis e análises é um critério que pode ser usado para reforçar reivindicações de uma relação causal quando puderem ser aplicadas. A combinação de múltiplas linhas de evidência positiva que mostram uma relação entre dois eventos e a eliminação de outras possíveis explicações por meio de comparações falseáveis oferece um forte apoio para uma relação causal. Métodos contrários, os quais serão discutidos no final do Capítulo 8, são uma aplicação desta ideia.

Pressupostos necessários

Este capítulo identificou várias questões filosóficas espinhosas que estão sendo tratadas como verdades absolutas ou suposição. Esses pressupostos sustentam muito do que se segue, e os leitores que discordam deles, provavelmente não concordarão com as ideias desenvolvidas. Apesar de a exposição ajudá-los na identificação das fontes de desacordo, essa ação não resolverá o problema, pois derivam de diferenças de crenças ("como sabemos"), não de fatos ("o que sabemos"). Sua resolução em última análise repousará sobre retórica (verstehen) ao invés de (verklaren) métodos empíricos.

Dada a sua importância para o resto do livro, tais pressupostos ou pontos de partida serão repetidos aqui:

1. O conceito de causalidade é válido e descreve um processo pelo qual um evento provoca ou aumenta a probabilidade da ocorrência de outro evento.
2. As causas são detectáveis, mas certeza absoluta sobre as relações causais não é possível.
3. O tempo é experimentado como unidirecional, movendo-se do passado para o futuro.
4. Existem vários modelos de causalidade. Estes complementam ao invés de contradizer ou substituir um ao outro. Não existe um modelo único de causalidade que pode alegar que é irrefutável, universal, ou insubstituível, incluindo o proposto aqui.
5. A escolha do uso do modelo de causalidade não é aleatória, mas depende do tipo de questão que se coloca e os elementos da cadeia causal específica que está sendo considerada.

Resumo e comentário

Esta breve e seletiva revisão histórica revela que o conceito de causa mudou drasticamente ao longo dos quatro milênios de história. As primeiras escritas e os sistemas de crença de muitas culturas atribuem ao que hoje chamamos de forças sobrenaturais a causa final, tanto do universo quanto dos eventos diários. No Ocidente, os filósofos gregos desenvolveram uma abordagem racionalista que ainda permanece influente, dois mil e quinhentos anos mais tarde. Dentro dessas conceituações está a proposta aristotélica, a qual afirma que a causalidade tem múltiplos significados. No Oriente, as ideias de indeterminação, feedback, e a circularidade do tempo surgiram ao mesmo tempo. O florescimento do método científico nos séculos XVI e XVII levou a um foco na causa próxima e à ênfase na descrição cuidadosa e comprovada. A demonstração por filósofos como David Hume que há limites no que se pode afirmar, concentrando-se principalmente em causa próxima, se reflete hoje na existência de múltiplos modelos de causalidade e na rejeição da existência ou utilidade de causalidade por outros. Cada uma dessas abordagens de síntese tem seus defensores, muitos dos quais acreditam que sua abordagem é a única forma aceitável de determinar (ou rejeitar a existência de qualquer) causa. O que muitas vezes falta é um reconhecimento de que cada abordagem tem limitações.

Certamente, a concepção de causalidade mudou ao longo do tempo. Às vezes, essa mudança foi principalmente a ênfase de uma ideia ao invés de outra, mas o desenvolvimento de novas tecnologias tem sido um caminho de muitas das mudanças de síntese. Como este processo ocorreu repetidamente ao longo da história, é provável que as concepções de causalidade continuem mudando. Como resultado, os significados de causalidade e os métodos pelos quais o conhecimento é adquirido sobre o assunto também continuarão mudando.

2
O MODELO DAS TRÊS FACETAS:
Uma visão geral

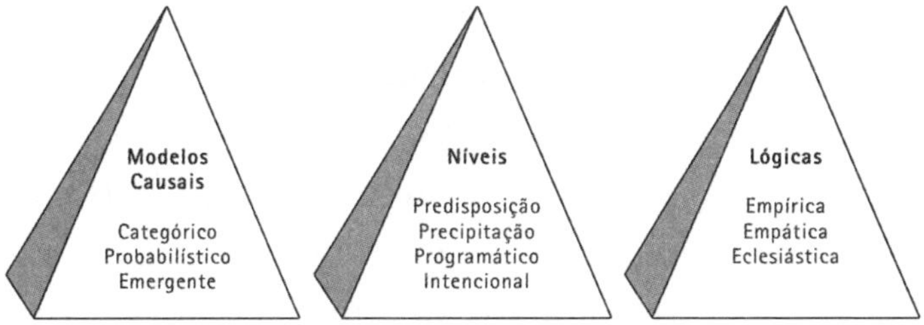

Como o Capítulo 1 ilustrou, a causalidade foi definida de muitas maneiras diferentes ao longo dos séculos. A visão atual da causalidade é que ela tem múltiplos significados e que variam de acordo com as circunstâncias. O objetivo deste livro é apresentar um modelo que traz as múltiplas ideias que caracterizam visões atuais de causalidade, juntas com uma abordagem que reconhece os pontos fortes e as limitações de cada uma, a natureza complementar de suas contribuições ao tema geral, a duplicação que é inerente a aplicação sem sobreposição, mas às vezes, abordagens paralelas, necessidade de orientação sobre quando usar uma abordagem específica, e o fato de que diretrizes rígidas não são possíveis. Este capítulo fornecerá uma breve visão completa do modelo. Os capítulos seguintes analisarão em detalhes as facetas e os conceitos que subjazem o modelo.

O MODELO PROPOSTO

O modelo aqui proposto pode ser descrito como uma abordagem de múltiplos conceitos/múltiplos métodos, o qual procura tecer três aspectos ou facetas diferentes de investigação causal:

Faceta 1: Existem três *modelos* de causas: o *categórico* (absoluto ou binário), o *probabilístico* (dimensional ou contínuo), e o *emergente* (não linear). O modelo categórico identifica causas trazidas diretamente de um evento, por exemplo, um acidente de automóvel que conduz a um trauma na colunan cervical, enquanto causas dimensionais influenciam a probabilidade de um evento. Um exemplo deste último seria a estrada molhada que trouxe mais probabilidade de um acidente acontecer naquele dia. O modelo categórico envolve o raciocínio "sim/não", e o modelo probabilístico reflete na frase "mais/menos provável". A causa não linear do acidente neste exemplo seria a ocorrência repentina de hidroplanagem que ocorreu quando o carro acelerou na estrada molhada, atingindo a velocidade na qual os pneus perderam o contato com o chão e o motorista perdeu o controle. Engloba todo o conjunto de circunstâncias (incluindo, neste exemplo, o coeficiente de atrito entre os pneus e o asfalto, a gravidade, a quantidade de água sobre a superfície do asfalto, e a perda do momento que ocorreu quando o condutor recorreu aos freios). Juntas provocam o aparecimento repentino do resultado — perda de contato entre os pneus e o asfalto, resultando na perda de controle do carro, isto é, hidroplanagem.

Faceta 2: A causalidade pode ser examinada em quatro níveis de análise. Proposta pela primeira vez por Aristóteles, mas significativamente modificada aqui para caber conceituações modernas, esta faceta assume que a apuração da causa é mais bem realizada por meio da análise de fatores em níveis específicos de análise, e que a escolha sobre qual nível de análise deve ocorrer é determinada pela pergunta que está sendo feita e pelas características da questão cuja causa está sendo procurada. Para algumas questões, vários níveis de análise levam à melhor compreensão. Os quatro níveis de análise são: predisponentes (fatores que existem antes que o evento ocorra e aumenta a probabilidade de sua ocorrência), precipitação (o evento necessário cuja proximidade com o aparecimento demonstra que sem ele o evento não teria ocorrido), programático (interações entre vários elementos que contribui mais do que qualquer um dos elementos constitutivos sobre o evento) e intencional (o "porquê" que o evento ocorreu).

No exemplo do acidente, a velocidade excessiva, a tendência do piloto de se tornar mais emotivo quando está sob estresse, os pneus carecas, e a forte chuva, todas essas seriam causas predisponentes. A velocidade excessiva para as condições da estrada seria conceituada como a causa precipitante, pois sem ela a aquaplanagem e, portanto, o acidente provavelmente não teria ocorrido. As causas programáticas incluiriam o desenho da estrada e a composição da sua superfície, o que permitiu que a água se acumulasse e a hidroplanagem se tornasse mais provável, as características da borracha e do desenho do asfalto, as quais tornam os pneus carecas vulneráveis ao piso molhado, e as características do condutor e a situação que o levou a uma velocidade excessiva. A declaração do motorista, "É um milagre que ninguém tenha se machucado seriamente, o acidente foi a maneira que Deus encontrou de me mostrar que tenho que assumir mais responsabilidade pelos meus atos", é uma atribuição de causa intencional.

Faceta 3: Três *lógicas* distintas podem ser usadas para determinar causa: *a empírica*, a qual exige que a questão seja submetida a estudo experimental que se pode repetir, replicar, ou de alguma maneira validar a hipótese ou os dados, a *empática*, em que os eventos estão ligados de uma forma coerente, abrangente e convincente e em que as conexões causais são compreendidas dependendo do entendimento pessoal da pessoa ou grupo que está fazendo as ligações, e a *eclesiástica*, nas quais conhecimento causal deriva da posição compartilhada de um grupo de conhecimento preexistente absoluto.

Neste exemplo, a evidência empírica seria a demonstração de que pneus carecas perdem contato com superfícies molhadas com mais frequência do que os pneus intactos, e o desenho do piso influencia o quanto de água está entre o pneu e o asfalto em qualquer estrada a qualquer instante.

Outra evidência empírica seria os resultados de experiências que mostram a relação entre a velocidade de um carro e o coeficiente de fricção e em que ponto ocorre uma perda súbita de contato. A lógica empática (ou narrativa) teceria as hipóteses de que o motorista do carro que causou o acidente estava irritado porque havia acabado de receber uma má classificação de desempenho do seu chefe e, por essa razão, dirigia em velocidade imprudente na chuva intensa e não podia se dar ao luxo de comprar pneus novos porque está falido. A alegação que os acidentes são a vontade de Deus e a maneira de Deus punir alguém ou de mostrar algo seria a lógica eclesiástica.

A Tabela 2.1 apresenta a minha adaptação do modelo aristotélico e dá vários exemplos de sua aplicação. Aplica-se este esquema a três eventos. No atentado às torres do "World Trade Center" em 11 de Setembro de 2001, causas *predisponentes* incluíram características do material usado na construção do edifício (aço funde em alta temperatura), a falha do material que cobre o aço para protegê-lo do calor do fogo, o fracasso do serviço de inteligência para reconhecer que vários sequestros estavam sendo planejados sem considerar um suspeito que estava aprendendo a pilotar aviões, mas não a pousá-los, e havia sido preso em agosto de 2001, os procedimentos de segurança aérea que permitiam a entrada de estiletes e lâminas de barbear em aviões, e uma crença generalizada que uma triagem intrusiva desencorajaria as pessoas de voar, derrubaram a credibilidade em torno da aviação comercial. As causas *precipitadoras* do colapso das torres foram os aviões seqüestrados e a grande quantidade de combustível que estavam carregando. As causas *programáticas*, ou de sistema do colapso, incluíram um projeto de construção que não previa calor intenso e prolongado gerado por grande quantidade de queima de combustível e o fato de que o impacto nos andares superiores não poderia ser suportado por um projeto em que o peso da estrutura estava concentrado em vigas de aço localizadas no seu eixo central. Várias causas *intencionais* foram propostas e seus conteúdos dependem do ponto de vista da pessoa que está especulando. Os autores do atentado alegaram que a causa era o Imperalismo Ocidental contra as nações árabes e o Islã e o apoio americano à Israel. Alguns comentaristas disseram na época do incidente que era um castigo pela ampla aprovação do aborto e de outros atos pecaminosos nos Estados Unidos. Outros ainda alegaram que a pobreza e o subdesenvolvimento econômico de muitos países do Oriente Médio levaram os planejadores e seqüestradores a realizarem o ato: simbólico (explicando os edifícios específicos que foram alvos) e destrutivo à um sistema que ignorou as necessidades dos pobres, os quais eram abusados e explorados por eles.

Tabela 2.1 Os Quatro Níveis da Causa: Três Exemplos

Níveis da Causa	Chernobyl Desastre Nuclear	11/09 World Trade Center Colapso do Prédio	Uso de Substância Doença
Presdisposição	Projeto do painel de controle	Medidas de segurança Falha do FBI ao acompanhar os treinamentos Aço derrete como o fogo	Vulnerabilidade genética Porte de drogas Pobreza
Provocação	Erro do operador	Sequestro Combustível do avião	Exposição Estresse
Programática	Engenharia redundante	Projeto da construção	Sistema neural de dor e recompensa
Intencional	"Arrogância"	Símbolo do capitalismo	Seleção natural (experiência agradável que aumenta a predisposição e o instinto de reprodução e sobrevivência)

A Tabela 2.1 também aplica a análise da faceta 2 ao desastre do reator nuclear em Chernobyl, que ocorreu na União Soviética em 1986. A tabela lista as causas de predisposição como um desenho em que as válvulas permitiram a entrada de água superaquecida dentro do reator e dos medidores, o que implicava que a água superaquecida precisava ser removida do reator. As causas precipitadoras estavam na leitura incorreta do instrumento por parte dos operadores, quando a água superaquecida entrou no recipiente do reator, e a decisão dos operadores de parar a entrada de água no reator. As causas programáticas foram várias falhas de projeto que ampliaram o erro humano inicial e não forneceram as informações necessárias aos operadores para que entendessem o que estava acontecendo. Isso foi agravado pela falta de preparo no projeto do sistema (falta de elementos existentes em todos os outros projetos de reatores nucleares), que poderia ter substituído os erros iniciais ou não ter permitido a série de erros seguintes e, assim, expandir uma situação de "sem retorno", isto é, uma situação que não poderia ser revertida após o erro inicial. Causas intencionais incluem a crescente necessidade de energia em um planeta em que os recursos estão se tornando mais escassos, o argumento dos que são contra a energia nuclear e a arrogância levou os seres humanos a acreditarem que a energia nuclear pode ser aproveitada com poucos riscos ou resultados adversos.

O terceiro exemplo apresentado na Tabela 2.1 é o abuso de substâncias. Entre os fatores *predisponente*s estão vulnerabilidade genética, que é fator predisponente, pois muitos indivíduos com o fator genético não desenvolvem o transtorno de abuso de substâncias devido à falta de exposição, a falta de acesso às drogas, crenças religiosas, origem social, ou a experiência infeliz com um ente querido que teve problemas com o abuso de substâncias. Outros fatores predisponentes incluem uma cultura que exalta simultaneamente as virtudes das drogas e as lança como vilãs, fácil disponibilidade de substâncias lícitas e ilícitas, as quais têm o potencial para induzir dependência e sintomas de abstinência, e as questões sociais/ demográficas, como a pobreza, violência física e sexual, racismo e falta de conhecimento. As propriedades farmacológicas específicas que fazem uma droga potencialmente viciante dependem de sua estrutura química e podem ser consideradas causas tanto predisponentes quanto precipitadoras. Por exemplo, existem compostos hoje em dia que reforçam e induzem sintomas de abstinência quando não estão sendo mais usados após o seu uso prolongado, satisfazem a definição de viciantes, mas não são drogas de abuso, pois ainda não foram "descobertos". Suas estruturas químicas são "predisponentes", por isso têm o potencial de causar abuso e dependência, a estrutura química também é precipitadora, pois uma vez que a exposição (uma causa precipitadora definitiva) ocorreu, é a estrutura que leva ou "causa" o vício e vontade de uso posterior, induzindo assim ao abuso. A estrutura e a função da recompensa e dos sistemas de alívio à dor, que estão "amarrados" no cérebro dos seres humanos e outras espécies, também são causas predisponentes. Esses sistemas são "compreendidos" por drogas com potencial de abuso e perpetuam comportamentos associados à ingestão da substância potencialmente nociva. Causas *programáticas* de abuso de substâncias incluem os fatores sociais que prolongam sua disponibilidade e incentivam sua utilização, tornando-as ilegais e, portanto, mais interessante para alguns indivíduos. Causas *intencionais* incluem os lucros conseguidos com o crescimento da venda de drogas, distribuição de medicamentos por pessoas que acreditam que o seu uso destruirá uma cultura que desaprovam, a índole dos seres humanos, e a busca de prazer por alguns indivíduos, apesar de conhecerem os riscos.

A Tabela 2.1, por conseguinte, demonstra como o conceito de causalidade depende da base de conhecimento do tempo. Para Aristóteles, o nível de análise rotulado aqui como "predisposição" refere-se às qualidades inerentes. Uma estátua preexiste no material e o escultor a realiza (uma ideia famosa expressada por Michelangelo dois mil anos após Aristóteles), considerando que a proposta aqui inclui o sentido de probabilidade, uma construção que não existia na época de Aristóteles. Este modelo é reconhecidamente complexo. Pode ser de grande ajuda ao leitor notar que os quatro níveis de análise começam com a letra *P* e as três lógicas com a letra *E*.

3

A RESPOSTA É "SIM" OU "NÃO":

Causalidade como um conceito categórico

Em um período muito curto de tempo, os computadores tornaram-se indispensáveis para a vida cotidiana, mas a ideia em que se baseia é extraordinariamente simples: o conhecimento pode ser codificado e armazenado de uma maneira binária ou *dicotômica* onde cada ponto de informação consiste de um pergunta com apenas duas respostas possíveis. Em representação numérica as duas possibilidades são geralmente "zero" ou "um", enquanto na representação linguística as duas escolhas são geralmente apresentadas como "sim" ou "não". O computador representa esses dois estados em um circuito eletrônico, no qual uma chave está aberta ou fechada. Quando o circuito está fechado e a corrente flue, o valor de um ou sim é geralmente atribuído, enquanto zero ou não é indicado quando a chave está aberta e nenhuma corrente está fluindo.

A ampla disponibilidade de disseminação dos computadores se fez possível pela invenção do transistor e o subsequente desenvolvimento de técnicas para a fabricação de chips microscópicos de baixo custo. No entanto, o conceito básico de lógica binária tem sido utilizado pelo homem há milhares de anos. Os dois estados possíveis da abordagem binária são mutuamente exclusivos (cada informação só pode ser uma das duas possibilidades) e absolutos (deve ser um ou o outro). Essa abordagem é referida como *categórica*, binária, digital, ou dicotômica. Estas palavras serão utilizadas alternadamente ao longo deste livro quando a forma de lógica que segue esse padrão estiver sendo discutida, embora haja diferenças sutis entre elas.

Lógica categórica faz parte do nosso discurso todos os dias e é o modelo habitual de raciocínio utilizado para conceituar relações causais, pelo menos no Ocidente. Quando queremos saber por que um acidente de avião aconteceu, por que um adolescente baleou vários colegas de escola, por que a União Soviética se desfez em 1991, ou por que os computadores se tornaram amplamente disponíveis durante as duas últimas décadas do século XX, a questão é geralmente enquadrada na busca de uma única ou principal razão. Quando nos dizem que um parafuso gasto causou a queda do avião, o assédio moral levou o adolescente à busca de vingança, a força militar dos Estados Unidos causou a desintegração da economia soviética, pois não conseguiram manter-se, ou que o desenvolvimento do moderno computador compacto, de baixo custo, tornou-se possível com a descoberta de que aquele *chip* com milhares, milhões ou até bilhões de pequenos circuitos poderia ser fabricado por muito menos, em lâminas de silício, estamos usando a lógica categórica. Cada uma das respostas é clara, compreensível e inequívoca. Estas características gerais do modelo dicotômico binário estão entre seus pontos fortes, e fazem essa abordagem à lógica causal apelativa e amplamente utilizada.

No entanto, esses exemplos também expõem as limitações desta abordagem. Cada um desses eventos provavelmente tiveram várias ou muitas causas e influências, e as relações entre eles são complexas e às vezes difíceis de enumerar. Mesmo se citarmos eventos de menor complexidade, como junção de duas tábuas por um prego atingido por um martelo, melhora de notas após estudar muito, a colisão de dois carros em um cruzamento, após um deles não parar no sinal vermelho, devemos escolher o nível no qual queremos analisar o evento: a interação das forças moleculares, dos objetos (pregos e madeira, automóveis), ou o propósito da pessoa que inicia o evento (a construção de uma prateleira, não querer se atrasar para uma reunião importante) antes de chegar a uma conclusão final.

Na verdade, essa pergunta sobre qual o nível de análise utilizar poder ser levantada sobre qualquer evento em que a causalidade está sendo examinada. A abordagem categórica, a causalidade, às vezes é repudiada como simplista e inadequada. No entanto, é difícil se livrar da lógica categórica. Não só podemos usá-la para discutir causalidade em nossa vida cotidiana, mas dependemos dela para tomar decisões, projetar o mundano e o magnífico, para agirmos em uma emergência, e planejarmos o futuro. Esses sucessos atestam a utilidade e a importância desta abordagem e a torna um ponto de partida natural para a análise do conceito de causa. Talvez o uso generalizado da lógica binária provenha, como Kant sugeriu, do fato que os nossos cérebros são organizados para ver as coisas categoricamente, mas talvez o nosso comportamento reflita uma maneira fundamental em que a natureza funciona. Neste capítulo, deixaremos de lado a questão causal do "porquê", tão amplamente utilizada e focaremos nos pontos fortes e limitações desta abordagem. Fazendo isso, esclareceremos quando a abordagem categórica, dicotômica é aplicável e quando outras abordagens são mais bem utilizadas. Os capítulos seguintes terão o mesmo objetivo em relação a outras abordagens de causalidade.

Uma razão para começar com a abordagem categórica é que a sua simplicidade pode ajudar a enumerar as propriedades necessárias para demonstrar uma relação causal. O exemplo mais direto de uma relação causal categórica é quando um evento B ocorre somente após outro evento A. Este é um exemplo do "A" sendo *necessário* para a ocorrência de "B". Se B ocorre todas as vezes que A ocorre, a relação é conhecida como A sendo *suficiente* para B ocorrer. Essa abordagem de causalidade, ou seja, enumerar as causas necessárias e suficientes, foi utilizada pela primeira vez por Galileu, e é a essência do postulado de Koch e de nossa compreensão de fenômenos físicos como a gravidade. O evento B ocorre somente se A ocorrer primeiro. A doença de Huntington ocorre somente quando uma anomalia genética específica está presente, e objetos "caem" porque há uma troca de partículas entre eles quando são colocados em certa relação espacial. Para generalizar, uma característica das relações causais é que os eventos ocorrem *seqüencialmente,* ou seja, o suposto efeito B segue *após* a suposta causa A.

Uma segunda e relacionada característica de relações causais é que A e B devem ser relacionados *temporariamente,* ou seja, tem alguma proximidade no tempo. Essa proximidade pode variar de nanosegundos a milênios, dependendo da natureza do evento em questão, mas deve ser compatível com o contexto do evento que está sendo explicado.

Em terceiro lugar, se o evento que está sendo explicado ocorreu mais de uma vez, a relação temporal também deve mostrar *regularidade*, ou seja, B geralmente deve ocorrer após o A. Se nos limitarmos à relação necessária e suficiente, B nunca ocorre sem o A, mas se A é meramente suficiente para B, então a probabilidade de uma relação causal é aumentada se a sequência for observada várias vezes, consequentemente, regularmente. Como conclusão, a demonstração de uma relação causal torna-se muito mais difícil se um evento ocorreu apenas uma vez.

Os critérios de sequencialidade, temporalidade e regularidade são aplicados igualmente quando a relação entre causa e efeito não é necessária e suficiente. Os critérios, portanto, são mais facilmente demonstrados quando uma situação pode ser manipulada experimentalmente ou quando eventos ocorrem repetidamente. Por exemplo, Koch estava tentando determinar se um agente infeccioso específico causa uma doença específica. Ele e outros desenvolveram métodos pelos quais uma relação regular poderia ser demonstrada em uma situação experimental (artificial), que poderia ser repetida na busca de uma forma de demonstrar uma relação replicável e única ou singular entre um organismo e uma doença. No entanto, por muitas das situações que nos interessam já terem ocorrido, não são reproduzíveis em uma situação de laboratório, ocorrem apenas uma vez, ou repetem em circunstâncias muito diferentes, os critérios não são satisfatórios em muitas situações.

A principal limitação da exigência de "necessária e suficiente", porém, é a exigência de exclusividade ou especificidade, ou seja, que B ocorra *apenas* quando A está presente. Na verdade, isso é impossível de se comprovar, uma vez que não se pode provar que todos os exemplos de B foram examinados. Assim, o conceito de "necessária e suficiente" pode ser útil em abstrato, mas essa relação não pode ser provada com certeza absoluta.

Essa limitação nos traz de volta para a preocupação que Hume levantou mais de duzentos e cinquenta anos atrás: mesmo quando uma relação entre A e B é "óbvia", a lógica indutiva está sendo usada. Não podemos garantir que cada ocorrência de B é precedida por A ou que B inevitavelmente segue A, pois nunca podemos ter certeza que identificamos todas as instâncias de A ou B. Assim, como Hume observou, uma relação causal pode ser inferida, mas não provada conclusivamente. A probabilidade de uma relação causal pode ser tão alta que podemos ficar muito confiantes de uma relação causal, mas temos que aceitar a conclusão de Hume de que "extremamente provável" não equivale a "absolutamente comprovado".

Plausibilidade como uma característica da causa foi sugerida pelo britânico epidemiologista Austin Bradford-Hill, cujas contribuições serão discutidas com mais profundidade no Capítulo 8. Plausibilidade implica que outra prova está disponível para apoiar uma relação causal direta. No entanto, parece mais subjetiva do que outros critérios, pois é menos facilmente operacionalizada. Plausibilidade compartilha com os critérios da sequencialidade, temporalidade, e a regularidade da exigência de que as pessoas (muitas vezes peritos) concordam que estão presentes. Isso levanta uma questão ampla, a qual surgirá em vários pontos deste livro: a causalidade é uma construção social ou há uma essência que existe fora da mente humana? O notável filósofo da ciência Thomas Kuhn (1922-1996), por exemplo, sugeriu que o consenso na ciência muitas vezes acontece só depois que aqueles que detêm o poder são substituídos por pessoas mais jovens. Isso implica que há uma "verdade" científica, mas que a qualquer momento o que é aceito como verdade científica é afetado em parte por forças sociais. Uma representação mais radical desse ponto de vista, o pós-modernismo, afirma que conceitos como "verdade" e "causa" devem ser abandonados, pois são apenas construções sociais. Esta é em última análise uma questão de crença, não comprova, portanto, a declaração que fizemos na introdução: de que a existência da causalidade repousa sobre uma crença, de que é um aspecto real do mundo natural, bem como sobre a sua utilidade como um conceito. O critério de plausibilidade ilustra que a determinação de causalidade tem um elemento subjetivo e que alguns critérios são mais facilmente operacionalizados e, portanto, menos propensos a gerar desacordos do que outros. Plausibilidade foi provavelmente uma das razões para a rápida aceitação por muitos cientistas da teoria de evolução de Darwin e de Wallace. No entanto, outros dois exemplos de teorias científicas, a Teoria da Tectônica das Placas (Geologia) e a Teoria da Hereditariedade (Mendel), foram destituídas por muitos anos em parte porque sua plausibilidade não era óbvia para muitos, sugerindo que a falta da percepção da plausibilidade pode atrasar a aceitação. Isto sugere que a plausibilidade pode desempenhar um papel permissivo para estabelecer a presença de uma relação causal, mas deve ter menos peso do que um critério primário. Além disso, a plausibilidade desempenha um papel na identificação de possíveis relações causais e na sugestão de hipóteses testáveis. Talvez seu papel mais importante seja estimular a busca de outros dados ou experimentos que aumentam a plausibilidade e, assim, levar ao desenvolvimento de novas evidências que suportam uma relação causal hipotética.

Simplicidade é outro critério por vezes utilizado para apoiar a validade de uma teoria. Este conceito é alternativamente referido como "Navalha de Occam", homenagem a um monge inglês do século XIV que afirmou que não é preciso pensar em várias coisas quando uma será suficiente. Isso é muitas vezes reapresentado favorecendo a escolha mais simples, a mais fácil de usar, quando existe mais de uma explicação plausível. Adjetivos como "elegante" e "econômico" são muitas vezes utilizados para descrever os resultados ou teorias que atendem a esse critério. Enquanto a subjetividade da simplicidade é óbvia, sua utilização como critério se baseia na crença ou observação de que a "natureza" muitas vezes alcançou um fim através de um meio muito eficiente. Neste caso parece faltar a sustentação como uma característica das relações causais, mas oferece a ideia de que as explicações mais simples antes eram consideradas mais complexas.

A abordagem categórica tem vários pontos fortes. Primeiro, ela tem "cara" de validade, ou seja, parece confirmar a experiência cotidiana. Quando bater com um martelo em um prego, o prego parece entrar no pedaço de madeira. Para extrapolar que bater em um prego com o martelo fez com que o pregro entrasse na madeira parece mundano. Em segundo lugar, uma única resposta sim / não se presta a manipulações que podem levar a resultados observáveis, se acreditarmos que A causa B e desejamos estudar esta hipótese, podemos induzir A e observar se B ocorre. Ou, se quisermos diminuir ou parar B, então podemos determinar se a mudança de A frequentemente traz o resultado desejado. Em terceiro lugar, os dados experimentais sugerem que o conceito de causalidade é inato e que a resposta sim/não tem concomitantes neurais no cérebro. Isso pode ser instalado como evidência de validade externa da construção da causalidade binária, embora também confirme a ideia de Kant de que somos construídos para ver o mundo desta maneira. Em quarto lugar, a abordagem categórica é simples e de fácil compreensão. A navalha de Occam favoreceria a sua aceitação.

O modelo binário é muito simples?

E o argumento que a vida não é tão simples como diz o modelo binário? Certamente, muitos eventos têm múltiplas causas ou exigem que vários fatores precedentes estejam no lugar antes que possam ocorrer. Embora isso possa parecer óbvio, a complexidade de estabelecer relações causais entre os dois eventos é bastante difícil, a determinação de uma complexa rede de causas e efeitos quase sempre requer um esforço combinado por um longo período de tempo. Não deveria ser surpresa, porém, que muitos avanços na ciência surgiram com o teste de uma ideia de cada vez. Só mais tarde os resultados de vários experimentos e múltiplas hipóteses são colocados juntos para estabelecer que alguns ou muitos contribuintes causais são necessários. De fato, muitos experimentos bem planejados "controlam" todos os fatores que o pesquisador não quer examinar naquele momento ou nos quais não está interessado. Isso é exatamente o que Galileu esperava há quatro séculos, quando rejeitou o complexo esquema aristotélico por causa de um simples modelo causal que focava na causa próxima.

No exemplo mais simples, algumas sequências causais requerem a ligação de uma série de eventos binários. Se o evento A é mostrado causando o evento E, isso pode depender do A causando B, B causando C, C causando D, e D causando E. Cada relação pode ser analisada como uma ocorrência binária. Neste exemplo, a simplicidade do método binário é uma força. Simplifica uma situação complexa e a leva à determinação de que os modelos simples podem ser reunidos ao longo do tempo em modelos mais complexos, enquanto ainda, permitem que sejam testados com métodos categóricos. No entanto, muitos eventos ocorrem apenas se dois ou mais eventos tenham ocorrido anteriormente, se dois ou mais eventos ocorrem coincidentemente, ou devido à ocorrência de um acontecimento aumentar a probabilidade de que outro ocorrerá. Existem muitos outros cenários possíveis. Por exemplo, a ocorrência coincidente de três eventos pode ser necessária. Judea Pearl, em seu livro *Casualidade* (*Causality,*) apresenta um método de notação para identificar muitas das possibilidades e para provocar além das complexidades das relações causais.

Claramente, a abordagem categórica é limitada. Como vimos, muitos eventos parecem ter mais de uma causa, de modo que uma única resposta sim/não, muitas vezes não é correta. Além disso, uma vez que o requisito do "necessária e suficiente", não pode ser realmente demonstrado, não é possível afirmar exclusividade ou especificidade de uma relação implícita na causalidade binária. Em terceiro lugar, se a causa pode e às vezes deve ser analisada em vários níveis, como Aristóteles sugeriu, pode-se razoavelmente perguntar se cada nível de análise requer uma análise categórica. Mesmo que a resposta seja sim (discutirei mais tarde que a resposta é "às vezes", pois as análises em vários níveis invocam frequentemente lógicas não categóricas, técnicas e dados), a análise requer mais do que uma única resposta sim/não exigida pela norma de abordagem binária. Em quarto lugar, a análise de abordagem dicotômica sim/não, não cabe em todas as situações. Muitas relações causais dependem da quantidade, grau ou do momento de um ou de vários componentes ou da ocorrência de vários acontecimentos. Estas limitações sugerem que a abordagem categórica não pode ser o único modelo. A questão, portanto, não é se o modelo categórico é por vezes ou sempre preciso ou útil, mas sim, *quais* os eventos de interesse podem ser úteis e quais são as formas mais precisas a serem entendidas usando este modelo. Quais são as alternativas? Os próximos dois capítulos revisam dois modelos alternativos, o probabilístico e o não linear.

4
PROBABILIDADE, POSSIBILIDADES E RISCOS:
Predisposições e provocações como causas

É melhor ter uma resposta aproximada
à pergunta certa do que uma resposta
absoluta para a pergunta errada.
— JOHN TUKEY

Eventos podem acontecer estritamente
por acaso e ainda serem obrigatórios.
— CHRISTIAN DE DUVE

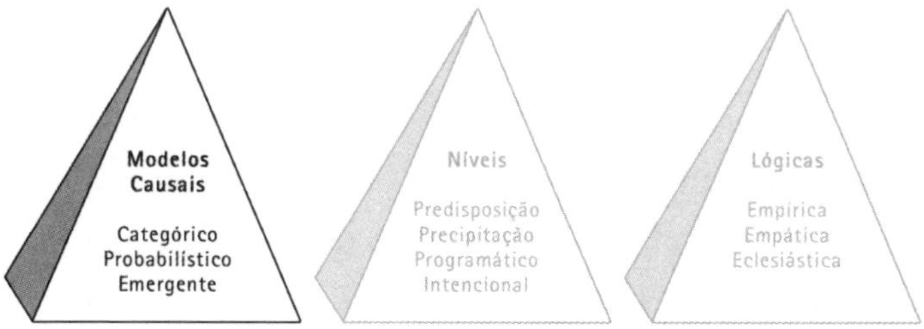

O Capítulo 3 apresentou o conceito de causa como categórico. Naquele modelo binário ou digital, algo *é* ou *não é* uma causa, e, se for, atua diretamente para trazer um evento. Este capítulo apresenta um modelo alternativo, a abordagem probabilística, em que as causas são conceituadas como *eventos que afetam a probabilidade*

de que outro evento ocorrerá. Neste modelo, as causas agem como influências, fatores de risco, predisposições, modificadores e intermediárias.

A complexidade do conceito probabilístico de causa começa com a definição da palavra "probabilidade". Seu significado primário refere-se à previsibilidade ou prognóstico, ou seja, a probabilidade de resultados ou efeitos futuros específicos. No entanto, esta definição tem dentro de si a implicação, e alguns diriam um segundo significado, que há *incerteza* quanto ao resultado. Esta implicação ou segundo significado reconhece a partir do início que há uma limitação inerente na capacidade de prever a probabilidade e, por conseguinte, uma limitação na certeza de como uma relação causal pode ser identificada. Werner Heisenberg, o físico que primeiro descreveu o princípio da incerteza, capturou esses dois elementos de forma muito sucinta, quando ele declarou: "A função de probabilidade contém o elemento objetivo de tendência e o elemento subjetivo do conhecimento incompleto."

Quais são as características de raciocínio probabilístico que são relevantes à causalidade? Em primeiro lugar, a lógica probabilística é *dimensional.* Isto é, as probabilidades causais podem ter qualquer valor entre zero e um, isto é, entre 0 e 100%. No entanto, nunca podem ser 0 ou 1, pois isso representa causa categórica. Isso aumenta o desafio de interpretar o significado de um valor específico. Por exemplo, o que uma probabilidade de 0.2 ou 20% de chance realmente significa?

Uma segunda característica que decorre da natureza dimensional do modelo de causalidade é que a probabilidade de uma relação causal muda em uma forma *graduada* regular. Ou seja, 10% é duas vezes mais provável do que 5%. Isto é importante, pois permite distinguir entre diferenças menores ou insignificantes em probabilidade (por exemplo, entre 23 e 26%) e grandes diferenças (digamos entre 25 e 75%). Essa regularidade é uma característica crucial da abordagem probabilística, pois permite a manipulação matemática, o ranking das probabilidades de eventos diferentes, e uma apreciação intuitiva das diferenças ("duas vezes mais provável" ou "dez vezes mais provável").

No entanto, o que parece ser uma pequena diferença pode ter um efeito muito grande, se o número de eventos ou organismos envolvidos é grande ou a escala de tempo é longa. Por exemplo, se a pressão arterial de toda a população pudesse ser reduzida em uma média de quatro pontos, o número de derrames que seriam evitados seria maior do que o número evitado pelo tratamento de todas as pessoas com pressão arterial "alta". Com juros compostos, US$ 10 se torna U$ 100,63 em 30 anos, com 8% de juros, mas apenas US$ 76,12 dólares com 7% de juros.

No entanto, nem todos os modelos causais que descrevem relações entre eventos como probabilidades matemáticas são lineares ou regulares. O Capítulo 5 discutirá o modelo não linear de causalidade, em que as probabilidades não mudam neste modo graduado regular.

Uma terceira característica da causalidade probabilística é a *incerteza* acima mencionada, a qual é inerente a todas as declarações probabilísticas. Dito alternativamente, as probabilidades têm variações, ao invés de valores absolutos, imutáveis. A gama de incerteza pode ser reduzida por meio da coleta de mais informações, mas nunca é zero (sem incerteza). Assim, o modelo probabilístico de causalidade fornece uma descrição da probabilidade de que dois eventos estão associados, e não uma afirmação absoluta de que existe ou não uma relação causal. Indica possibilidade ou probabilidade, em contraste com a certeza que o modelo categórico representa.

Para muitas pessoas, as diferenças entre a abordagem do "sim/não" do modelo binário e o "talvez" do modelo probabilístico implicam que a causalidade probabilística é tanto menos informativa e mais complexa do que o modelo categórico. Para alguns, frases como "pode estar relacionado causalmente" sugerem indecisão e falta de precisão. Ironicamente, o inverso é verdadeiro: descrições probabilísticas maximizam a quantidade de informações que pode ser transmitidas sobre uma relação potencial entre os eventos, apesar de reconhecer a incerteza inerente. Talvez essa incongruência entre a quantidade e especificidade das informações fornecidas pelos métodos probabilísticos é a razão pela qual ainda hoje muitas pessoas não pensam sobre a causa de uma forma probabilística, ou, quando o fazem, pensam de forma irrealista.

Seja qual for a razão, o raciocínio probabilístico e sua aplicação, a causalidade, para muitos, são difíceis de entender e serem aplicados. Uma breve análise do desenvolvimento histórico do conceito pode ajudar a explicar o porquê.

A ideia básica subjacente ao pensamento probabilístico parece ter surgido de mil e oitocentos a dois mil anos atrás. Em seu livro *A Ciência da Conjectura (The Science of Conjecture),* James Franklin identifica discussões nas Leis de Manu em sânscrito, nas leis romanas, e no Talmude Judaico, os quais datam daquela época, como as primeiras expressões de raciocínio probabilístico. Cada um discute como repartir a responsabilidade nos casos legais em que as evidências da infração não são absolutas. Franklin afirma que a falta de qualquer menção de raciocínio probabilístico em escritos anteriores indica que os gregos antigos não tinham conhecimento do conceito de probabilidade, e acrescenta a ausência do conceito em muitas culturas e a falta de uma palavra para a probabilidade no Inglês Mediano (do século XII ao XV) sugerindo a ausência de raciocínio probabilístico em algumas culturas e, portanto, não é uma forma universal de raciocínio.

Essa conclusão é indiretamente desafiada por uma pesquisa recente que descobriu que o raciocínio probabilístico causal pode ser realizado por espécies animais não primatas. Por exemplo, Aaron Blaisdell e colegas fizeram uma série de experimentos em ratos, mostrando que os animais que nunca haviam feito uma tarefa podiam prever a probabilidade de um resultado depois de observar outros ratos a executando. Blaisdell projetou o experimento para descartar o mimetismo ou aprendizagem como as explicações e demonstrou que o raciocínio era probabilístico na natureza, isto é, quando experimentalmente aumentaram a probabilidade de um resultado, aumentaram a probabilidade de que os ratos agiriam de uma determinada maneira. Estas experiências demonstram que o raciocínio probabilístico é inerente aos ratos e sugerem que o cérebro dos ratos é acionado para cálculos probabilísticos. Os pesquisadores extrapolam a alegação de que o raciocínio probabilístico também deve ser inerente ao ser humano.

Se os cérebros humanos são "construídos" para realizar raciocínio probabilístico, então a falta de representação conceitual ou linguística do conceito em algumas culturas e épocas é intrigante. Na verdade, os estudiosos concordam que a primeira discussão explícita da lógica probabilística, e sua aplicação em problemas cotidianos, não ocorreram até 1652 na Lógica de *Port-Royal*, publicado por residentes de um mosteiro parisiense (os quais provavelmente foram significativamente influenciados pelo matemático Blaise Pascal). Ele introduziu duas ideias essenciais para o raciocínio probabilístico: o conceito da razão como um meio de expressar a probabilidade de resultados específicos em jogos de azar e a ideia de que conhecer a probabilidade de resultados de um evento aumenta a capacidade de prever a resposta correta em relação à adivinhação, embora não haja certeza absoluta ou precisão.

A Lógica de *Port-Royal*, foi rapidamente seguida pelo livro do sábio holandês Christian Huygens sobre probabilidade e pelos métodos para calcular a probabilidade de mortalidade do matemático Britânico John Graunt, utilizando amostras de dados coletados na igreja e em livros da cidade. Eles, assim, ampliaram a aplicação da lógica probabilística e fizeram explícitas as diferenças dramáticas entre raciocínio categórico e probabilístico.

Esta breve história apresenta um enigma. Se o conceito de causa probabilística é inerente, como sugerido pelos experimentos de Blaisdell, como as ideias podem ser alheias a tantos? Como a causa probabilística naõ foi mencionada antes dos anos 1 a 200 D.C. e não foi explicitamente discutida como uma construção antes da Lógica de *Port-Royal*, (História da Lógica)? Uma explicação plausível é que ambas as ferramentas matemáticas necessárias para expressar e quantificar a lógica probabilística e o conceito de incerteza tiveram que ser desenvolvidas antes da construção do pensamento probabilístico ser divulgado. Entre as ideias matemáticas necessárias para especificar a probabilidade, estão os conceitos do zero e do infinito. Zero não foi mencionado como um espaço reservado em um sentido matemático até o século III D.C na Índia, embora os babilônios e o filósofo Grego Demócrito houvessem escrito sobre as quantidades de nenhum e infinito. Outro avanço necessário era um sistema de numeração que fosse contínuo e infinitamente classificado. Algarismos romanos podem expressar números grandes ou pequenos, mas não podem fornecer uma representação do infinitamente grande ou infinitamente pequeno, pois há um número máximo (M = 1.000; muitos Ms ainda não são infinitos) e um número mínimo (I = 1).

Até os séculos X e XI os filósofos-cientistas persas de língua árabe não haviam usado o zero nos cálculos e assim começaram a definitivamente aplicar o sistema de numeração contínua. Este sistema de numeração permitiu a computação direta além da adição e subtração, fornecendo símbolos que seguem um padrão previsível, regular, por exemplo, 1, 10, 100, 1.000, um claro avanço em relação aos sistemas de representação, como os algarismos romanos (I, V, X, etc). Além disso, o estabelecimento de um sistema de numeração que é contínuo a partir de zero até ao infinito (e, mais tarde, expandiu-se para variação do infinito negativo ao infinito positivo) e *infinitamente graduado* (1, 1,1, 1,11, 1,111, ...) demonstrou a utilidade e aplicação de números que não expressam quantidades exatas. Isso levou a matemática à além do conceito de total precisão que subjaz causalidade categórica e permitiu o desenvolvimento de métodos e ferramentas para expressar, de forma prática, a incerteza inerente no modelo probabilístico.

Este sistema de representação matemática, então, fornece suporte para o conceito abstrato de probabilidade e causalidade probabilística e os meios pelos quais podem ser representados em uma forma matemática concreta. Mais adiante argumentarei que o desenvolvimento de abordagens matemáticas mais complexas, como cálculo e o conceito da distribuição normal, deram estrutura conceitual e prática para a ideia de que a incerteza não é apenas quantificável, mas pode ser matematicamente manipulada em formas que permitem a descrição da força ou probabilidade de associações causais.

No entanto, ainda hoje o raciocínio probabilístico e sua aplicação à causalidade são difíceis para muitos entenderem e aplicarem, um desafio claro para os escritores da Lógica de *Port-Royal*: "O medo do dano deveria ser proporcional não apenas à gravidade do dano, mas também a probabilidade do evento, e uma vez que não há praticamente qualquer tipo de morte mais rara do que a morte por tempestade, não há praticamente nenhuma que deve ocasionar menos medo". No entanto, esse medo é comum e às vezes incapacitante. Assim, os autores sabiam que o medo generalizado de ser atingido por um raio é muito mais comum do que se poderia esperar com base na probabilidade de morte por um raio, um fato que parece ser tão verdadeiro hoje, apesar do fato de conhecermos medidas de segurança, como não ficar embaixo de árvores ou se deitar, se formos pegos em um campo aberto durante uma tempestade. Ou seja, fatores diferentes da sua probabilidade estatística devem causalmente mediar esse medo, pois mesmo sabendo que existem ações atenuantes, não reduz a preocupação.

Outro avanço dos meados do século XVII, que influenciou o desenvolvimento da causalidade probabilística foi a invenção das equações simultâneas por Newton e Leibniz. O cálculo utiliza o conceito de aproximações sucessivas para descrever formas e curvas, como arcos e parábolas e para calcular caminhos não lineares, como o trajeto de uma bala de canhão. O método de cálculo por aproximações sucessivas é chamado de Teorema do Limite, o qual mostra que uma linha parabólica se aproxima, mas nunca toca um limite. Com a soma de áreas cada vez menores dentro da figura, o cálculo fornece uma medida da área dentro da parábola que fica cada vez mais perto da área "real", apesar de uma pequena área ser sempre imensurável.

A influência de cálculo na construção da causalidade deriva da sua capacidade de quantificar as situações e fazer previsões (cálculos), quando um número infinito de operações matemáticas seria necessário para obter a resposta "correta", por exemplo, a quantidade de estresse físico operando em vários pontos em um prédio alto. Após essa conquista, os engenheiros, projetistas e cientistas foram isentados da necessidade de total precisão em situações em que isto é impossível de alcançar, e, como tal, forneceu uma poderosa alternativa ao poder absoluto do modelo categórico. Isto é, foi demonstrado que se pode chegar muito próximo de uma resposta correta, o que é obtido não pode ser distinguido do real e, assim, mostrou que um resultado matemático não precisa ser absolutamente exato para ser preciso e útil. Portanto, o cálculo forneceu um método que engloba ambos os significados do conceito de probabilidade identificado por Heisenberg: uma representação matemática da probabilidade de um resultado em uma situação específica *e* as incertezas inerentes a esse cálculo. Ao abraçar ambos os significados de raciocínio probabilístico e permitindo a quantificação, uniu ainda mais os conceitos teóricos e aplicados necessários para uma ciência da causalidade probabilística.

É evidente que o conceito de proporções e possibilidades, o cálculo e a quantificação de probabilidade desenvolveram-se no mesmo período. Uma série de explicações possíveis para este desenvolvimento coincidente parece plausível: os conceitos estão relacionados à ideia de que a previsão matemática fundamente os três. O desenvolvimento de uma classe de comerciantes levou a lucros que aumentaram tempo de lazer e, portanto, interesse em temas como previsão de acertos em jogos de azar (apostas), o surgimento de universidades incentivaram as pessoas a considerar uma variedade de problemas de medição e a se comunicarem com outros especialistas. O surgimento quase simultâneo destas três ideias diferentes, mas relacionadas, sugere alguma ligação. No entanto, poderiam muito bem ser o resultado de várias ou todas as explicações.

Outra "ferramenta" que influenciou significativamente o desenvolvimento de métodos para quantificar a probabilidade e para influenciar as bases do conceito atual do raciocínio probabilístico causal foi a descoberta de Abraham de Moivre (1667-1754), de que a distribuição de eventos aparentemente aleatórios segue uma "curva de sino" (Curva de Gauss) ou distribuição normal. Este achado foi desenvolvido por Carl Friedrich Gauss (1777-1855), que mostrou que a variabilidade da média diminui à medida que o número de medições ou amostras aumenta. Uma descoberta que levou à conclusão de que a precisão aumenta à medida que o número de observações aumenta. Esta abordagem foi então aplicada pelo sábio do século XIX Francis Galton (1822-1911) a muitas quantidades mensuráveis, incluindo a altura e o peso dos seres humanos. Ao mostrar que os resultados se arranjaram entre si mesmos em uma distribuição "gaussiana" em um grande número de pessoas, ele ajudou a promover o desenvolvimento de métodos para quantificar tais previsões. A ubiquidade da distribuição normal fundamentou ainda mais a realidade da causalidade probabilística, pois implicava que deve haver forças inerentes na natureza que levam a esse padrão de distribuição probabilística. Galton também reconheceu que uma das principais limitações da abordagem probabilística foi a sua capacidade limitada para fazer previsões sobre os indivíduos.

As aplicações práticas da previsão do resultado e quantificação também estimulou o desenvolvimento de ferramentas estatísticas probabilísticas para melhorar a quantificação e análise de grandes quantidades de dados. O escritor de negócios Richard Bernstein vai tão longe a ponto de argumentar em seu livro *Desafio aos Deuses: A Fascinante História do Risco (Against the Gods: The Remarkable Story of Risk)* de que os conceitos de risco e previsão e o desenvolvimento de métodos para quantificá-los foram precursores necessários do capitalismo e da grande indústria. Ou seja, não foram suficientes por si só para terem causado o surgimento do capitalismo, mas aumentaram muito a probabilidade de que surgiria, pois, de acordo com Bernstein, permitiram o cálculo da capacidade de fazer um retorno sobre o investimento com a quantificação do risco de um empreendimento, um alicerce central do capitalismo. Bernstein está sugerindo, assim, que um dos fundamentos causais deste poderoso sistema econômico foi o surgimento conceitual da lógica probabilística. Outro aspecto da abordagem probabilística que faz parte da experiência humana, de tal forma que suas origens relativamente recentes parecem surpreendentes, é o cálculo da "média" (ou "meio"), que foi desenvolvido por Moivre em seu trabalho sobre a distribuição normal.

Muitos exemplos da lógica causal probabilística tornaram-se parte do tecido da vida moderna. Por exemplo, os limites de velocidade diminuem a probabilidade de um acidente, mas não o elimina. Bons jogadores de pôquer sabem quais cartas já foram jogadas e fazem jogadas planejadas, sabendo que aumentam, mas não asseguram a probabilidade de ganhar, atletas e treinadores de sucesso dependem do conhecimento de que certas ações do oponente são mais prováveis e tentam antecipá-las para aumentar chances de vitória. No entanto, essas ações são muitas vezes consideradas categóricas na natureza. Por exemplo, ultrapassar o limite de velocidade é considerado errado porque é perigoso, ao invés de se reconhecer que os limites de velocidade tanto diminuem índices de acidentes, quanto diminuem o risco de um resultado fatal.

Isso nos traz de volta a um dos desafios de lógica probabilística causal, ilustrado no exemplo a seguir. A probabilidade de uma pessoa que fuma mais de um maço de cigarros por dia durante cinquenta anos desenvolver câncer de pulmão é cerca de 17 vezes maior do que alguém que não fuma. Esta relação tem um "intervalo de confiança", ou seja, uma gama calculável dentro do qual se pode ter "80%" ou "95%" de certeza de que esta afirmação é precisa. No entanto, mesmo com o nível de 95% de confiança, há uma chance de uma em vinte de que os resultados ficarão fora da faixa; no intervalo de confiança de 80%, há uma chance em cada cinco. Isso nos diz que a probabilidade de que o cigarro causou câncer de pulmão em um fumante é muito maior do que o zero, ou seja, muito maior do que a possibilidade, mas porque há outras causas e porque nem todo mundo que fuma desenvolverá câncer, pode-se apenas indicar uma variação de probabilidade de que era causal ao invés de um absoluto "sim" ou "não". No entanto, esta probabilidade é muito alta e acreditamos que fumantes estão mais propensos a desenvolver câncer de pulmão do que alguém que não fuma. No entanto, não podemos ter certeza absoluta, e não podemos prever com precisão se um indivíduo específico desenvolverá ou não câncer de pulmão.

Isso prova que o tabagismo é uma causa de câncer de pulmão? Sim e não. Pelo lado do "não", esses dados demonstram que apenas existe uma forte associação entre o cigarro e o câncer. Como observou Hume, isso não prova uma relação causal. No entanto, dada a força da relação (17 é um grande risco relativo), a probabilidade de que o câncer de pulmão pode ser causado por tabagismo é extremamente elevado. Portanto, em geral, o modelo probabilístico é incapaz de estabelecer relações causais absolutas. No entanto, isso não significa que a previsão é impossível ou que é inútil tentar.

Da mesma forma, o risco de uma pessoa que fuma dois maços de cigarros por dia durante trinta anos desenvolver um câncer é claramente maior do que o risco de uma pessoa que nunca fumou. Essa incerteza foi medida pelos fabricantes de cigarros e fumantes durante anos em declarações de que não havia nenhuma prova de que o cigarro causava o câncer, mas a associação, em última análise, convenceu autoridades de saúde pública, júris, legisladores, e grande parte do público sobre a resposta ser "sim".

Causalidade e probabilidade

A incerteza inerente ao raciocínio probabilístico é vista por alguns como uma razão para rejeitá-lo, mas a grande contribuição da abordagem probabilística é que fornece um método pelo qual a incerteza pode ser quantificada. Vale a pena notar que o raciocínio probabilístico é usado em muitas decisões do dia a dia que não estão diretamente ligadas à causalidade, por exemplo, decisões de levar um guarda-chuva, escolher entre colocar dinheiro em poupança ou em ações, aceitar uma nova oferta de emprego, ou comprar um carro específico. Além disso, algumas decisões são tomadas, mesmo quando é claro que a probabilidade de um resultado é baixa. Exemplos incluem a escolha de se submeter a um procedimento médico, mesmo quando é improvável o resultado desejado, investir dinheiro em um empreendimento muito arriscado, continuar fumando ou ter comportamentos de risco. A força do método probabilístico é que dá à pessoa que está decidindo, uma quantificação do risco envolvido. Quando aplicado ao raciocínio causal, o método transmite informações sobre a probabilidade de uma relação causal, enquanto indica que não há resposta absoluta.

Limitações do modelo probabilístico

Como já observamos, o modelo probabilístico difere radicalmente da abordagem do "sim/não" do modelo binário. Probabilismo indica "talvez", enquanto que o modelo categórico representa certeza; probabilismo mostra a probabilidade de dois eventos estarem associados, e não uma afirmação absoluta sobre a relação entre os dois. Assim, probabilismo parece mais complexo e menos elucidativo para muitas pessoas.

Várias limitações do modelo dimensional, probabilístico já foram mencionadas. Em primeiro lugar, como foi dito acima, não pode identificar as causas com certeza absoluta. Esta é uma fonte de frustração para muitos e pode ser usada para distrair as pessoas de reconhecer que relações causais prováveis existem. Em segundo lugar, para muitos, o modelo probabilístico é menos intuitivo do que o modelo categórico, o que prejudica sua capacidade de fornecer informações significativas e aumenta a probabilidade de que as informações fornecidas serão mal interpretadas.

Uma terceira limitação é que o estabelecimento de informação probabilística geralmente requer que um fenômeno ocorra mais de uma vez, ou afete grupos de pessoas ou objetos, ou pelo menos que haja conhecimento sobre uma circunstância similar. Devido aos métodos probabilísticos não serem limitados em sua capacidade de fornecer probabilidades sobre eventos individuais ou indivíduos, raramente são úteis na atribuição de informações causais sobre ocorrências únicas, tais como eventos históricos, caminhos evolutivos específicos, ecologia, seres ou moléculas. Muitas vezes, os aspectos únicos de qualquer objeto ou pessoa, compensam quaisquer semelhanças compartilhadas com outros e a previsão causal se aproxima ou está em um nível de probabilidade.

Esta dependência em dados de grupo ilustra outra limitação do modelo probabilístico. Sua capacidade de prever ou descrever a probabilidade de uma relação causal depende da equivalência dos eventos que estão sendo comparados. Desde que o princípio da incerteza demonstra que não é possível determinar se quaisquer dois eventos são exatamente os mesmos, alguns dos erros no modelo probabilístico advém da incapacidade inerente de determinar a equivalência dos eventos a serem comparados. Outra fonte de erro é que as medições nunca podem ser exatas, não importa o quão cuidadosa seja a medição. Assim, algumas das "imprecisões" das informações probabilísticas derivam do fato de que existem várias razões demonstrando que a estimativa feita tem erro e que esse erro não pode ser totalmente eliminado. Foi esta constatação que levou Ronald Fisher a desenvolver a ciência por trás da amostragem, como discutido no Capítulo 8.

No entanto, a incapacidade da abordagem probabilística para fazer afirmações absolutas sobre causalidade ou ações futuras não devem ser utilizadas como base para a alegação de que a causalidade não existe ou não pode ser determinada. A falta de certeza absoluta sustenta cada abordagem do saber, exceto, como será discutido no Capítulo 10, o religioso ou eclesiástico. O niilismo e a rejeição da causalidade que resultou dessa incerteza inerente são erros de aplicação do raciocínio categórico e uma incapacidade de aceitar o fato da existência das limitações do conhecimento humano. O modelo probabilístico se desenvolveu a partir de uma apreciação destas limitações e a constatação de que algumas informações podem ser obtidas, mas que não podem ser absolutas. Embora esta seja uma limitação inerente da natureza (ou pelo menos do modo como os seres humanos compreendem a natureza), um reconhecimento desta limitação tem realmente melhorado a capacidade de utilizar a informação que pode ser adquirida. Identificar as limitações de cada abordagem potencializa a capacidade de derivar informações causais, pois aumenta a probabilidade de que um determinado método ou abordagem será aplicado em situações apropriadas e diminui a probabilidade de aplicação inadequada ou de má aplicação.

Afinal, para muitas pessoas, o raciocínio probabilístico não parece natural ou não está dentro de sua experiência cotidiana. A maior prevalência do medo de voar em comparação com o medo de andar de carro é um exemplo. A probabilidade de que um indivíduo morrerá em um acidente de carro é muito maior do que em um acidente aéreo. Se esse medo de voar é resultado da natureza dramática dos acidentes aéreos, o fato de que mais pessoas morrem ao mesmo tempo nesses acidentes, o fato de que motoristas de automóveis acreditam estar no controle do perigo (verdade ou não), ou algum outro fator, ou fatores, não estão claros. No entanto, muitos seres humanos se comportam como se a probabilidade de morrer voando fosse muito maior do a morte por automóvel, sugerindo que as comparações probabilísticas nem sempre surgem "naturalmente" e que muitas pessoas agem desafiando a lógica que deriva *apenas* do raciocínio probabilístico.

Probabilísticos e categóricos são raciocínios distintos?

Até agora, a causalidade categórica e probabilística foram apresentadas como modelos distintos de raciocínio. Elas poderiam ser consideradas uma abordagem única, com uma sendo um subconjunto da outra? O modelo categórico não poderia ser considerado um caso especial da abordagem probabilística em que a probabilidade de uma relação causal é 100% ("sim") ou 0% ("não")? Ou, alternativamente, por que não considerar a abordagem probabilística um subconjunto da categórica? A base para o confrontamento vem do sucesso do computador e da câmara digital, os quais mostram que fenômenos complexos, classificados, finalmente podem ser codificados digitalmente. Talvez a natureza seja construída digitalmente (categoricamente), enquanto os seres humanos são construídos para percebê-la continuamente. Ou, pelo contrário, talvez a natureza funcione continuamente, mas os seres humanos construíram conceitos categóricos para simplificá-la. Vários motivos me sugerem que vale a pena manter as distinções entre os dois modelos, pelo menos no nível conceitual.

A simplicidade inerente ao modelo categórico e à autonomia que isso proporciona é uma grande força. Em áreas aplicadas, como engenharia, a capacidade de falar e trabalhar em categorias distintas permite a ação. Isto parece ser verdade também na vida cotidiana. Por exemplo, os meteorologistas distinguem entre as tempestades tropicais e furacões. O fato de uma ter ventos com velocidades menores de 1200 km por hora e a outra ter ventos com mais de 120 km por hora parece fazer a diferença na atenção que lhe são dadas. Simplicidade foi uma das justificativas de Galileu para abandonar a abordagem aristotélica, e muitos avanços na compreensão científica resultaram do foco em elementos causais individuais.

Por outro lado, o conceito de causas múltiplas interagindo é mais fácil de entender e descrever matematicamente no modelo probabilístico. Além disso, como foi observado no final da seção anterior, o modelo probabilístico levou a uma apreciação de que a incapacidade de identificar uma ou várias causas com absoluta certeza, não significa a inexistência de qualquer informação sobre as relações causais.

O que seria perdido por subsumir ou abandonar o raciocínio categórico ou probabilístico é o contraste entre a certeza absoluta e relativa. Esta distinção tem implicações tanto filosóficas quanto práticas, o que evita a alegação de que uma abordagem é sempre mais precisa ou melhor do que a outra, e é necessário para a alegação feita neste livro que a escolha de um modelo específico seja determinada ou pelo menos fortemente influenciada pelas circunstâncias ou eventos que estão sendo considerados. O modelo categórico favorece causas individuais. Várias causas categóricas podem coexistir, mas o conceito de causas múltiplas interagindo é mais fácil de compreender e descrever matematicamente com o modelo probabilístico.

Abandonar a distinção entre os dois modelos ignoraria as limitações de cada um deles. Além disso, a tentativa de fazê-lo seria mal sucedida, em minha opinião, uma vez que muitas pessoas continuariam pensando em agir de um modo ou de outro. Manter ambos os modelos incentiva o reconhecimento dos pontos fortes e limitações de cada um e reconhece a realidade do comportamento humano. Dito de outra forma parece que pensamos sobre a causalidade de maneiras diferentes, e enquanto as pessoas tenderem a fazer isso é útil e importante reconhecer que estas formas diferentes de abordar causalidade têm implicações diversas. Por outro lado, mantendo-os distintos (um ato em si categórico) não ignoram as características comuns que partilham. Mantê-los distintos também aborda uma visão de Hume de que a certeza absoluta sobre as relações causais não é possível. Ao fornecer uma abordagem alternativa, a abordagem probabilística permite a ação com base no raciocínio causal, mesmo com a ausência de 100% de certeza. Entendo que a objeção de Hume reflete uma limitação da abordagem categórica, mas essa ação por vezes, requer que se considere essa abordagem.

Outra distinção prática é que os dois modelos requerem diferentes abordagens estatísticas. O modelo categórico é testado por meio de métodos, chamados de *não paramétrico*, os quais podem comparar apenas alguns grupos. Em contraste, o modelo dimensional depende de abordagens *paramétricas* que comparam características de informações distribuídas, como meios e desvios-padrão. Avaliações estatísticas na abordagem probabilística baseiam-se em comparações de relações que são indicadores da probabilidade de que a distribuição difere do acaso.

Por fim, o valor de manter a distinção entre a categórica e probabilística é apoiado pela descoberta de que diferentes aspectos dos sistemas físicos e biológicos são mais bem descritos em termos tanto categóricos quanto analógicos. Cada um dos exemplos a seguir ilustra um aspecto de um sistema natural que opera em uma forma binária, mas cujas ações, quando somadas ou examinadas a partir de uma abordagem mais macroscópica, aparecem classificadas.

→ Muitas partículas subatômicas agem como se existissem em apenas um dos dois estados de energia (um modelo categórico), mas seguem uma modelagem probabilística, dimensional quando examinadas em conjunto.

→ No cérebro, muitos canais iônicos, receptores, células e circuitos neuronais são ativos ou inativos (categórica), mas funcionam juntamente com muitos outros, como recursos para operar em um sistema de graduação, dimensional (probabilística).

→ Neurônios individuais foram identificados nos lóbulos frontais de macacos que movem seus olhos para um alvo. Outras células no córtex visual disparam quando uma linha que tem um grau específico de inclinação é colocada no campo visual. São ações categóricas; cada neurônio é acionado ou não. No entanto, parece que os olhos movimentam-se de forma gradual, suave, e nós sentimos nossos movimentos oculares como uma experiência contínua. Fisiologicamente falando, movimentos oculares resultam da soma de vários neurônios sendo acionados e de pequenos movimentos. No nível neuronal individual são fisiologicamente precisos, mas os experimentamos como contínuos.

Estes exemplos demonstram que muitos eventos na natureza devem ser descritos como categóricos a um nível microscópico, e classificados como o resultado da soma em um nível macroscópico. Mantendo-se os dois modelos distintos permite-se o estudo aprofundado e evita-se a banalização. Assim, ao se manter os dois modelos distintos, eles não devem ser interpretados como se um fosse melhor, mais poderoso, ou de natureza mais reflexiva.

Em suma, cada modelo explica melhor certas propriedades de um sistema em um nível específico de análise. Se estas distinções descrevem as diferenças reais que ocorrem na natureza, ou seja, as distinções que não poderiam ser percebidas de qualquer outra forma, é um debate que nos leva de volta ao Mito da Caverna, de Platão. Concluo que as distinções entre o categórico e o probabilístico permanecem úteis neste momento da história humana. Se eles continuarão tendo valor conceitual no futuro é incerto, mesmo que Kant esteja certo ao afirmar que a forma como os seres humanos percebem e concebem o mundo é moldada pela forma como o cérebro humano se desenvolve. O próximo capítulo sugere que há pelo menos outro modelo conceitual de causalidade, a abordagem emergente. Ela tem sido desenvolvida ao longo dos últimos cem anos.

O fato de que cada um desses modelos tornou-se explicitamente reconhecido em determinados momentos na história humana, apoia a noção de que os novos modelos conceituais se desenvolverão no futuro e que estes poderiam se unir ou substituir as abordagens atuais.

Critérios para a escolha do modelo apropriado

Se os modelos categóricos e probabilísticos são úteis, deve haver critérios que orientam a escolha de qual modelo se aplicar em uma determinada situação. Dois já foram discutidos indiretamente. Em primeiro lugar, os estatísticos desenvolveram regras que ditam as circunstâncias em que uma técnica estatística específica deve ser utilizada; quase universalmente, diferentes métodos estatísticos são apropriados para analisar dados que são categóricos ou dimensionais. Este não é um raciocínio circular, pois a escolha adequada maximiza o "poder" ou a capacidade de fornecer uma resposta. Se a questão puder ser expressa em termos categóricos, assim, técnicas que dão respostas absolutas "sim /não" são utilizadas. Caso contrário, entram as técnicas probabilísticas. No entanto, os métodos categóricos ainda têm um componente probabilístico, desde que a certeza absoluta não seja possível, e por causa do número de episódios ou indivíduos que influenciam a força da probabilidade. O resultado é que o método estatístico correto maximiza o grau de certeza com que se pode mostrar que um relacionamento existe, e, nas circunstâncias apropriadas, quantifica a probabilidade de causalidade.

Aplicação é um segundo critério que às vezes é apropriado. Como já mencionado, os meteorologistas distinguem entre tempestades tropicais (velocidade do vento entre 60 e 120 km por hora) e furacões (velocidade do vento maior do que 120 km por hora), e, mais recentemente, os furacões têm sido subdivididos em cinco subcategorias. Essas distinções são claramente imprecisas, pois a velocidade do vento é uma função classificada, e não há nenhuma diferença clara entre tempestades que têm ventos de 120 km por hora e aquelas com ventos de 122 km por hora. No entanto, estas distinções categóricas servem para comunicação (as pessoas ouvem com mais atenção quando a palavra furacão está sendo utilizada) e os preparativos para catástrofes (ações diferentes, mais drásticas são tomadas para uma tempestade de nível 5 do que para uma de nível 2). Por outro lado, se alguém estivesse tentando estudar a quantidade de danos causados por uma tempestade, seria considerada a energia produzida na tempestade, assim, seriam aplicadas as equações para examinar a velocidade do vento e outras variáveis (tais como o diâmetro da tempestade) como construções contínuas e dimensionais.

Não é de se surpreender, mesmo na ciência, que a escolha do modelo pode mudar ao longo do tempo se o tipo ou quantidade de informação mudar. Cento e cinquenta anos atrás, Gregor Mendel demonstrou que oito características de ervilhas são herdadas como elementos individuais, mais tarde nomeadas genes, a partir de cada um dos pais e que essa herança segue um padrão no qual os elementos herdados atuam em uma de duas maneiras. Aqueles que são "dominantes" induzem o traço, não importa o que o outro elemento seja, aqueles que são "recessivos" serão expressos apenas se o outro gene também for herdado. O trabalho de Mendel caiu no esquecimento, mas foi "redescoberto" por volta de 1900, e esta descrição categórica/digital, guiou grande parte da pesquisa genética por cem anos. Com o sequenciamento do genoma humano em 2001, e as futuras possibilidades para sequenciar genomas inteiros de muitas pessoas, as limitações do modelo categórico/digital de Mendel tornaram-se evidentes. De fato, as doenças mais comuns em seres humanos que funcionam nas famílias parecem resultar de vários genes, cada um dos quais explicam apenas uma pequena porção da herança. Isso não quer dizer que Mendel estava errado, somente que a genética não segue um padrão categórico simples em muitas, se não a maioria das situações. Os cientistas estão trabalhando para desvendar essa complexidade. A solução incorporará claramente percepções de Mendel, uma vez que explicam muitos fenômenos, mas é provável que os mecanismos sejam descobertos e dependerão de interações entre vários elementos genéticos, os quais resultam em características graduadas e dimensionais. Também é possível que mecanismos sejam descobertos e resultem na sequenciação de DNA categórica, mas na verdade depende de interações biológicas não lineares, o tema do próximo capítulo. A escolha de qual modelo utilizar dependerá de qual modelo melhor prediz a função dos genes específicos e conjuntos de genes em seu estado natural. No final, o critério de utilidade torna-se muito poderoso.

Resumo

Este capítulo explorou o mundo das causas complexas, interativas, graduadas e múltiplas. Algumas causas agem individualmente, mas de uma forma gradual. Outras agem como sistemas em que muitas variáveis — produtos de genes, vias de transdução de sinal, sistemas celulares, redes neuronais, órgão — interagem de modo previsível.

A palavra "previsível" é crucial aqui. Enquanto possibilidade pode parecer a explicação, a análise matemática demonstra que as relações probabilísticas funcionam. É a natureza probabilística da relação que permite previsões a serem feitas e fundamentam esta abordagem. No entanto, a incapacidade de fazer afirmações absolutas é fonte de frustração para muitos.

O próximo capítulo analisa os fenômenos que parecem combinar aspectos dos dois modelos discutidos por enquanto — fenômenos que têm tanto a característica do tudo-ou-nada do modelo categórico quanto a característica graduada do modelo probabilístico.

5

UM TERCEIRO MODELO DE CAUSALIDADE:
A abordagem emergente, não linear

O que estamos testemunhando. . . é uma mudança de paradigma na tentativa de entender nosso mundo quando nos damos conta de que a lógica de tudo não pode ser deduzida indo mais fundo nos detalhes.

— TAMAS VICSEK

Essas leis, aplicando-as igualmente bem na célula e no ecossistema, demonstra como as leis da natureza são inevitáveis e quão profundamente a auto-organização molda o mundo à nossa volta.

— A.-L. BARABÁSI

No final dos anos 1940, o professor do MIT Norbert Wiener propôs uma nova abordagem para o estudo de sistemas: ele os analisou como totalidades funcionais compostas por vários módulos de interação. Ele nomeou a disciplina cibernética e destacou a sua abordagem, o foco do modelo científico predominante nas interações individuais. Inerente à proposta de Wiener era a ideia de que a soma das partes de um sistema é maior do que as suas contribuições individuais. Esta ideia parecia bastante radical na época, em parte pela dificuldade de Wiener em encontrar exemplos do mundo real que pudesse usar para convencer os céticos, mas influenciou os designers dos primeiros sistemas de computadores e pode ser visto como um precursor para as disciplinas relativamente novas dos sistemas biológicos e teoria da rede.

Na verdade, esses pensamentos não eram realmente novos. Como o próprio Wiener reconheu, a ideia de que o todo é mais do que a soma de suas partes havia sido destaque no pensamento oriental por milhares de anos. Essa ideia também foi fundamental para o trabalho do fisiologista Claude Bernard, o matemático Henri Poincaré, e o filósofo George Henry Lewes, os quais trabalharam no meio e no final do século XIX. Por exemplo, a teoria da homeostase de Bernard postulou que os organismos têm múltiplos sistemas, cujas interações mantêm um ambiente interno estável em face de um ambiente externo em mudança, e Poincaré desenvolveu ferramentas matemáticas para analisar relações entre as variáveis que pareciam oscilar de forma irregular, ou seja, não linear.

A ênfase de Wiener em estudar sistemas do ponto de vista das totalidades integradas e inter-relacionadas, e não como um aglomerado autônomo, unidades autossuficientes com o conceito de *emergência*, a ideia de que sistemas contêm elementos organizacionais que não podem ser entendidos apenas por meio da análise dos componentes individualmente. Estes conceitos de sistemas, não linearidade, emergência e sua relevância à causalidade são o foco deste capítulo.

Durante os últimos cinquenta anos, vários modelos conceituais têm sido construídos sobre o esqueleto tênue das ideias de Wiener e o estendeu às ciências físicas, biológicas e sociais. Tópicos tão díspares como o funcionamento dos organismos, sistemas econômicos, animais não humanos e sociedades humanas, acidentes, movimentos históricos, epidemias de doenças, a consciência humana, e até mesmo o universo e a própria vida estão sendo exploradas com métodos que utilizam os conceitos de não linearidade, emergência e sistemas. Esses métodos são conhecidos por nomes como a Teoria do Caos, Teoria da Complexidade, os Sistemas de Auto-Organização e Teoria da Rede. Embora seja muito cedo para ter certeza de que eles compartilham um conjunto coerente, produtivo e preditivo de técnicas, a ampla abordagem que é comum a eles, representa um terceiro modelo conceitual de causalidade, o qual descreve aspectos das relações causais não captadas pelo raciocínio categórico ou probabilístico. Os parágrafos a seguir desenvolvem esta ideia, revendo as teses centrais de vários desses modelos, com ênfase na identificação de características comuns ao abordar a causalidade.

Teoria do caos

A teoria do caos utiliza um conjunto de técnicas matemáticas para identificar padrões previsíveis de comportamento dentro de atividades aparentemente desorganizadas, repetitivas, e demonstrar que existem limites probabilísticos em que esses fenômenos ocorrem. O uso da palavra "caos" é um tanto irônico, pois a teoria procura identificar tanto a regularidade quanto a previsibilidade em fenômenos ou observações que parecem ser aleatórios, mas o nome é cativante e enfatiza a ideia de que fenômenos caóticos, aparentemente desordenados, são as atividades que a teoria procura explicar.

Três ideias centrais são os fundamentos da teoria do caos e moldam a contribuição para este terceiro modelo de causalidade: *a importância das condições iniciais, não linearidade e o emergente interacionismo.* O primeiro conceito, a alegação de que as condições iniciais influenciam significativamente o curso e o resultado de uma atividade, são apoiados pela observação de que variações sutis no início de muitas atividades levam a resultados profundamente diferentes. Um exemplo banal é que uma pedra que rola morro abaixo, seguirá caminhos diferentes, não importa quanto esforço é colocado em iniciar a atividade exatamente da mesma maneira, pois é impossível iniciar todos os rolamentos exatamente da mesma maneira e cada pedra é diferente. O importante papel das condições iniciais coloca importantes limites à previsibilidade, pois é muito difícil de descrever ou identificar cada nuance das circunstâncias iniciais de um evento. Por sua vez, coloca limitações na identificação das causas iniciais ou nas especificações dos inícios de uma cadeia causal.

A segunda tese da teoria do caos é que muitas atividades que aparecem aleatoriamente, sem padrão, e caóticas, podem ser descritas por meio de técnicas matemáticas não lineares. A próxima seção deste capítulo expande o conceito da não linearidade e o contrasta com as relações dicotômicas do modelo categórico e os aspectos graduais do raciocínio dimensional.

O terceiro conceito da teoria do caos é que uma análise de eventos no nível de sistemas pode revelar padrões de regularidade não evidentes quando o foco é nos elementos individuais do sistema. Isso deriva em grande parte da alta freqüência das relações não lineares. Estes padrões frequentemente parecem surgir a partir de atividade aleatória, mas a teoria do caos sugere focar nos elementos individuais, ao invés do conjunto que tem impedido o padrão de ser reconhecido.

Os defensores da teoria do caos reivindicam que a demonstração reiterada de regularidade não linear em sistemas tão díspares como arritmias cardíacas e meteorologia sugere que há uma base, um princípio causal compartilhado. Até agora, porém, a teoria do caos tem fornecido apenas ferramentas descritivas que identificam as relações não lineares em sistemas, não percepções sobre como os eventos são gerados. Ou seja, ela ainda tem que contribuir para uma compreensão do mecanismo. No entanto, pode-se fazer a mesma declaração sobre as Leis de Newton ou as Leis da Termodinâmica, por isso, a descrição da teoria do caos de regularidade e especificação de regras pelas quais os sistemas trabalham são contribuições entre si. É a demonstração de que as condições iniciais e a não linearidade acrescentam à nossa compreensão dos processos aspectos tão diferentes como as sinapses nervosas, nichos ecológicos, tempo e o fato de que a causalidade probabilística/categórica e dimensional não explicam totalmente as suas funções que apóiam a ideia de um terceiro modelo de causalidade.

Dinâmicas não lineares

Muitos eventos que parecem ocorrer de uma maneira extrema são encontrados, em uma análise mais aprofundada, como resultado de um acúmulo de mudanças que ocorreram durante um período mais longo de tempo. Exemplos comuns incluem terremotos, o congelamento da água pura a 0 grau, e a ebulição da água a 100 graus. Outros exemplos de eventos que seguem este padrão são o disparo de nervos, desenvolvimento da "supercondução" (a capacidade para conduzir uma corrente elétrica sem resistência) em alguns materiais, quando são resfriados a temperaturas muito baixas, e a mudança da condição de um isolador para um condutor, o que ocorre em outros materiais quando são resfriados.

Cada um desses eventos parece acontecer de repente e na maneira extrema do modelo causal categórico ou binário. No entanto, cada um segue a "acumulação" de uma mudança gradual ao longo do tempo — uma alteração na temperatura/energia para a formação de gelo, vapor, e o estado de supercondução, um aumento da pressão resultante da colisão de placas tectônicas que levam a terremotos; alteração na concentração de íons e de carga elétrica que ocorre antes que um nervo responda — uma característica de causa probabilística dimensional. É esta combinação de uma acumulação progressiva resultando em mudança brusca, que é a fonte do rótulo de "não linear".

A alteração específica sofrida por esse material ou entidade em cada um destes exemplos é ditada pela sua composição em ambos os níveis: subatômicos e macroscópicos. Isto é, a causa destas transições bruscas, seja a alteração de um estado de condução para o estado de isolamento, de um sólido para um líquido, ou de um estado de repouso para um estado despolarizado, encontra-se dentro da estrutura deste material específico — uma propriedade inerente dessa substância ou estrutura. Quando o gelo se forma, quando um líquido se transforma em gás (vapor), ou quando a substância não condutora se transforma em condutor elétrico, a rapidez das mudanças na composição macroscópica da substância é contabilizada por um rearranjo "instantâneo" na quantidade molecular e na organização macromolecular das unidades constituintes dessa substância. Os terremotos são causados pelo movimento súbito de uma ou várias placas tectônicas e a energia liberada em resultado deste movimento. O acúmulo de energia ocorreu porque as placas estão sendo empurradas umas contra as outras, a rapidez do evento e a grande quantidade de energia liberada, resultado da tremenda quantidade de energia necessária para superar as forças de massa e gravidade que mantiveram as placas no lugar.

O estudo das transições de fase e os fenômemos mecânicos não lineares que melhor os descrevem começou a fornecer conhecimento sobre o funcionamento de sistemas complexos, e isso tem revigorado a noção um tanto vaga de Norbert Wiener sobre a cibernética. Diversas generalizações podem agora ser feitas sobre as características de não linearidade que fornecem um trampolim tanto para definir quanto para caracterizar a causalidade não linear. Em primeiro lugar, a mudança não linear ocorre em sistemas que têm um grande número de elementos. Uma ou duas moléculas de água não formaria gelo, nem um sistema composto por apenas duas placas tectônicas geraria um terremoto. A presença de um grande número de elementos aumenta o número de interações potenciais e aumenta a probabilidade de que um resultado incomun ou imprevisto ocorrerá.

Assim, a previsibilidade limitada é um segundo aspecto geral de sistemas não lineares. Per Bak e Kan Chen, pioneiros no estudo de mecanismos não lineares em terremotos, identificaram várias dessas características gerais. Eles citam os aspectos não lineares de padrões climáticos, avalanches, e engarrafamentos como razões para o sucesso limitado na previsão deles, embora essa capacidade tenha se aprimorado com a melhora da identificação e quantificação dos elementos que contribuem. No entanto, seu próprio campo de previsão de terremotos ainda não produziu um modelo preciso o suficiente para fazer previsões úteis.

Outro aspecto dos sistemas que limita a previsibilidade é o papel considerável das condições iniciais agirem na determinação de eventos subsequentes em diversos sistemas. Devido a isso, previsões exatas não podem ser feitas em muitos sistemas, até as circunstâncias específicas do evento em curso serem conhecidas, isto é, até que a sequência tenha efetivamente iniciado. Esta é uma reafirmação da sensibilidade às características das condições iniciais dos sistemas caóticos.

Por outro lado, muitos sistemas têm aspectos "construídos" que limitam o número de interações ou redirecionam interações subsequentes em direção à meta "pretendida", estas características contrabalançam a previsibilidade limitada imposta por condições iniciais. Por exemplo, muitos sistemas são construídos de tal forma que as interações ocorrem nas sequências preespecificadas, em que um resultado desencadeia o evento seguinte na sequência. Se o evento iniciando uma sequência também é limitado por elementos do sistema construído, a previsibilidade é ainda maior e a imprevisibilidade das condições iniciais é reduzida.

Uma terceira generalização sobre os sistemas não lineares é que discrepâncias, ou seja, acontecimentos inesperados ocorrendo longe do meio, são *mais* prováveis de ocorrer. Como resultado, uma mudança dramática é mais comum em uma relação não linear do que em relações dimensionais causais. Isso diminui ainda mais a capacidade de fazer previsões em sistemas não lineares. Dito de outra forma, os modelos causais lineares associados com relacionamentos probabilísticos dimensionais, descrevem relações previsíveis entre variáveis e o meio de sua distribuição. Em modelos não lineares, a relação entre o meio e um elemento individual é mais variável. Assim, as previsões baseadas no conhecimento de um pequeno número de elementos de sistemas não lineares são menos precisas do que aquelas baseadas em um pequeno número de elementos de modelos causais categóricos ou probabilísticos.

Como os eventos raros ou discrepantes são mais difíceis de identificar ou observar e por serem mais comuns em sistemas não lineares, é mais difícil identificar os elementos presentes no momento em que se iniciam as cadeias causais não lineares. Isso torna mais difícil de projetar testes que reproduzem as condições que existiam em um determinado momento de interesse quando se estuda a modelagem causal. Se a modelagem matemática mais complexa é necessária para caracterizar sistemas não lineares, é menos intuitiva para os seres humanos do que a modelagem probabilística categórica conhecida, essa ideia fundamenta o teste, pois tem implicações para a opinião pública.

Um exemplo deste desafio é a relação de poder da lei, característica de alguns sistemas não lineares. Em comparação com a distribuição de Gauss, a distribuição de frequência prevista por uma lei de potência, rapidamente chega a um ponto máximo e depois diminui mais lentamente, pois o expoente nas relações de poder da lei é uma fração. (No exemplo $2^3 = 8$ [2x2x2 = 8], o dígito 3 é o expoente.) Este descreve o fato de que uma alteração numa variável leva a uma mudança desproporcional à outra. Por exemplo, a relação entre o tamanho de um organismo e sua taxa metabólica segue uma lei de potência que, para a maioria dos organismos, é descrita pelo expoente ¾, o que significa que um aumento no tamanho de três unidades é acompanhado por (ou exige) um aumento da taxa metabólica de quatro unidades. Uma vez que existe um limite para a quantidade de energia que um sistema pode gerar (a sua taxa metabólica máxima), há um limite ao tamanho que qualquer organismo pode chegar, e este limite é impulsionado pelo denominador (número inferior na fração), a taxa metabólica.

A quarta característica da causalidade não linear, a qual é ilustrada pela lei da relação potencial, é que algumas mudanças que precipitam um evento parecem ser muito pequenas. A formação de gelo e o desenvolvimento do estado supercondutor, por exemplo, parece ocorrer após pequenas variações na temperatura. Da mesma forma, os nervos despolarizam ou "reagem", após a aplicação de uma pequena quantidade de energia eléctrica ou uma pequena alteração na composição química do meio interno da célula. No entanto, esta ocorrência súbita esconde o fato de que energia significativa foi gradualmente removida ou adicionada ao material antes que a última mudança de estímulo tenha ocorrido.

Bak e Chen criaram a frase *criticalidade auto-organizada* para rotular este ponto crítico de mudança súbita e ressaltar que o ponto de mudança em um determinado sistema depende das características estruturais específicas (aspecto auto-organizado) dos elementos que compõem esse sistema ou material. Mudanças repentinas também ocorrem em fenômenos de nível quântico. Referidas como *singularidades,* refletem mudanças instantâneas em propriedades matemáticas que ocorrem quando uma partícula subatômica age de repente como uma onda ou se torna infinita; quando a energia contida em um número relativamente pequeno de moléculas é lançada em uma bomba atômica, ou durante as condições no início do universo atual, quando um ponto infinitamente pequeno de energia começou a se expandir à massa que se tornou estrelas, planetas e todo o resto.

Uma das características da causalidade categórica binária descrita no Capítulo 2 é a distinção entre o que se passou antes e o que veio depois, isto é, entre causa e efeito. Esta súbita mudança de status também é característica da causalidade não linear, seja rotulada criticalidade auto-organizada, uma singularidade, ou o pico de uma relação de potencial. No entanto, na abordagem categórica, mudanças não são observadas previamente, enquanto no modelo não linear, o oposto é verdadeiro. Muitos eventos históricos, modismos e epidemias seguem esse padrão de aparecer para ocorrer de repente, após um período de mudanças graduais e muitas vezes não reconhecidas ou acumuladas. Como o evento ocorreu de repente, um evento anterior próximo é freqüentemente identificado como sua gênese primária, uma aplicação equivocada de causalidade categórica. Os cortes de eletricidade das últimas duas décadas nos Estados Unidos são exemplos. A falha de uma única, geralmente pequena subestação, é freqüentemente citada inicialmente como o culpado pelo evento, mas posterior análise demonstra que essa falha por si só não poderia ter feito todo o sistema falhar. Na verdade, uma causa específica para a maioria das falhas de energia generalizadas nunca é encontrada, e a culpa é geralmente colocada no "sistema". Assim, quando o exame dos eventos anteriores revela uma acumulação gradual de várias alterações, ou se a "construção" ou elementos "predestinados" são identificados como tendo um papel causal, não linear, uma explicação mais complexa deve ser investigada ou pelo menos considerada.

Há também semelhanças na aparência entre não lineares e dinâmicas causais dimensionais. Em ambas, os resultados vêm da interação de vários ou muitos eventos. No entanto, no modelo dimensional essas interações seguem um padrão, aditivo (ou multiplicativo) gradual ao invés do padrão menos regular do potencial dos sistemas não lineares. Como observado anteriormente, a principal finalidade de reconhecer qual é o modelo que está funcionando é alertar o candidato da causalidade para os tipos de relações que devem ser procuradas entre as variáveis de interesse. Isto levanta um enigma. Será que o modelo explica o motivo de uma relação causal específica, ou é apenas uma descrição do que é possível no universo que vivenciamos? O argumento aqui é que ele faz as duas coisas — esses modelos refletem propriedades básicas do universo e, assim, descrevem grandes categorias de interações, mas também dão estrutura e limitações para a busca de interações causais e podem ser usados para demonstrar a existência de tais relações.

Outra questão que coloca limites à previsibilidade em sistemas não lineares, bem como nas interações binárias e dimensionais é o papel crucial que os aspectos únicos de componentes individuais, por vezes, têm no resultado final. Supercondutividade ocorre em circunstâncias muito limitadas, pois a estrutura atômica necessária para sustentar esse fenômeno é dependente de características específicas de determinados metais raros da terra e suas interações com outros compostos. Algumas generalizações para outros compostos têm sido possíveis uma vez que o entendimento foi obtido do composto inicialmente descoberto, mas a capacidade de prever a composição específica de outros compostos supercondutores ainda é limitada. Da mesma forma, criticalidade auto-organizada é geralmente identificada apenas depois que tenha ocorrido em várias ocasiões. Talvez uma melhor compreensão da dinâmica não linear diminuirá essa limitação no futuro, mas a dependência de características inatas de elementos ou situações específicas sempre dá um aspecto de imprevisibilidade de causalidade não linear, bem como às situações em que as causas categórica e dimensional são aplicáveis.

Um aspecto final da causalidade não linear menciona que ela fornece uma abordagem que combina os conceitos "de cima para baixo" e "de baixo para cima". A abordagem "de cima para baixo" começa com uma visão geral de todo o sistema e identifica as interações nesse nível macro. A abordagem "de baixo para cima", por outro lado, inicia-se com os elementos menores e constrói uma explicação causal com base nas interações no nível micro. Entre os elementos de baixo para cima de causalidade não linear que foram mencionados estão os aspectos originais, preexistentes, da física de partículas, moléculas individuais, e das unidades individuais ou módulos de órgãos do corpo. Características "de cima para baixo" incluem as qualidades emergentes que são expressas na relação de potencial e as inter-relações existentes entre os elementos estruturais que não podem ser capturados em um simples catálogo de elementos de um sistema. É o reconhecimento da existência e da importância desses elementos de cima para baixo que distingue o terceiro nível de causalidade programática de Aristóteles das causas de predisposição e precipitação. Elementos de predisposição e precipitação claramente não são excluídos, mas este nível de análise acrescenta algo que não representa. Algo que a teoria do caos, a biologia de sistemas e a teoria da rede estão começando a explicar.

Os benefícios de combinar as abordagens "de baixo para cima" e "de cima para baixo" foram bem destacados pelo físico ganhador do Prêmio Nobel PW Anderson em um artigo de 1972, cuja tese ele resumiu na seguinte forma:

> *A capacidade de reduzir tudo a leis fundamentais simples não implica na capacidade de iniciar a partir dessas leis e reconstruir o universo. . . . Ao invés disso, em cada nível de complexidade, propriedades inteiramente novas aparecem, e a compreensão dos novos comportamentos exige investigação... a qual é tão fundamental em sua natureza quanto qualquer outra.*

Generalizando do sistema não biológico para o biológico

A discussão de sistemas não lineares até agora focou principalmente em exemplos não biológicos. Apesar dos processos de nível de sistema, como a homeostase, têm sido estudados por biólogos há mais de um século, a operação e a gênese dos processos de nível de sistema têm gerado um interesse renovado na última década. Por exemplo, em *Fundamentos da Biologia de Sistemas (Foundations of Systems Biology)* (2001), Hiroaki Kitano e coautores descrevem uma série de aplicações de uma abordagem de sistemas para sistemas biológicos. No capítulo de abertura, Kitano observa: "Há analogias interessantes entre os sistemas biológicos e sistemas de engenharia. Ambos os sistemas são projetados de forma incremental por meio de algum tipo de processo evolutivo, e estão geralmente abaixo do ideal para uma determinada tarefa. Eles também apresentam maior complexidade para atingir um nível mais elevado de solidez e estabilidade."

Kitano passa a identificar quatro elementos gerais dos "sistemas de engenharia" que reforçam a solidez e estabilidade e sugere que eles também podem ser aspectos intrínsecos dos sistemas biológicos:

(1) Os comandos do sistema: A maioria dos sistemas biológicos incluem controles de reação (*feedforward*), em que um dado estímulo desencadeia uma série de reações conectadas que ocorrem em uma sequência predeterminada. O sistema de coagulação do sangue é um exemplo. Quando uma brecha num vaso sanguíneo ocorre, as moléculas que interagem são liberadas. Em seguida, sua interação provoca outra etapa. Essa cascata de etapas biológicas muito específicas continua até que um coágulo é formado e interrompe o sangramento (ou deixar de fazê-lo, e o organismo morre de perda de sangue). No entanto, os mecanismos de reação, por meio dos quais os sistemas fornecem informações aos passos anteriores de uma sequência e assim ajustam a saída para as condições detectadas por um monitor, são muitas vezes mais importantes para a manutenção de um sistema em longo prazo. Qualquer número de exemplos pode ser dado, o controle do açúcar no sangue, pela secreção de insulina é um bem conhecido.

(2) Redundância: Muitos sistemas biológicos têm processos duplicados ou caminhos para se chegar a um resultado desejado. A simetria bilateral (um lado é uma imagem espelhada do outro) de muitos organismos e a duplicação resultante de órgãos é um exemplo no nível do órgão. Exemplos familiares disso são os dois rins, pulmões e olhos que são característicos de muitos mamíferos.

(3) *Estabilidade estrutural*: Alguns sistemas têm mais do que um caminho ou processo para atingir um determinado objetivo. Isso aumenta a probabilidade de que o sistema atingirá seus objetivos sob ambientes ou circunstâncias variadas. Se um subsistema está danificado, ou se as circunstâncias ambientais mudam significativamente, a presença de vários mecanismos ou vias, assim, aumenta a probabilidade de que as diferentes circunstâncias podem ser adaptadas ou superadas. Por exemplo, o sistema imune humano tem tanto um componente "on-line" preexistente, quanto um componente de anticorpo induzido para responder aos "invasores". Alguns organismos têm múltiplas vias e as ulitizam em diferentes circunstâncias ambientais. Sistemas redundantes realizam o mesmo processo, mas o fazem com mais de um caminho/órgão semelhante ou equivalente. (Uma crítica ao reator de Chernobyl era que ele não tinha vários caminhos para se proteger contra o sobreaquecimento, de modo que quando o sistema único falhou, o desastre foi inevitável.)

(4) *Projeto modular*: O encapsulamento ou agrupamento de elementos individuais do subsistema e sua separação de outros subsistemas e elementos parece ter vários benefícios. Pode limitar os danos quando problemas ocorrerm, diminuindo a probabilidade de que o dano se espalhará por todo o sistema. O projeto modular também permite a fácil substituição se ocorrer danos e promove o desenvolvimento de processos melhorados, maximizando o impacto da mudança dentro de um módulo. Ao isolar elementos cruciais de um sistema, a modularidade fornece um mecanismo para o desenvolvimento da "taxa de limitação" ou controle dos passos dos insumos por meio da entrada do funil. Este, por sua vez, fornece mecanismos para maximizar o controle de saída. Por exemplo, o fígado serve como um centro de limpeza de toxinas, pois contém células que metabolizam ou decompõem compostos por meio de vários mecanismos diferentes.

Esta função é maximizada, pois os vasos sanguíneos do corpo são organizados para assegurar que uma grande porcentagem de sangue flua através do fígado em cada ciclo pelo corpo. Assim, o fígado é um módulo de desintoxicação que consiste em várias abordagens únicas e distintas para a tarefa de desintoxicação. Do mesmo modo, a produção de insulina pelo pâncreas, um passo crucial na manutenção do fornecimento contínuo de fonte de energia do corpo, glicose, está sob o controle de uma série de mecanismos por meio dos quais os sensores do corpo humano detectam a disponibilidade de combustível (glicose no sangue) e controlam a quantidade de insulina que está sendo liberada. Os "sensores" e as células que produzem insulina aglomeram-se. Esta proximidade presumivelmente maximiza o ajuste necessário para acessar a energia muito rapidamente e, simultaneamente, evita as toxicidades associadas com muito ou pouca glicose.

A esperança da biologia de sistemas é que a demonstração de tais semelhanças entre as espécies, gêneros e reinos, assim como em todas as abstrações biológicas, como nichos e sistemas ecológicos, não apenas descreva a natureza, mas leve à descoberta dos mecanismos que estão por trás dessas atividades em todo o sistema. Dois campos em que algum progresso está sendo feito a este respeito são: a genética e o desenvolvimento do organismo. Por exemplo, um estudo recente por A.-C. Gavin de todas as proteínas no interior das células de levedura demonstra que o "mecanismo" molecular dentro das células produtoras de proteínas agrupa em 257 agrupamentos únicos, um exemplo de módulo em nível de processamento celular. A promessa da biologia de sistemas é que o estudo destes módulos, tanto como eles se encaixam quanto como se prejudicam, será reforçado por estudos de como os módulos interagem entre si. Em outro estudo, C. Pal e colegas usaram um modelo de computador para repetidamente "expor" organismos ancestrais às condições ambientais específicas e descobriram que a composição genética atual dos "organismos" poderia ser prevista com 80% de precisão. Tais estudos levantam a possibilidade de identificar em nível de sistema ("de cima para baixo"), os princípios da biologia e avanço do conhecimento sobre como eles funcionam na evolução da especiação.

Portanto, a biologia de sistemas procura identificar as características organizacionais que satisfazem os critérios para a causalidade programática. Ela se baseia em dados que sejam ao mesmo tempo dimensionais e categóricos na natureza, mas procura identificar os mecanismos mais amplos que atuam em vários sistemas biológicos, ao invés de dentro dos sistemas individuais. Esta combinação de análises em vários níveis é uma reminiscência da noção aristotélica de causalidade.

Auto-organização

Uma abordagem um pouco diferente para a teoria de rede em sistemas biológicos é feita por Scott Camazine e coautores, em seu livro *Self-Organization in Biological Systems* [Auto-organização em sistemas biológicos]. Eles começam definindo *auto-organização* como "um processo no qual um padrão no nível global de um sistema surge apenas a partir de inúmeras interações entre os componentes de nível inferior do sistema. Além disso, as regras que especificam as interações entre os componentes do sistema são executadas utilizando apenas informações locais, sem referência ao padrão global."

Embora reconheça as semelhanças entre as leis da física e os padrões de simplicidade subjacente à atividade biológica complexa, Camazine *et al.* enfatiza duas grandes diferenças entre os comportamentos emergentes em sistemas biológicos e físicos. Uma delas é que a presença de controles genéticos em sistemas biológicos fornece um conjunto de comandos que "sintonizam finamente as regras de interação", um nível de controle que está faltando em muitos sistemas físicos. Em segundo lugar, os sistemas biológicos tendem a ser mais complexos do que os sistemas físicos, pois são feitos de um número significativamente maior de módulos ou elementos que interagem.

Camazine passa a identificar cinco características que exemplificam os sistemas de auto-organização:

1. Feedback positivo e negativo.
2. Interações entre os componentes "de nível inferior".
3. Características emergentes ajustáveis.
4. Estigmergia (a coordenação de uma atividade por uma atividade anterior, ao invés de ser por um programa externo, por exemplo, a formação de um ninho ou de uma colmeia por ramos que já foram colocados).
5. Controle descentralizado.

Essa lista compartilha dos princípios de sistemas de controle inerentes de Kitano que se ajustam e se adaptam a ambientes internos e externos (características 1, 2 e 5). Acrescenta a característica de programação das propriedades emergentes e os mecanismos pelos quais elementos fortuitos no ambiente envolvido em funções essenciais (por exemplo, a forma de ramos já utilizados) podem ser adaptados ou diretamente incorporados em sua produção. Ele também sugere que a biologia de sistemas terá que esclarecer os mecanismos de emergência e estigmergia se for para se tornar uma disciplina independente.

Teoria da rede

Outra abordagem para a questão de como unidades individuais interagem para formar sistemas surgiu a partir de pesquisas na década de 1960 pelo psicólogo Stanley Milgram e pelo sociólogo Mark Granovetter. Eles demonstraram que as interações entre os seres humanos não são isoladas a pares individuais de indivíduos e não ocorrem aleatoriamente. Ao invés disso, os indivíduos tendem a interagir em grupos concentrados que vieram a ser chamados de "mundos pequenos". Esses grupos se conectam ocasionalmente com outros grupos pelo que são chamados de "elos fracos". O que é surpreendente sobre a sua pesquisa é a constatação de que estes "elos fracos" desempenham um papel importante na vida das pessoas. Por exemplo, Granovetter descobriu que elos fracos, conhecidos como menores, são fontes comuns de encontrarem um emprego, ainda que a grande maioria das interações que as pessoas têm são no mundo pequeno de amigos e parentes.

Na década de 1990, Steven Strogatz e Duncan Watts relataram a descoberta de semelhantes relações do mundo pequeno e dos elos fracos nas grandes redes de energia elétrica, tão cruciais, e nas redes neurais do nemátodo C. elegans, um organismo amplamente estudado, cujo sistema nervoso havia sido completamente mapeado no início dos anos de 1990. Eles sugeriram que a semelhança de características organizacionais em tais construções muito diferentes das redes neurais, redes de energia, e das interações humanas, levantou a possibilidade existe na natureza um nível de organização até então não estudado.

O desenvolvimento da World Wide Web (WWW), forneceu a Albert-Laszlo Barabási e aos seus colegas novos métodos e modelos para a identificação de mecanismos pelos quais esses sistemas operam. Como Granovetter e Milgram, eles descobriram que um pequeno número de sites "hubs" (ponto central), eram amplamente ligados a outros sites, enquanto a maioria dos sites "spoke" (falado) tinham muito poucos links. Além disso, eles descobriram que a distribuição das ligações entre todos os sites segue a distribuição de potencial. Barabási e seus colegas posteriormente estudaram uma série de sistemas econômicos, políticos e biológicos e demonstraram que muitos podem ser descritos de forma semelhante - os quais são chamados de "escala livre". Isto quer dizer que alguns, os grandes "hubs" são dominantes e, portanto, têm papéis importantes na determinação das operações e resultados de todo o sistema. Para eles, a constatação de que alguns hubs são amplamente ligados, revela mecanismos pelos quais um número muito pequeno de "hubs" desempenham papéis importantes em grandes sistemas disseminados.

O crescimento exponencial da World Wide Web durante um breve período na década de 1990 e no início dos anos de 2000 também forneceu ao Barabási e seus colegas um sistema modelo para estudar os efeitos do *tempo e temporização,* variáveis que têm sido negligenciadas na modelagem causal. Ao estudar como a adição de novos links afetou o desenvolvimento da Rede, eles concluíram que os primeiros sites têm uma vantagem de sobrevivência distinta, pois era mais fácil para eles tornar-se amplamente conectados quando menos sites existiam. Tornar-se amplamente conectado no início do processo de desenvolvimento aumenta a probabilidade de que um site se tornará ainda mais conectado com o tempo. É por isso que menos sites e links que se formaram anteriormente ao processo de desenvolvimento se tornam hubs. Esta constatação é uma reminiscência da alegação na teoria do caos de que as condições iniciais têm um papel desproporcional na formação de eventos subseqüentes. No entanto, Barabási e seus colegas passaram a mostrar que os eventos subseqüentes que desempenham um papel de liderança na estrutura e que a vantagem obtida por ser um participante da rede precoce pode ser superada se os recém-chegados têm vantagens distintas sobre os hubs existentes. O surgimento do Google como um motor de busca, após vários anos da fundação de outros, é um exemplo deste último ponto.

Uma implicação da dependência de redes em relativamente poucos hubs, altamente ligados é que a remoção ou destruição de alguns hubs cruciais pode ter um efeito devastador sobre o funcionamento de todo o sistema. Como a falha da rede de energia tem demonstrado, a falha generalizada pode resultar a partir do encerramento de um pequeno número de núcleos centrais hubs (módulos), principalmente se a rede for concebida de tal forma que os sistemas alternativos (redundâncias, duplicados, ou caminhos alternativos) não podem ser chamados para assumir o lugar. Embora isso não seja surpresa (o bloqueio de uma única artéria no coração pode fazer com que o coração pare de funcionar como uma bomba e conduza à morte do organismo dentro de minutos), a identificação desta, como um princípio causal/descritivo ajuda a explicar a razão de alterações dramáticas que podem ocorrer durante curtos períodos de tempo, quando pequenas mudanças estão sendo acumuladas durante longo período de tempo. Um exemplo é a pontuada teoria da evolução proposta por Eldridge e Gould, em que em uma mudança evolutiva súbita e rápida ocorre após longos períodos de acumulação mais gradual de mudança sugerida pela teoria darwiniana. Outro exemplo é a abordagem "grande pessoa" ou evento único para a história, em que mudanças dramáticas são atribuídas a eventos individuais ou indivíduos após uma acumulação gradual de muitos eventos e o trabalho de muitas pessoas durante um longo período de tempo. Ambos são exemplos de modelos causais que combinam as ideias da teoria do modelo de sistemas emergentes, não lineares, com os dos modelos dimensionais e categóricos.

Resumo

Um novo modelo de causalidade surgiu ao longo do século passado. Os três campos de investigação analisados neste capítulo, a teoria do caos, biologia de sistemas e a teoria da rede, fornecem provas convergentes que este modelo de causa emergente, ou não linear, se manifesta nos mais diversos fenômenos como o clima, a regulação de proteínas, a propagação de doenças, e comportamento de grupo. Embora cada um desses campos tenha enfatizado diferentes elementos (e cada um deles ainda é uma construção em fase de desenvolvimento), as características comuns sugerem que este modelo de causalidade é caracterizado por:

1. Influência exagerada de condições iniciais.
2. A modularidade, ou seja, agrupamentos de elementos em sistemas de funcionamento dentro dos quais os elementos interagem principalmente uns com os outros (por exemplo, mundos pequenos, módulos e pontos centrais).
3. Conexões entre suas partes e estruturas que melhoram tanto a capacidade de resistir a mudanças e utilizar abordagens alternativas se isso melhoraria a sobrevivência do sistema (por exemplo, sistemas de controle de reação (feedforward) e feedback, redundância, caminhos alternativos com resultados semelhantes).
4. Relacionamentos sem escala ou poder da lei entre os elementos.

Como observado anteriormente, o conceito de sistemas não é novo e tem sido expressado de muitas formas. O pensamento oriental tem enfatizado há muito tempo a inter-relação de vários elementos da natureza. O terceiro nível de causalidade de Aristóteles, tanto o original quanto o que foi reformulado no Capítulo 1, contém em si a ideia de que a causalidade pode emergir das interações entre um número de elementos que compõem um sistema. O conceito de Bernard da homeostase invocou a existência de sistemas fisiológicos que melhoram a estabilidade em face de circunstâncias mutáveis. A existência de muitas subdisciplinas das ciências físicas (da subatômica à macroscópica) e biológica (molecular à ecologia) também sugere que existem diferentes níveis de análises, mas que deve haver interações entre esses níveis. Ainda pode ser discutido se isso é realmente um novo modelo de causalidade ou meramente uma ênfase sobre certos aspectos dos modelos existentes de raciocínio. No entanto, se as novas ferramentas que estão sendo desenvolvidas por disciplinas com foco no sistema melhoram a análise de causa e fornecem uma compreensão da natureza, que não pode ser adquirida por meio de outros modelos, então a afirmação de que este é de fato um novo modelo conceitual de raciocínio causal será apoiada.

6
EMPÍRICA:
A ciência física

A ciência já conseguiu descobrir muito sobre o mundo e como ele funciona, mas é algo completamente humano, confuso, falível e desastrado, e ao invés de usar um método exclusivamente racional indisponível para outros investigadores, ela mantém a mais ordinária da investigação empírica.
— SUSAN HAACK

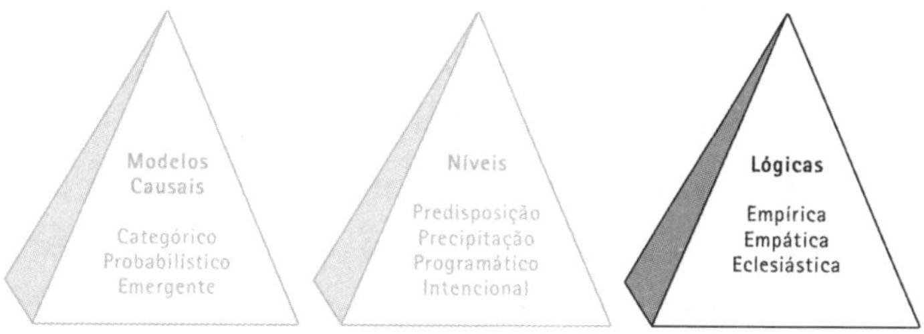

Por muitos dos eventos e objetos estudados nas ciências físicas poderem ser facilmente observados, manipulados, e medidos, química e física devem conter alguns dos exemplos mais bem estabelecidos de raciocínio causal. Talvez esta seja a razão pela qual os cientistas como Galileu e Einstein tenham influenciado não só a nossa compreensão atual de como o universo funciona, mas também como a realidade e causalidade são conceituadas.

Este capítulo analisa três conceitos desenvolvidos durante o século XX por físicos, químicos e matemáticos - Teoria da Relatividade, Mecânica Quântica, e o Teorema da Incompletude - os quais influenciaram significativamente a conceituação atual da causalidade e devem ser considerados em qualquer abordagem geral para o assunto. O capítulo também explora como uma série de descobertas da geologia levou ao desenvolvimento da Teoria das Placas Tectônicas e como, depois de um longo período de ceticismo sobre a sua validade, esta teoria tornou-se amplamente aceita como a explicação causal primária para fenômenos geológicos tão diversos como continentes, terremotos e montanhas.

Também serão analisados com mais profundidade três conceitos já mencionados: se há limites para o conhecimento que se pode obter, não importa as técnicas utilizadas; se às vezes é necessário mais do que uma abordagem ou ponto de vista para identificar influências causais com o máximo de precisão possível, e em terceiro lugar, se em muitos sistemas físicos complexos, a casualidade resulta da interação de vários elementos, ao invés da interação de dois eventos individuais.

Tanto a Mecânica Quântica quanto a Teoria da Relatividade surgiram no início do século XX, a partir da tentativa do físico alemão Max Planck para explicar uma anomalia que observou quando estava investigando a radiação do corpo negro, um fenômeno no qual o calor (energia) é gerado quando duas finas placas de metal são colocadas muito próximas uma da outra. A intriga da anomalia Planck foi a demonstração de que mais energia foi gerada do que o previsto pela teoria atual, que a luz e a energia eram propagadas como ondas. Planck mostrou matematicamente que o calor "extra" pode ser explicado se a energia fosse contida em pacotes indivisíveis de energia, ou *quantum*, ao invés de ondas. Esta descoberta lançou o campo da mecânica quântica. Foi aperfeiçoado ao longo do próximo meio século por Planck, Niels Bohr e outros, e continua sendo um contribuinte ativo para a nossa compreensão dos cosmos. Embora os detalhes da física quântica não sejam pertinentes para a discussão aqui, várias de suas descobertas tiveram uma influência significativa nas ideias atuais sobre causalidade e serão enumeradas neste capítulo.

Indeterminação: conhecimento absoluto nas ciências físicas não é possível

Como observado no Capítulo 1, o físico Werner Heisenberg afirmou em 1929 que se tornou conhecido como o princípio da incerteza de Heisenberg:

> *Não é possível saber a posição e a dinâmica (velocidade) de partículas subatômicas. A medição de qualquer um dos dois somente pode ser alcançada afetando e assim, alterando a outra.*

A implicação intrigante deste princípio é que, pelo menos no mundo subatômico da física quântica, não é possível saber "tudo" sobre um evento ou um objeto, pois na medição de uma propriedade, as outras inevitavelmente são alteradas. Como resultado, uma descrição totalmente exata não é possível, ela pode ser apenas estimada. Parece razoável perguntar se isso se aplica apenas no nível subatômico ou se estende para o mundo macroscópico da nossa experiência cotidiana. Este é um tema que gera algumas discordâncias, mas a identificação de um limite para o conhecimento absolutamente preciso permanece poderoso e tem tido um profundo impacto sobre a conceituação moderna de causalidade.

Dois anos depois que Heisenberg publicou o seu princípio, Kurt Gödel demonstrou que também há limites para o conhecimento no campo da matemática. Gödel estava examinando a tentativa fracassada do filósofo e matemático britânico, Bertrand Russell no *Principia Mathematica* (que havia sido publicado entre 1910-1913) para derivar toda a lógica matemática de um conjunto de princípios básicos, uma meta de matemáticos desde os gregos antigos. Gödel forneceu uma prova matemática, a qual veio a ser conhecida como o Teorema da Incompletude:

> *É impossível descrever um sistema matemático em que todas as fórmulas podem ser derivadas a partir de um determinado conjunto de leis ou pressupostos.*

O que o Princípio da Incerteza de Heisenberg e Teorema da Incompletude de Gödel identificam, são limitações para o conhecimento absoluto nas ciências físicas e matemáticas. Esta afirmação de que o objetivo do conhecimento *completo* é inalcançável é relevante para todas as disciplinas científicas, uma vez que a matéria é o material básico do universo e matemática uma ferramenta básica para descrever as relações entre os blocos de construção da matéria de um para com o outro. Para os nossos propósitos, é uma alegação tão forte quanto aquela feita por David Hume no final do século XVIII de que há limites no conhecimento causal.

É importante notar que esta limitação na capacidade de medir a natureza não declara ou insinua que a informação exata é inalcançável ou que é impossível aprender muito sobre um assunto. A precisão extraordinária obrigou a pousar uma sonda no asteróide Eros e a capacidade para medir a energia das partículas subatômicas individuais são exemplos de quão precisos os cálculos matemáticos e previsões que deles decorrem podem ser. O que o princípio da incerteza e o teorema da incompletude nos dizem, porém, é que, em qualquer situação ou determinado sistema, sempre haverá fatos que são incognoscíveis.

Os limites para o conhecimento não deveriam ser uma surpresa. Uma das grandes descobertas da física do século XV foi o reconhecimento de Kepler que os planetas se movem em órbitas elípticas ao redor do sol. Ele mostrou que as equações simples poderiam descrever o movimento dos planetas e fazer previsões precisas de sua localização no futuro previsível. No entanto, essas previsões, como as derivadas das leis de gravidade de Newton, baseam-se no pressuposto de que a gravidade está operando em dois órgãos — o sol e o planeta de interesse. Mesmo hoje em dia, não é possível descrever matematicamente todas as forças envolvidas na interação dos *três* corpos, muito menos entre os quatro, dez, ou mil "partículas" ou corpos celestes. Provavelmente é um erro afirmar que isso nunca será possível, mas certamente é extremamente improvável no futuro próximo e poderá nunca acontecer.

Precisamos ficar paralisados pela existência de tais limitações à nossa capacidade de adquirir conhecimento totalmente exato? Absolutamente não. O que muitos sucessos de engenharia e sucessos científicos desta época e de épocas anteriores (algumas das quais são descritas nos capítulos seguintes) nos dizem é que podemos fazer previsões causais muito precisas, apesar da nossa incapacidade de ter conhecimento *absoluto*. Conforme discutido no Capítulo 3, estes cálculos têm margens de erro, mas a sua precisão é extraordinária.

Uma lição importante e um tanto irônica que foi aprendida com o princípio da incerteza, o teorema da incompletude, e a capacidade limitada para prever as interações de vários objetos entre eles é que o reconhecimento de um limite à nossa capacidade de conhecer pode ser um estímulo para o desenvolvimento de métodos para aumentar a precisão do que *é* mensurável e cognoscível, para quantificar o desconhecido e incognoscível, e para a identificação de áreas em que os avanços no conhecimento são mais prováveis. Assim como os fabricantes de tapetes assumem um erro em cada produto fabricado como um reconhecimento de sua imperfeição, como seres humanos, aqueles que reconhecem a existência de limitações são mais livres para procurar o que é cognoscível.

Ao aplicar essas ideias para a busca da causalidade, parece que Hume e Aristóteles estavam corretos. Hume estava certo ao dizer que somos limitados em nossa busca da certeza causal e também corretos por notar que existem ações que podemos tomar para melhorar a nossa precisão. Aristóteles estava certo ao afirmar que podemos identificar as causas e propor que as variações na precisão caracterizem os diferentes níveis de causalidade. É óbvio que ao conhecer o grau de incerteza presente em qualquer circunstância dada, se tem uma poderosa informação, e o desenvolvimento de métodos estatísticos para descrever e estimar o grau de incerteza tem sido um importante avanço em muitas áreas da ciência aplicada e exploratória. Se a certeza está perto de 100 %, existe a possibilidade de que a causalidade possa ser estabelecida com elevado grau de probabilidade. Se o nível de incerteza é alto, então é provável que as outras causas ou causas múltiplas estejam presentes. Claramente, a certeza absoluta sobre a causalidade não é possível nas disciplinas em que as relações matemáticas e forças físicas estão operando. Como veremos no Capítulo 11, medicina e direito têm incluído a inevitabilidade da incerteza na prática diária, incorporando estimativas dessa incerteza em seu cotidiano.

Absolutos em um mundo indeterminado: a dualidade da luz e da matéria

Isaac Newton fez muitas contribuições importantes para o conhecimento científico. Entre as mais influentes foram suas palestras sobre ótica entre 1669 e 1671 e publicadas em 1729. Nelas ele demonstrou, por meio de um elegante conjunto de experiências, utilizando prismas, que muitas das propriedades da luz poderiam ser explicadas se a luz fosse compreendida como uma série de ondas. Cor, por exemplo, é uma propriedade de ondas com diferentes comprimentos. O modelo newtoniano foi apoiado por experimentos do séuclo XIX, em que os padrões de interferência observados quando a luz passou através de uma grade de fendas muito estreitas foram também mais bem explicadas pela hipótese de que a luz tinha propriedades ondulatórias.

No entanto, a demonstração por Albert Michelson e Edward Morley no final do século XIX, de que a velocidade da luz era a mesma em todas as direções, levou Einstein a propor que a luz também tinha partículas como propriedades. Esta aparente contradição, que a luz tinha as propriedades de uma onda e de uma partícula, sugeriu a Einstein e a Niels Bohr que o modelo escolhido para explicar as propriedades da luz depende da atividade em que o observador está interessado: por exemplo, a luz que viaja através de um vácuo atua como uma partícula, mas a luz que passa através de uma grade atua como uma onda. Portanto, esta solução intuitiva e radical não era apenas um compromisso conveniente para explicar um paradoxo da natureza. Ao invés disso, como Bohr enfatizou, este modelo descreve a natureza inerente da luz. Ele nomeou de fenômeno *complementaridade*, para enfatizar os pontos que as duas conceituações são necessárias para explicar as várias propriedades da luz e que o modelo de dupla dá um quadro mais completo de sua natureza essencial do que qualquer um deles sozinho.

Complementaridade tem profundas implicações para o conceito de causalidade, pelo menos quando opera no mundo submicroscópico, para a afirmação de que o comportamento da luz é causado ou determinado, em parte, por qualquer fenômeno no qual o observador esteja interessado, parece contradizer nossa experiência e a crença de Platão de que as propriedades essenciais de um objeto são estáticas, assim como a nossa crença sobre as construções básicas da natureza serem estáveis e imutáveis, a menos que alteradas por alguma circunstância externa. Embora este conceito desafie e enfraqueça a nossa experiência cotidiana, ele continua sendo aceito como preciso pela comunidade científica como uma explicação necessária das propriedades observáveis da luz.

Outra ideia intuitiva que surgiu na mesma época foi a famosa equação de Einstein, $E = mc2$ (na qual E é energia, m é massa e c é a velocidade da luz). Uma vez que a velocidade da luz é uma constante, ou seja, é um número que nunca muda, a energia e a massa são equivalentes, uma vez que você sabe o quanto de energia existe, você sabe a massa, e vice-versa. No entanto, esta simples fórmula faz mais do que descrever a interconvertabilidade de energia e massa. Na verdade, funde ou se funde dois conceitos que a experiência cotidiana indica são diferentes em uma única propriedade básica da natureza. Embora essa ideia seja conceitualmente diferente da dualidade da luz, ela mostra que, mesmo na vida cotidiana precisamos de dois fatores, massa e energia, para explicar alguns dos blocos básicos da natureza.

Essa ideia de que mais de um ponto de vista pode ser necessário para explicar uma situação melhor é uma reminiscência da crença de Aristóteles de que a causalidade pode por vezes, ser melhor construída com o uso de mais de um nível do seu modelo causal.

A concepção de partículas como luz e energia reflete uma descrição dualista, presente-ausente da natureza, isto é, uma conceituação categórica, dicotômica. Por outro lado, as representações em forma de onda de energia e luz seguem descrições probabilísticas; as posições destas concentrações de energia são descritas em termos de probabilidades, ao invés de absolutos.

Isto oferece um paralelo a nossa descrição quando seguimos as conceituações categóricas ou probabilísticas. Como as abordagens têm contribuído para os entendimentos fundamentais da física moderna, elas também podem ser entendidas como contribuições para descrições de causalidade tanto como categórica quanto probabilística.

Outra implicação importante de complementaridade ou dualidade para a modelagem causal é que a indeterminação não equivale a uma incapacidade de ser específico. Na verdade, as descrições de luz como uma partícula ou onda, da equivalência de energia e massa, e da natureza probabilística do mundo quântico levaram a profundos avanços no conhecimento e propriedades específicas foram identificadas, descritas e quantificadas para cada uma dessas ideias científicas. A dualidade apresenta desafios, mas são endereçáveis. Tal como acontece com a indeterminação, o conhecimento dos limites do conhecimento de cada estado na verdade, aumenta a capacidade de descrever com precisão e, mais importante, verificar a exatidão das previsões do modelo. Isto pode ser visto como uma contribuição e força de raciocínio probabilístico.

No entanto, a complexidade não está isenta de problemas, e a crença de que a simplicidade é bela e generalizada, tampouco, mesmo entre os cientistas. Alguns dos físicos mais talentosos dos últimos setenta e cinco anos escolheram beleza ("a simplicidade é bela", um aforismo por vezes referido como a "Lei da Parcimônia" ou "Navalha de Occam", depois do século XIV) como uma razão para acreditar que uma "Teoria do Campo Unificado" subjaz as quatro forças da natureza e vale a pena procurar falhas na tendência humana para definir a simplicidade como inerente à natureza. O alto valor colocado na simplicidade e beleza por alguns cientistas descreve as abordagens narrativas (descritas no Capítulo 9) como arbitrária ou inferior.

Tempo, teoria da relatividade, mecânica quântica e causalidade

A mecânica quântica e a teoria da relatividade se desenvolveram simultaneamente no início do século XX e têm influenciado fortemente as pesquisas na área da Física. Além disso, elas e as ideias derivativas, tais como viagens instantâneas no espaço, buracos negros e o Big Bang têm instigado a imaginação do público e influenciado como muitas pessoas percebem o mundo. Na verdade, essas ideias tornaram-se tão influentes e são tão poderosas que qualquer revisão da causalidade sem as suas considerações seria incompleta.

Enquanto a mecânica quântica e a teoria da relatividade revolucionaram a física do século XX, a teoria da relatividade o seu criador, Albert Einstein, ficaram mais conhecidos. A influência de Einstein estendeu-se para a política, e sua personalidade moldou a concepção de gênio. A teoria da relatividade encantou as pessoas comuns, talvez por causa de sua relevância para tais conceitos populares, como viajar no tempo.

A definição de tempo tem envolvido filósofos desde os Gregos antigos. Até o século XX, a maioria dos pensadores seguiu Aristóteles e considerou tempo como sendo uma qualidade inerente e imutável da natureza. Uma exceção foi Baruch Spinoza (1632-1677), que descreveu o tempo como uma construção humana, a qual é imposta no mundo pela nossa experiência e para nossa conveniência.

O famoso "experimento mental" de Einstein, o qual levou à sua descrição da teoria da relatividade, em 1905, envolveu a imaginação do que aconteceria se uma pessoa pudesse ser exposta a velocidade da luz. Uma pessoa em condições normais seria "congelada no tempo" a partir da perspectiva da velocidade da luz, pois a luz não chegaria à pessoa. O que aconteceria se uma pessoa se aproximasse, mas não alcançasse a velocidade da luz? A teoria da relatividade previu que um relógio que estivesse com essa pessoa, registraria uma passagem de tempo diferente da registrada por uma pessoa em condições normais. Em velocidades do cotidiano, a diferença na passagem do tempo, registrada nos relógios, em diferentes velocidades não é observável, mas em velocidades rápidas tais diferenças seriam significativas, e o tempo mensurado seria diferente. A visão revolucionária da teoria da relatividade, é que o tempo *não é uma constante da natureza,* mas depende da velocidade de quem a mede e do objeto que está sendo medido. Talvez ainda mais revolucionariamente, a teoria da relatividade prevê que o tempo não tem um sentido inerente "para a frente", pois iria "para trás", se um relógio fosse capaz de ir mais rápido do que a velocidade da luz.

Uma das razões que a reversibilidade do tempo vai contra a lógica é que ele mina a permanência de causalidade. Ele faz isso porque o conceito de causalidade exige que uma causa preceda ao seu efeito, e essa sequência deve ser mantida ao longo do tempo, se a causalidade tiver que ter permanência. Se o tempo é reversível, portanto, um efeito pode preceder sua causa, tanto quanto um filme que passa voltando as imagens faz com que pareça que a causalidade é invertida. É por essa razão que a definição da causa proposta no Capítulo 1 postulou que o tempo é unidirecional. A reversibilidade do tempo é apenas um experimento mental, ou é realmente possível? Até o momento, nenhuma evidência tem demonstrado conclusivamente que o tempo realmente pode ir em sentido inverso, mas muitas outras previsões da teoria da relatividade foram confirmadas por experimentos. Para o presente, porém, temos que assumir que o tempo é unidirecional para um modelo coerente de causalidade ser construído, pelo menos dada a nossa atual compreensão do conceito.

No entanto, a experiência da hipótese e do senso comum que mudanças ocorridas ao longo de uma distância devem levar algum tempo para ocorrer é refutada por experimentos de fenômenos quânticos, nos quais uma mudança induzida em um objeto induz *simultaneamente* uma mudança em outro objeto a alguma distância do primeiro. Isto é, uma mudança induzida em um objeto induz uma mudança recíproca em outro objeto *no mesmo instante*. Isso viola e tem implicações extraordinárias para o conceito de causalidade. Se não houver tempo decorrido entre os dois eventos, a nossa exigência de que uma causa deve preceder seu efeito é refutada. Esta é uma reminiscência da objeção de Hume de que no raciocínio indutivo dois eventos podem aparecer ligados sem nenhum método definitivo para demonstrar que tal ligação foi realizada. Tal como acontece com muitas das ideias da mecânica quântica e da relatividade, não está claro que esses fenômenos têm seus pares no mundo macroscópico da experiência cotidiana, mas o fato de que a simultaneidade pode ocorrer a uma distância em situações experimentais apresenta um grande desafio para a noção sequencial da causa, que não pode ser ignorada. No momento, porém, temos de postular certas relações (como a unidirecionalidade do tempo) e construir um modelo de causalidade entre essas pré-posições, sem falta de segurança.

Este é um dos vários lugares neste livro em que existem concorrentes, ideias igualmente plausíveis ou para as quais os dados existentes apoiam vários modelos que parecem contraditórios. A questão é importante e merece um breve desvio e explicação. O que deve ser feito quando vários modelos são plausíveis? Em algumas situações, os testes ou experimentos que refutam algumas das alternativas podem ser concebidos e eliminados a partir de uma análise mais aprofundada. No entanto, quando mais de um modelo parece ser preciso, três opções estão disponíveis. Primeiro, pode-se abandonar a discussão tão infrutífera.

Em segundo lugar, pode-se aceitar que existem contradições e se concentrar nas áreas em que as contradições não existem ou são mínimas. Uma terceira abordagem, a adotada aqui, é tornar as contradições explícitas, para identificá-las e deixar claro os pressupostos necessários para continuar a discussão, e depois prosseguir. Esta abordagem aceita a noção de que nem um caminho coerente de raciocínio, nem o conhecimento absoluto são necessários antes que avanços no conhecimento possam ser alcançados.

É possível, porém, que as leis causais sejam diferentes nos níveis quânticos macroscópicos, mesmo que isso contrariasse a nossa busca por universos, simplicidade e beleza. Como discutido no Capítulo 5, as construções de relações de não linearidade, singularidades e de potencialidade demonstram que a uniformidade em todas as situações pode não ser uma característica necessária do mundo natural. A aceitação da interconvertabilidade de massa e energia e da dualidade onda/partícula de luz sugere que a existência de simultaneidade (ausência de tempo) no nível quântico e da velocidade da luz como uma constante (o que implica que existe tempo embora possa ser relativo ao movimento do observador) na teoria da relatividade, pode gerar explicações causais para fenômenos incompreendidos, embora, para alguns, a contradição pareça ridícula. Os engenheiros não ignoram as leis da física, mas devem aplicá-las de forma que lhes permitam cumprir a sua missão. Física do século XX nos ensina que não precisamos paralizar diante das contradições que parecem surgir no estudo de um tema difícil. A aceitação da complementaridade e da dualidade levou a avanços extraordinários na compreensão dos blocos básicos e da estrutura macroscópica do universo. Esperemos que, a identificação de contradições no estudo da causalidade não nos obste, mas sim aponte o caminho para o desenvolvimento de modelos em que ambos os conjuntos de ideias possasm ser acomodados.

RELATIVIDADE, PERSPECTIVA E INTERACIONISMO COMPLEXO

A aceitação da teoria da relatividade, dualidade onda/partícula da luz, princípio de incerteza de Heisenberg, teorema da incompletude de Gödel e o reconhecimento da incapacidade de descrever matematicamente as forças que ocorrem quando três corpos interagem, durante o primeiro terço do século XX, ilustram que o conhecimento absoluto é inatingível em muitos campos. Na verdade, discutirei no Capítulo 10 que o conhecimento absoluto causal é possível somente nas disciplinas que são "eclesiásticas", ou seja, naqueles campos em que a verdade é dada e recebida. Existem diferenças na forma como o conhecimento causal é obtido nos campos empíricos da ciência e nos campos empáticos de conhecimento narrativo, como história, política e filosofia, mas essa necessidade não impede a busca do conhecimento causal nestes domínios. Conforme discutido no Capítulo 3, previsões muito precisas podem ser feitas, apesar das incertezas inerentes às leis científicas que fundamentam os modelos preditivos. O desenvolvimento do raciocínio probabilístico e o campo das estatísticas de probabilidade permitiu que as ciências empíricas desenvolvessem as descrições numéricas que *estimam* a probabilidade de uma relação causal.

No entanto, ainda ficamos com a pergunta se estas probabilidades podem ser validadas ou refutadas. Uma maneira de resolver esta importante questão e definir critérios para a causalidade é examinar casos em que o consenso foi desenvolvido (ou não conseguiram desenvolver), em busca de uma disciplina para mecanismos causais. No restante deste capítulo, revisaremos como o conhecimento em geologia se desenvolveu ao ponto da aceitação quase universal de um modelo causal. O Capítulo 7 explora exemplos nas ciências biológicas, e o Capítulo 8 apresenta vários exemplos nas ciências epidemiológicas. Posteriormente, serão abordadas questões semelhantes nas disciplinas narrativas/históricas (Capítulo 9) e religião (Capítulo 10).

Geologia, deriva continental e a Teoria das Placas Tectônicas

As placas tectônicas é uma teoria global - a primeira teoria global a ser aceita comumente em toda a história da ciência da terra.

— Naomi Oreskes

Geologia é o estudo das estruturas geológias, sua composição e dos mecanismos pelos quais elas vêm a existir. O objetivo é explicar os fenômenos que têm intrigado a humanidade há milhares de anos, como a formação dos continentes e as causas de fenômenos catastróficos, como terremotos e erupções vulcânicas.

Durante os anos de 1960, uma nova teoria, Teoria das Placas Tectônicas, tornou-se amplamente aceita como o mecanismo causal que explica a formação da Terra, de fenômenos permanentes como continentes e montanhas, a causa de eventos transitórios, e eventos poderosos como terremotos e maremotos (tsunamis). Examinando como essa teoria passou a ser aceita em um curto período de tempo pela maioria dos geólogos nos permite examinar alguns dos princípios do estabelecimento de causalidade.

A geologia moderna remete suas origens a Charles Lyell (1797-1875), o qual propôs que os processos geológicos do passado podem ser mais bem estudados por meio da análise dos processos geológicos do presente, uma teoria chamada uniformitarismo. Em 1912, Alfred Wegener (1880-1930), o qual havia sido treinado como um meteorologista, procurou explicar por que os fósseis das faunas e floras tropicais estavam sendo encontrados em regiões geográficas da Terra que agora têm invernos rigorosos e por que os rejeitos de rochas de geleiras podem ser encontrados em áreas que agora são tropicais. Wegener também notou, como vários cartógrafos em séculos anteriores, que as encostas de vários continentes eram imagens espelhadas que poderiam ser encaixadas como um quebra-cabeça. Por exemplo, a protuberância atlântica da América do Sul pode ser encaixada como uma peça de quebra-cabeça dentro da costa atlântica da África, e a Grã-Bretanha pode ser encaixada na costa da França. Sua explicação para estas observações foi a hipótese da *Deriva Continental,* a qual afirmava que a Terra era originalmente uma única massa (a qual ele chamou de Pangeia), que posteriormente invadiu enormes pedaços (os continentes) e "flutuou" separadamente. Como isso pôde ter acontecido não era evidente para Wegener, e ele morreu na Groelândia em 1930 buscando provas para a teoria. Embora essa hipótese tenha sido mencionada ocasionalmente no decorrer dos cinquenta anos seguintes, ela geralmente era rejeitada pelos geólogos acadêmicos, principalmente os da América.

No entanto, em meados dos anos de 1960, a ideia básica de Wegener foi elaborada na Teoria das Placas Tectônicas e foi amplamente e rapidamente aceita pelos geólogos e outros cientistas como a explicação para aparência da superfície da Terra. A teoria refere que a superfície da Terra é composta de placas maciças, tendo cada uma de 80 a 120 quilômetros de espessura, e estas placas "flutuam" por cima do magma, que constitui o manto e o núcleo da Terra. Por este magma ser aquecido por radioatividade e sob grande pressão, ele força continuamente o seu caminho para a superfície da crosta terrestre através de fendas estreitas, longas, ou falhas, as quais estão localizadas no meio dos grandes oceanos. O endurecimento do magma, quando em contato com o fundo do mar, resulta na formação contínua de vários centímetros de assoalho oceânico por ano, em ambas as bordas da falha, através da qual o magma flui. Quando este novo assoalho oceânico é formado, ele empurra as placas já existentes, para longe do rifte. Isto empurra essa placa dentro da placa que se encosta-se à extremidade, longe da fenda, e esta, por sua vez, transmite a pressão para o próximo conjunto de placas, que começam nas costas continentais.

Pelas placas continentais serem muito mais maciças do que as sob os oceanos, as placas do assoalho oceânico são empurradas sob as continentais. A borda que passa sob a placa continental, se aquece pelas altas temperaturas no núcleo da Terra e novamente torna-se magma. A pressão constante sobre as placas continentais também empurra as várias placas que formam os continentes dentro deles mesmos, se essas colisões forçam uma placa sobre a outra, montanhas são formadas. Se uma placa se move repentinamente em relação à placa adjacente, resulta em um terremoto. Se o magma derretido de repente se move pelas ou entre as placas, erupções vulcânicas ocorrem. Assim, a teoria das placas tectônicas gera a explicação causal para vários dos processos geológicos de grande escala da Terra.

Como é que esta teoria se tornou tão ampla e, de repente, aceita como o mecanismo causal para estes vários fenômenos geológicos? Em *Plate Tectonics*, Naomi Oreskes lista muitos dos cientistas envolvidos no desenvolvimento da teoria para contar a história a partir de seus pontos de vista individuais. Desenvolvem o forte argumento de que uma ampla gama de dados coletados por um número de cientistas no início dos anos de 1960 foi reunida por vários indivíduos em um modelo que explica tantos fenômenos inexplicáveis anteriormente que a aceitação da teoria tornou-se um *fato consumado*. Os dados que eles incluíram:

1. Evidências sismográficas mostrando que os terremotos agrupam, em certas áreas, muito do que está ao longo dos litorais dos continentes.

2. A descoberta de fendas vulcânicas no meio do Oceano Atlântico, Pacífico e Índico, pelas quais a lava flui.
3. A descoberta de que o assoalho oceânico é magnetizado em tiras alternadas a cada 35 km.
4. Evidência de que o campo magnético da Terra inverte subitamente a cada 10 mil anos.
5. Modelos experimentais que mostram que placas sólidas em movimento na superfície de uma esfera com um núcleo líquido imitou medições feitas em vários pontos sobre a superfície da Terra com magnetômetros e sismógrafos.
6. A demonstração de que as ilhas mais próximas das fendas vulcânicas através das quais o magma estava fluindo eram mais novas do que as ilhas mais mais distantes das fendas.

A descoberta descrita no item 3 foi crucial. Levou à hipótese de que o novo assoalho oceânico está continuamente se formando por meio de material das fendas vulcânicas no mar e que, quando sólido, é permanentemente magnetizado pelo campo magnético da Terra. Como tal, é um registro permanente da direção do campo magnético da Terra no momento em que parte do assoalho oceânico foi formado. Quando o campo magnético da Terra inverte, como acontece a cada 10 mil anos mais ou menos, a lava que endurece após a reversão é magnetizada na direção oposta à parte que se formou antes da inversão. A descoberta de que o assoalho é feito de bandas de largura aproximadamente semelhantes que se alternam na direção da sua magnetização levou à conclusão de que o fundo do mar está se formando em uma taxa relativamente constante. Esta ideia foi rapidamente combinada com as outras observações listadas acima e com a observação de Wegener que os continentes poderiam ser montados em conjunto em uma única massa. Isso levou às explicações de uma série de fenômenos, incluindo a formação de montanhas, terremotos e erupções vulcânicas. Além de explicar plausivelmente tantos fenômenos da geologia da Terra, a teoria levou a previsões em áreas tão díspares como a Física, Paleontologia e Biologia Marinha. Muitas destas foram rapidamente testadas, e os resultados positivos destes ensaios e observações confirmaram ainda mais a teoria. Em face desse mecanismo explicativo que plausivelmente cobriu tantos fenômenos diferentes e as evidências experimentais e observacionais de confirmação, as objeções à hipótese de Wegener rapidamente se dissolveram, e a teoria foi abraçada pela maioria dos geólogos.

No exemplo da teoria das placas tectônicas, uma série de elementos e fontes de dados convenceram peritos de áreas díspares sobre a precisão dessa teoria causal:

1. Um grande número de fatos acumulados que podem estar ligados de uma forma plausível (linhas múltiplas de evidências; plausibilidade)
2. Este modelo pode ser testado "experimentalmente", buscando outros fatos confirmatórios e fazendo experimentos (previsão de confirmação e falsificabilidade)
3. Experimentos e fatos poderiam ser propostas que refutam a teoria (falseabilidade)
4. A teoria fez novas previsões que podem ser testadas pela observação e estudo, ou seja, experiências (mais previsão e falseabilidade)
5. Muitos fenômenos naturais e várias peças diferentes de informações podem ser explicados pela teoria (abrangência)

A combinação de várias observações únicas de apoio, previsões confirmatórias, a sobrevivência de falsificação (a exclusão de alternativas), plausibilidade e abrangência deram e continuam a dar grande poder explicativo ao modelo. O fato de que muitos dos líderes mais respeitados do campo rapidamente abraçaram a teoria provavelmente também ajudou com a sua aceitação rápida e universal. As descobertas dos últimos quarenta anos têm refinado o entendimento do mecanismo, mas o modelo básico manteve-se para um exame detalhado.

No entanto, este é apenas um exemplo de como um novo modelo científico explicativo passou a ser amplamente aceito. Muitos outros exemplos poderiam ser citados, os quais seguiram cursos de tempo muito diferentes, geraram maior ou menor resistência e desacordos, ou nunca se tornaram universalmente aceitos. Assim, a teoria das placas tectônicas não fornece *o padrão* de como o consenso sobre mecanismo causal desenvolve-se na ciência — na verdade, acredito que a teoria descreve um caminho que é mais exceção do que regra, mas fornece um exemplo claro da capacidade de desenvolver modelos causais utilizando métodos científicos.

Revisão

Esta breve revisão de várias ideias conceituais que surgiram na física e na matemática do século XX e do desenvolvimento de uma teoria causal específica em geologia sugere que nenhuma definição ou teoria pode descrever como um novo conhecimento causal se desenvolve ou é aceito nas ciências. Em parte, isso resulta da matéria do ramo específico da ciência. Algumas disciplinas e questões se prestam a experimentação e à elaboração de questões e hipóteses que possam ser abordadas por meio de experimentos específicos. Outras dependem mais da acumulação de muitas observações.

No entanto, a construção de causalidade e a visão aceita de causalidade em todas as disciplinas científicas são fortemente influenciadas pela força da evidência que as apóiam e pela fragilidade da prova que não as embasa ou refuta outras explicações causais em potencial. Enquanto outras questões, tais como os pontos de vista predominantes de culturas maiores, a capacidade dos defensores e opositores do modelo explicativo para comunicar seus pontos de vista, o prestígio dos indivíduos envolvidos, e a força de qualquer modelo já aceito, influenciam se e o quão rapidamente um modelo causal particular é aceito, a abordagem empírica da ciência se baseia na crença de que existe uma verdade real e que os fatos verificáveis (dados) acabarão convencendo as pessoas da precisão de qualquer aproximação proposta. Observação e experimento são os principais métodos pelos quais novos conhecimentos são adquiridos nas disciplinas científicas, e os cientistas compartilham a crença de que o acúmulo de conhecimento ao longo do tempo está progredindo em direção a uma descrição mais precisa e à compreensão da natureza. Esta é uma abordagem poderosa, mas têm limites significativos, alguns dos quais têm sido enumerados. Outras limitações e pontos fortes da abordagem empírica ficarão mais claros nos Capítulos 7 e 8, quando revisarems o estabelecimento do conhecimento causal em outros campos científicos.

A modelagem causal nas ciências físicas repousa sobre o uso de dados empiricamente derivados para explicar fenômenos usando a lógica categórica, dimensional ou emergente. Diferentes níveis de análise podem exigir diferentes modelos, e uma compreensão coerente da causa freqüentemente requer uma análise em múltiplos níveis (predisponentes, precipitantes, ou programáticos). Por exemplo, a placa tectônica explica uma característica categórica, terremotos, como o movimento súbito de uma placa tectônica em relação à outra (muitas vezes de lado). Estes movimentos bruscos resultam de um aumento gradual na pressão exercida sobre a união destas placas (um aspecto de predisposição, uma vez que são possíveis outros resultados além desses), e esta por sua vez resulta do magma do núcleo da Terra, o qual é mantido por mecanismos nucleares. O movimento súbito de uma placa em relação à outra, o que resulta em um terremoto, é não linear e parece emergente.

Assim, a natureza do magma no núcleo da Terra, a placa como estrutura da superfície do planeta, e a distância da Terra do Sol, são todos elementos na cadeia causal para terremotos, montanhas e os continentes. Vários métodos de raciocínio e vários níveis de análise contribuem para a explicação mais abrangente para esses fenômenos. O ganho inconfundível no conhecimento ao longo do tempo nas ciências e a variedade de métodos usados para acumular este conhecimento, apóiam a afirmação de que não existe um modelo único de causalidade que possa ser apresentado como universal. Veremos nos próximos capítulos que outras disciplinas dependem de diferentes misturas destas abordagens e enfatizam os diferentes métodos de raciocínio, mas também necessitam de uma mistura de métodos e modelos.

7
EMPÍRICA:
As ciências biológicas

A diversidade é mantida por causa da incerteza global da incerteza local.
— SIMON LEVIN

As Ciências Biológicas oferecem a oportunidade de examinar a aplicação do método empírico (faceta 3) para o estudo da causalidade, pois muitas das questões exploradas por biólogos são passíveis de experimento. Este capítulo usará três temas: o debate da natureza-criação, a aplicação do conhecimento causal com o objetivo de eliminar as doenças infecciosas específicas, e a disciplina emergente da ecologia, para ilustrar a aplicação do método empírico e sua interação com faceta do nível 2 de análise e modelos causadores da faceta 1. O capítulo termina com uma breve discussão de dois temas que foram abordados anteriormente: a direcionalidade do tempo e o conceito de oportunidade.

Interações do gene-ambiente

As controvérsias da natureza-criação e do gene-ambiente podem ser resumidas a uma simples pergunta: quanto qualquer característica específica de um organismo é gerada por mecanismos inatos, e quanto é induzida pelo meio ambiente? À primeira vista, alguns exemplos parecem ter respostas diretas. Por exemplo, a altura em seres humanos está entre as características hereditárias e pode, portanto, ser considerada como "natureza" predominantemente na origem. Escolha da profissão, por outro lado, parece ser "criação" predominantemente influenciada, pois muitas profissões de hoje não existiam há cem anos e muitas ocupações do passado não existem hoje.

Entretanto, mesmo estes exemplos revelam o desafio da questão natureza-criação. Estudos revelam que cerca de 40% das ocupações podem estar ligadas à fatores genéticos compartilhados. Isto sugere que os fatores de habilidades e personalidades que influenciam a escolha de trabalho e desempenho são moldados pela herança genética. Os indivíduos com habilidades mecânicas acima da média, por exemplo, teriam sido mais propensos a se tornarem ferreiros no passado e são mais propensos a se tornarem encanadores, electricistas ou técnicos de informática hoje do que os indivíduos com habilidades mecânicas mais baixas. Da mesma forma, os indivíduos com habilidades matemáticas acima da média são mais propensos a se tornarem caixas de banco, contadores, ou programadores de computador hoje. Assim, a resposta para a questão natureza-criação geralmente não é "apenas a natureza" ou "somente criação", mas sim uma descrição de quanto cada um contribui causalmente para a questão específica.

A interação entre natureza e criação na determinação da altura dos adultos é ainda mais ilustrativa e tornou-se evidente para mim há alguns anos durante uma viagem ao Japão. Tenho

1,62 m, mas nunca prestei atenção na altura dos outros. No entanto, quando estava no elevador em um congresso no Japão em uma tarde, percebi que estava olhando para baixo sobre a cabeça da maioria dos outros adultos no elevador. Esta foi uma experiência incomum o suficiente para que eu imediatamente começasse a me perguntar se havia algo único sobre os meus amigos que alí estavam. A única coisa que pude perceber é que todas as pessoas no elevador eram da minha idade ou mais velhos. Mais tarde, durante outro momento no elevador, notei que os participantes japoneses mais jovens do que eu eram mais altos do que eu ou estavam no nível do meu rosto, como acontece nos Estados Unidos. A diferença entre as duas experiências parecia ser a idade dos meus colegas, mas isso era intrigante, pois havia aprendido anteriormente que a altura é um dos traços mais determinantes geneticamente. Como pode?

É universalmente aceito que a hereditariedade da altura é maior que 0,9 colocando-a entre as características mais genéticas. Apoiando esta ideia está a constatação de que a hereditariedade da altura em crianças adotadas no nascimento se correlaciona fortemente com a altura dos seus pais biológicos, e não com a dos seus pais adotivos. No entanto, a distribuição de altura no Japão difere entre gerações nascidas antes e após a Segunda Guerra Mundial, mesmo a altura sendo distribuída na curva de Gauss, discutida no Capítulo 4, em cada grupo. Como podemos explicar a drástica diferença de altura entre as duas gerações? De outras pesquisas, sabemos que a altura média de adultos aumentou gradualmente ao longo do século XX, que é atribuível presumivelmente à melhoria da nutrição. Assim, a explicação mais provável para as diferentes alturas finais dos dois grupos japoneses é que um evento ambiental, por exemplo, uma mudança na dieta (provavelmente a disponibilidade de mais calorias e proteínas), influencia fortemente a altura final alcançada. Ou seja, a altura potencial de um indivíduo só pode ser plenamente alcançada quando o ambiente proporciona uma nutrição adequada (e talvez outros fatores) para que a herança genética alcançe seu pleno potencial, isto é, para ser totalmente expressada. Se todos os indivíduos forem expostos ao mesmo ambiente, o "local" que uma pessoa ocupa na distribuição de altura na população é geneticamente determinado. Se durante o desenvolvimento existe a variação em fatores básicos, como alimentação, por exemplo, o ambiente desempenha um papel significativo.

Essa discussão tem uma falha grave e levanta uma questão difícil: esse argumento prova que uma melhor nutrição é a causa do aumento na altura observado no Japão nos últimos sessenta anos? A altura média aumentou durante neste período, e há boas evidências de que o abastecimento de alimentos era limitado durante a Segunda Guerra Mundial. Mas como avaliar se estes acontecimentos estão ligados causalmente e não são apenas coincidências? Os critérios de Bradford-Hill, listados no Capítulo 1 e discutidos com mais detalhes no Capítulo 8, são uma ajuda. Exemplos de associação similar em outros países ou áreas geográficas seria um embasamento causal, mas a possibilidade de outra causa ambiental seria mantida. O que dizer sobre o critério de falsificabilidade de Popper? Trata-se de um padrão muito alto porque a mudança na altura é um evento histórico que não pode se repetir, e seria antiética a realização de experimento em seres humanos em que o conteúdo de calorias ou teor de vitaminas / minerais de alimentos é restrito em um grupo de crianças e não em outro. Além disso, mesmo que se examinem dados de "experimentos naturalistas", em que a baixa ingestão de calorias ou deficiência nutricional ocorreu em várias áreas geográficas, ainda é muito provável que outras características ambientais associadas com a diferença de entrada nutricional (estresse, por exemplo) sejam os agentes reais. Estudos em animais podem gerar dados que verificariam ou rejeitariam (refutar) a relação hipotética, mas os animais nutricionalmente carentes vivem mais do que os animais que receberam alimentação de laboratório, de modo que algum outro mecanismo pode ser acionado. Assim, temos várias linhas de evidências de apoio — a descoberta de associações semelhantes em vários locais geográficos diferentes, grupos étnicos, e períodos na história; a existência de mecanismos biológicos que ligam a disponibilidade de exigências nutricionais para os períodos de vulnerabilidade de desenvolvimento em seres humanos e outros animais — mas deve contar com o raciocínio causal indutivo que Hume criticou. Se a prova absoluta da causalidade não é possível neste exemplo bastante simples, então a prova da causalidade em situações biológicas mais complexas, especialmente aquelas que não podem ser manipuladas experimentalmente, serão ainda mais desafiadoras.

Desde que a genética é o principal determinante da altura, se a nutrição adequada estiver disponível, os genes são considerados como uma causa predisponente; o ambiente atua como uma causa de precipitação. Quando a nutrição adequada está disponível, a altura parece ser principalmente genética, como indicado pela sua hereditariedade de 0,9. Neste exemplo, a causa de precipitação é capaz de ser totalmente operacional. No entanto, quando o ambiente, ou seja, a disponibilidade nutricional (isto inclui questões não alimentares, tais como a exposição solar) não é adequada, o papel causal da predisposição do ambiente torna-se claro. No entanto, a questão é ainda mais complexa, pois o crescimento ocorre durante um período específico de desenvolvimento, e outros eventos ambientais, como a guerra, seca, ou exposição a uma toxina desempenham um papel. Um nível programático de análise proporciona uma integração destes vários fatores e, em algumas circunstâncias, proporciona a abordagem mais compreensiva.

Esta é uma boa ilustração da conceituação equivocada de "natureza" e "nutrição" como fatores opostos, que se excluem mutuamente, agentes causais determinantes totalmente independentes. Reconhecer a natureza e nutrição como fatores de interação, que mutuamente e independentemente contribuem para a altura atingida de uma forma complexa é uma formulação mais complexa, mas fornece mais explicações e melhores parâmetros para o que é observado na natureza. O mesmo pode ser dito para compreensão da distribuição da pressão arterial, traços de personalidade, inteligência e de açúcar no sangue em jejum são fatores a considerar — evidências mostram que tanto a herança genética quanto influências ambientais contribuem de forma significativa para composição do organismo em relação a estas características. A construção e/ou modelo causal dicotômico claramente não é aplicável a estes aspectos da biologia; se a relação linear do modelo dimensional, ou as relações não lineares do modelo emergente melhor representam a relação entre as variáveis de um dado processo, elas podem variar, mas nesses exemplos os fatores múltiplos são operantes, e a modelação não linear é suscetível a captar as melhores relações causais em cada sistema.

Alguns fenômenos biológicos têm explicações simples que seguem a lógica categórica e têm uma etiologia genética ou ambiental. Por exemplo, a doença de Huntington, uma forma rara de demência, é causada por um gene anormal no cromossomo 4. Ele é herdado de forma autossômica dominante; ou seja, pessoas que nascem com o gene anormal, inevitavelmente, desenvolvem a doença se viverem o suficiente (em média começa em torno dos quarenta anos de idade, mas raramente a doença começa por volta dos sessenta anos). Este gene anormal é a causa da doença, e a doença ocorre apenas naqueles com a forma anormal do gene. É um exemplo de causalidade genética categórica (apesar da variação na idade de início estar relacionada ao comprimento da porção anormal do gene). No entanto, a maioria das doenças têm múltiplas causas que interagem. O restante do capítulo examinará vários exemplos dessa causalidade mais complexa.

Infecção como agente causal

Teoricamente, as doenças infecciosas deveriam ser diretamente doenças causadas pelo ambiente. Na verdade, porém, a maioria é mais bem entendida como resultante de interações complexas de gene-ambiente. Como tal, elas servem tanto como exemplos instrutivos de vários níveis como relações causais e proporcionam uma visão mais aprofundada das limitações do modelo dicotômico sim/não, defendido por Galileu, o qual tem servido à ciência tão bem por quatrocentos anos.

As doenças infecciosas como a gripe, a peste, e a varíola (antes de ter sido eliminada da população humana) provocam doenças específicas e limitadas. Apesar de cada uma ser causada por um organismo que está sempre presente em algum lugar no meio ambiente, o número de pessoas doentes em razão dos vírus que causam varíola e gripe ou da bactéria que causa a peste varia muito ao longo do tempo e entre os lugares. Os períodos de tempo, durante os quais há um rápido aumento no número de indivíduos afetados são referidos como epidemias, e as epidemias causadas por cada organismo seguem padrões diferentes e únicos. Como isso pode ser entendido a partir de uma perspectiva causal, quando todas são causadas por agentes infecciosos?

Em parte, a variabilidade do número de pessoas que ficam doentes ao longo do tempo é explicada pelo fato de que quando os indivíduos estão infectados, o sistema imune produz anticorpos que eliminam esse organismo específico. Como resultado, se os indivíduos são infectados pela segunda vez, o seu sistema imunitário reage rapidamente, geralmente elimina o agente e evita que a pessoa fique doente uma segunda vez. Isso significa que o número de pessoas que podem ficar doentes desse organismo novamente varia: só aquelas que não têm imunidade são vulneráveis a adoecer daquele agente infeccioso específico.

Um segundo problema que contribui para a natureza epidêmica de algumas doenças infecciosas é a facilidade de propagação ou a contagiosidade do organismo. Quando um agente que é altamente contagioso é introduzido em um grupo de indivíduos que não tenham sido previamente expostos a ele, a maioria será infectada e ficará doente. Mesmo em epidemias, porém, nem todo mundo é exposto a esse organismo ou fica doente com isso. Estes indivíduos permanecem vulneráveis à infecção se forem expostos ao agente no futuro. Além disso, alguns organismos também infectam animais não humanos e, portanto, têm "reservatórios" nos quais esses organismos são mantidos. Quando esses animais não humanos infectados entram em contato com os seres humanos suscetíveis, os organismos causadores de doenças se espalham para infectar os seres humanos que não haviam sido previamente infectados.

A principal explicação para a natureza epidêmica de algumas doenças infecciosas, portanto, é que as pessoas vulneráveis podem ser infectadas e ficarem doentes, mas depois que isso ocorre, a doença torna-se rara, até que um novo grupo de indivíduos suscetíveis torne-se disponível. Entre as epidemias, a taxa de infecção permanece baixa, e o organismo sobrevive por infectar espécies não humanas ("reservatórios"), infectando um pequeno número de pessoas que ainda estão vulneráveis, ou habitando em um pequeno número de indivíduos (humanos ou não humanos) que não desenvolvem imunidade a ele, mas não estão doentes ou têm sintomas mínimos (os chamados portadores). Depois de um período de anos, o número de pessoas que nunca foram expostas ao organismo, muitas vezes crianças ou adultos jovens, aumenta até que haja novamente uma grande população vulnerável. Quando o organismo encontra seu caminho neste grupo, uma epidemia acontece.

Embora esta descrição geral mostre a origem de muitas epidemias de doenças infecciosas, cada organismo tem características únicas que moldam as particularidades do seu ciclo de vida e a doença ou doenças que ela causa. Ou seja, a biologia de cada organismo causador é bastante diferente. Portanto, para obter uma compreensão dos mecanismos causais associados a qualquer organismo em particular e em qualquer agente infeccioso particular também é necessário conhecimento dos detalhes desse genoma e comportamento do organismo, o conhecimento do comportamento do hospedeiro (e genoma) e conhecimento do ambiente.

Por exemplo, o bacilo da peste bubônica, *Yersinia pestis*, é transmitido aos seres humanos por meio de picadas de pulgas. As pulgas se infectam por morder ratos infectados. Portanto, o rato é o portador. Para os seres humanos desenvolverem a praga, eles devem ter um contato próximo com ratos, pois as pulgas não podem viver longe de um animal quente por muito tempo. Portanto, uma epidemia de peste em humanos requer um grande número de pessoas que não tenham sido previamente infectadas com a praga, um grande número de ratos infectados com o *bacilo da Yersinia*, e as condições ambientais que aproximam os seres humanos dos ratos (isto é, condições ambientais que aumentam a probabilidade de que os seres humanos serão picados pelas pulgas carregadas pelos ratos). Enquanto o contágio da peste é raro entre humanos, é mais provável de ocorrer quando muitas pessoas são infectadas, como durante uma epidemia, mas não contribuem significativamente para o número absoluto de pessoas que adoecem, ou seja, a natureza epidêmica da doença.

A gripe é uma doença respiratória causada pelo vírus da gripe. Uma das características únicas deste vírus é que dois dos genes que controlam a sua capacidade para infectar células em seres humanos têm uma tendência a sofrer mutação. Ou seja, a composição genética deste vírus inclui mecanismos que "incentivam" mutação rápida, isto é, torná-o mais provável do que por acaso. Como resultado dessas mutações, estirpes do vírus da gripe surgem, os quais são geneticamente diferentes o suficiente (isto é, "novas"), para que as pessoas que já tiveram uma infecção por influenza, não sejam imunes ao vírus mutado. Estas mutações ocorrem enquanto o organismo se mantém em portadores animais não humanos, em certas aves e porcos. Quanto maior for o número de frangos, pato ou porcos, mais elevada a probabilidade de que uma nova estirpe emergirá. Assim, as epidemias de gripe surgem porque o vírus é mantido em organismos que os seres humanos domesticaram, em grande número, e, em algumas partes do mundo, vivem em estreito contato; pois a biologia do vírus inclui um mecanismo inato que faz mutação provável; e pelo vírus ser facilmente transmitido pelo contato humano, seja por meio do toque ou por via aérea (espirros e tosse). É esta combinação da biologia inata dos organismos, biologia inata dos seres humanos (vulnerabilidade das células do trato respiratório para a infecção), e eventos ambientais (domesticação de galinhas e porcos, aglomeração humana no inverno, o costume em muitas culturas de se tocarem com as mãos) que permitem que as epidemias de influenza ocorram.

Outros padrões de comportamento humano contribuem para a probabilidade de que uma epidemia ocorra. Uma aglomeração de pessoas que ainda não tenha tido contato em lugares como dormitórios da faculdade, acampamentos e quartéis, aumenta a probabilidade de que indivíduos que nunca foram expostos entrarão em contato com patógenos como os vírus da gripe e poliomielite pela primeira vez, e isso aumenta o risco de contágio entre pessoas. As viagens internacionais aumentam ainda mais a probabilidade de que os organismos sejam levados para grupos não expostos e, portanto, vulneráveis. Outro comportamento humano que pode influenciar o risco de disseminação de doenças é a maneira como o lixo é armazenado. Isso pode afetar tanto o número de ratos e a sua proximidade com os seres humanos, que, por sua vez, aumenta ou diminui a probabilidade de que as pulgas infectadas tenham contato com humanos. Como já foi observado, quanto maior número de aves, mais elevada a probabilidade de que o vírus da influenza se transforme em um vírus antigenicamente diferente, e quanto mais contato os seres humanos possuem com as aves que criam, maior a probabilidade de que um novo vírus mutante e agressivo se espalhe pela população humana e infecte um grande número de pessoas.

Além disso, as pessoas são diferentes em sua vulnerabilidade ao desenvolvimento de doenças infecciosas (e outras) devido a variações na composição genética do seu sistema imunológico. Três exemplos podem ser citados: aqueles que desenvolvem meningite da bactéria *Neisseria meningitidis* são mais propensos a ter variantes específicas de um gene que codifica a proteína de ligação de manose e complementa o fator D do que as pessoas que estão expostas à bactéria, mas não desenvolvem meningite. Na verdade, esta bactéria está presente na mucosa nasal de muitas pessoas, e a grande maioria não sofre efeitos nocivos. Assim, a meningite Neisseria, altamente fatal, requer tanto a exposição à bactéria, quanto uma vulnerabilidade genética que diminui a capacidade do sistema imunológico eliminar o organismo de forma eficaz — é a combinação que deve ser considerada causal. Da mesma forma, muitos dos quais sobreviveram às grandes epidemias da Peste Negra dos séculos passados, acredita-se que essas pessoas tenham sobrevivido porque foram capazes de reunir uma resposta imunológica diferente daquelas que morreram por causa da infecção. Um exemplo contemporâneo é a sobrevivência em longo prazo de uma pequena porcentagem de pessoas infectadas com o vírus HIV antes de existirem tratamentos eficazes; em alguns indivíduos, isto é explicado pela presença de uma variação genética que limita a forma de como o vírus se propaga de uma célula para outra dentro desse indivíduo.

Assim, as epidemias de peste, gripe, varíola e HIV/AIDS podem ser entendidas como resultantes das características biológicas ("natureza") e ambientais ("criação") do organismo e do "hospedeiro" humano. Os epidemiologistas chamam essa interação de tríade hospedeiro/agente/ambiente para destacar a importância de cada elemento desses sistemas e enfatiza que cada um tem um papel na via causal e no resultado. A abordagem aristotélica classificaria a composição genética (uma vulnerabilidade no exemplo Neisseria e um fator de proteção no exemplo do HIV) como causa predisponente e o agente infeccioso como causa precipitante. Para uma nova variante do vírus da gripe, a mutação genética e o vírus são causas de precipitação; os comportamentos humanos de criar aves, tocar outros seres humanos, e viver em contato próximo são causas predisponentes. Olhando apenas para a doença, o bacilo é o causador, mas a transmissão por meio dos ratos e pulgas, uma necessidade no ciclo de vida da infecção humana, é mais complexa. Galileu teria chamado estas causas de necessárias, mas não suficientes. Elas têm elementos tanto suscetíveis quanto precipitadores; sem a proximidade humana a um grande número de ratos (e suas pulgas), uma epidemia de peste não aconteceria — uma característica de causa precipitadora. No entanto, os ratos por si só, mesmo em números elevados, não são diretamente causais e por isso também podem ser encarados como suscetíveis.

A natureza epidêmica de cada uma destas doenças pode ser também compreendida causalmente a um nível programático de análise, uma vez que é o conjunto intrínseco do mecanismo biológico do organismo; circunstâncias ambientais específicas tão variadas como o tempo, costume social humano, bem como a criação de certos animais para alimentação; e o mecanismo biológico do hospedeiro individual e das espécies que levam a surtos destas doenças. Os dados empíricos ajudam a identificar relações tanto predisponentes quanto precipitadoras entre os elementos causais individuais e informam uma interação desses entendimentos individuais em um entendimento programático da teia causal. Cada nível de análise contribui para esse entendimento, e qualquer relacionamento de: predisposição, precipitação, ou programática, pode levar à uma intervenção que pode interromper a cadeia causal.

Interações de gene-ambiente e a vulnerabilidade à doença

Enquanto os exemplos de Neisseria e HIV abordam transtornos e predisposições genéticas relativamente incomuns, existem outros exemplos em que fatores genéticos de hospedeiros influenciam distúrbios mais comuns, mais parecidos com os que determinam a altura final. Por exemplo, pesquisas recentes têm relacionado a anomalia genética que causa uma doença relativamente rara, a fibrose cística, à sinusite, uma doença infecciosa que é uma das aflições humanas mais comuns.

A fibrose cística é causada por mutações no gene que determina a formação de canais de cloreto em membranas celulares. A disfunção desses canais resulta no desempenho debilitado de muitos sistemas de órgãos, o mais proeminente nos pulmões (resultando em uma dificuldade na limpeza de muco da árvore brônquica e, assim, aumentando o risco de infecção pulmonar) e pâncreas (resultando na diminuição da função digestiva). A doença é geralmente fatal na infância ou em jovens adultos, pois repetidas crises de pneumonia danificam irremediavelmente os pulmões. O gene que é afetado, o CFTR, está localizado no cromossomo 14 e opera de forma autossômica recessiva. Isto é, a fibrose cística ocorre apenas quando os genes CFTR herdados de cada um dos pais são portadores da mutação causal. Assim, o estado de doença de fibrose cística requer a herança de duas cópias do gene anormal.

Curiosamente, foi demonstrado recentemente que ter apenas um gene de CFTR mutante, aumenta o risco da sinusite crônica. Este gene CFTR anormal único não causa a sinusite. Pelo contrário, aumenta a probabilidade dos seios nasais tornarem-se cronicamente infectados quando uma pessoa é exposta a agentes infecciosos que são comuns em ambientes. Assim, o agente causador de precipitação da sinusite é ambiental (bactérias comuns), mas a causa de predisposição, o fator de risco que aumenta a probabilidade de desenvolver a sinusite, é genética. Nem todos os indivíduos com um único gene CFTR mutante sofrem de sinusite crônica, e a maioria dos indivíduos com sinusite crônica não tem um único gene CFTR mutante. Além disso, o gene CFTR anormal é mais comum em caucasianos do que em outros grupos, de modo que seria mais provável contribuir para sinusite crônica em brancos do que em outros grupos étnicos. Claramente, a presença deste gene variante altera a capacidade do organismo de lidar com a infecção e aumenta o risco de uma infecção nos seios da face tornar-se crônica. Assim, o gene de CFTR é uma causa de predisposição de sinusite, quando uma cópia do gene é anormal, mas é uma causa de precipitação da doença da fibrose cística, quando uma pessoa herda duas cópias anormais do gene, uma de cada um dos pais.

Outro exemplo de como a variação genética pode influenciar a vulnerabilidade nos afasta das doenças infecciosas, mas ilustra bem a natureza predisponente de ambas: composição genética e exposições ambientais. O gene SCN_5A é responsável pela produção de um componente dos canais de sódio que é encontrado na membrana celular de cada célula do músculo do coração. Estes canais abrem e fecham e assim fornecem uma conexão direta em potencial entre o interior da célula e o ambiente exterior ao redor. Quando se abrem, o sódio se move rapidamente para dentro da célula. Este movimento súbito de íons de sódio numa célula do músculo do coração provoca a sua contração, e é a contração coordenada de muitas células que resulta na ação de "bombeamento" ou "batida" do coração.

Certo número de variações foi encontrado no gene SCN_5A. Em um deles, um único nucleotídeo está mudado; isto resulta numa alteração de aminoácido de serina para tirosina. Essa mudança faz com que o canal de sódio fique propenso a abrir mais rapidamente do que o habitual. Se isso acontecer, o disparo coordenado habitual das células do coração pode ser interrompido, resultando em um ritmo cardíaco irregular. Este ritmo cardíaco irregular interfere na eficácia da ação de bombeamento do coração, e a arritmia resultante inicia uma espiral descendente em que o próprio coração não recebe sangue suficiente, sua ação de bombeamento se deteriora futuramente, a circulação sanguínea cessa, e a morte acontece. Assim, a mudança de um único aminoácido (de um bilhão) em um único gene (de cerca de 21.000) predispõe um indivíduo a uma arritmia que pode ser fatal.

Há a probabilidade de que os canais de sódio abertos "fora de tempo" também podem ser provocados por certos eventos ambientais. Por exemplo, medicamentos diuréticos reduzindo a quantidade de potássio no sangue, e a medicação quinidina, a qual afeta diretamente a função dos canais de potássio, afeta a velocidade pela qual a carga elétrica é conduzida através do coração e aumenta a probabilidade do desenvolvimento de uma arritmia. Assim, os indivíduos com as variantes do gene SCN_5A que tomam esses medicamentos estão em maior risco de desenvolver uma arritmia.

No entanto, alguns indivíduos que tomam esses medicamentos e que não têm essa vulnerabilidade genética sofrem de arritmia (talvez tenham outras predisposições, ou o potássio está reduzido o suficiente para ser precipitado), e nem todos os indivíduos com a vulnerabilidade genética que estão expostos a essas drogas desenvolvem uma arritmia. Assim, tanto a vulnerabilidade genética, quanto a exposição ambiental são predisponentes, em certo sentido. No entanto, todos desenvolverão o ritmo cardíaco fatal, se o nível de potássio no sangue for reduzido o suficiente por medicação, por outra doença (por exemplo, diarreia), ou dieta. Por isso, a disponibilidade diminuída de potássio pode ser o fator precipitante de uma arritmia cardíaca e morte, quando o grau de depleção de potássio atinge um limiar abaixo do suficiente para as células funcionarem normalmente. O baixo nível de potássio é, portanto, um fator de predisposição e precipitação, e que por sua vez está predisposto por uma variedade de fatores, alguns ambientais e alguns genéticos.

Em um estudo, a tirosina à substituição de serina no gene SCN_5A foi encontrada em 19,2% das pessoas de descendência africana (África Ocidental) e caribenha, 13,2 % dos afro-americanos, e nenhum dos 511 caucasianos e 578 asiáticos. Em uma única família estudada a fundo, aqueles que herdaram esse gene alterado (chamado de polimorfismo ao invés de uma mutação, porque ocorre em mais de 1% da população) eram significativamente mais propensos a ter uma mudança específica em seu eletrocardiograma, indicando desaceleração da condução elétrica entre os ventrículos (prolongamento do intervalo QT), um fator de risco conhecido para o desenvolvimento de um ritmo cardíaco anormal. No entanto, como os autores deste estudo destacam: "a maioria destes indivíduos nunca terá uma arritmia, porque o efeito. . . é sutil". Esta variante genética (não tradicionalmente considerada como uma anormalidade) é mais um exemplo da predisposição genética da causalidade: aqueles com esta variante estão em maior risco de desenvolver uma arritmia por causa disso, mas a maioria das pessoas com a variante não sofrem nenhum resultado adverso. Tomar drogas como um diurético ou quinidina pode precipitar uma arritmia nestes indivíduos vulneráveis, mas nem sempre.

Estes exemplos de interação gene-ambiente ilustram a aplicação da distinção de predisposição/precipitação. Eles também demonstram que as causas predisponentes podem seguir lógicas categóricas (o polimorfismo do gene SCN_5A está presente ou não) ou dimensionais (em todos os indivíduos, quanto menor o nível de potássio no sangue, maior é o risco de uma arritmia). Causas precipitantes também podem ser categóricas ou dimensionais. A fibrose cística é causada (de uma forma de precipitação) pela presença de um canal de cloreto anormal (categórica) que resulta por ter duas cópias do gene CFTR anormal. Todo mundo que tem duas cópias do gene anormal terá a doença (uma causa categórica). O uso de quinidina pode induzir a uma arritmia (uma causa de precipitação) em uma pessoa que tem predisposição por ter uma cópia do gene SCN_5A, o qual contém o polimorfismo de predisposição, mas também em outros sem predisposição conhecida.

Estes exemplos também demonstram que a distinção entre diferentes níveis de análise (faceta 2: predisponentes, precipitantes, programática, intencional) e diferentes modelos de lógica causal (faceta 1: categórico, dimensional, não linear) podem ajudar a melhorar a comunicação e nossa compreensão da complexa trama de causalidade. Os fatores predisponentes discutidos nos exemplos acima são claramente uma parte da cadeia causal que leva à doença ou morte, mas muitos indivíduos com esses fatores nunca terão problemas. Isso pode levar ao ceticismo, à rejeição da ligação causal, e falha da aplicação desse conhecimento, e isso pode ser e tem sido uma importante fonte de confusão para o público, os governantes, e até mesmo aos cientistas. Por exemplo, a identificação de fatores de risco ou de vulnerabilidade tem desempenhado um papel importante na prevenção de doenças.

Algumas estratégias de prevenção, como a vacinação e a fluoretação da água têm como alvo toda a população, pois a maioria das pessoas está em risco de contrair sarampo e cárie dentária. Por outro lado, fatores de risco como colesterol alto, LDL elevado e pressão arterial elevada aumentam a probabilidade de que um indivíduo terá um acidente vascular cerebral ou ataque cardíaco. Declínios dramáticos em taxas de ataque cardíaco e acidente vascular cerebral seguiram intervenções que abordam esses fatores de risco em indivíduos com essas predisposições, mais um suporte para a afirmação de que a cadeia causal tenha sido alterada (como postulados por Koch). No entanto, a redução do colesterol por si só, nem sempre leva a esses benefícios: estudos recentes de novos agentes redutores do colesterol não encontraram nenhuma diminuição na morte, ataque cardíaco, ou das taxas de acidente vascular cerebral. Reconhecendo que o colesterol e o LDL elevados são fatores causais predisponentes ao invés de precipitantes e, portanto, outros mediadores biológicos devem ser importantes na cadeia causal para ajudar a explicar esta descoberta surpreendente.

O desenvolvimento de técnicas para analisar de forma rápida e barata os genomas de um grande número de pessoas já está identificando muitos elementos genéticos e ambientais em potencial na cadeia causal de doença e da biologia. Como os exemplos discutidos neste capítulo ilustram, tais descobertas são suscetíveis a uma fonte de confusão conceitual, pois muitas pessoas igualam o conceito de causa com a lógica categórica de "sim/não". Minha esperança é de que o uso de termos como "causa de predisposição" e "causa de precipitação" esclareça discussões sobre a causalidade entre especialistas e o público em geral e melhore a aceitação das intervenções potencialmente benéficas.

Para os cientistas, essas distinções no nível de análise e lógica são importantes, pois diferentes métodos matemáticos e estatísticos são usados para descrever e explicar as relações causais que seguem esses diferentes modelos. Para os legisladores, políticos, educadores médicos e defensores da saúde pública, reconhecer que os conceitos de probabilidade e vulnerabilidade, os quais são a base de programas de educação, pode melhorar a compreensão e aceitação de intervenções que abordam predisposições e estímulos. Isto pode ser principalmente útil e importante nas culturas em que um modo de lógica (categórica ou dimensional) predomina.

Fazendo tais distinções também pode ajudar a explicar por que algumas intervenções devem, simultaneamente, ser direcionadas a diferentes níveis de análise causal (faceta 2) e utilizar diferentes modelos de lógica causal (faceta 1). Por exemplo, a incidência da malária pode ser reduzida e, portanto, casos evitados pelo uso de mosquiteiro ao dormir em áreas em que a doença é endêmica. Isto é, porque diminui a exposição ao vetor (mosquitos) e, por conseguinte, o parasita; em outras palavras, ele aborda a causa predisponente (picadas de mosquito) e a causa precipitante (parasita). No entanto, uma vez que uma pessoa é infectada, o tratamento direto da causa precipitante com medicação antiparasitária é necessário. Ser claro sobre esses diferentes níveis de análise e diferentes modelos de lógica causal pode ajudar aos que projetam intervenções, financiam, implementam e as recebem, entendendo o porquê várias abordagens são necessárias, se o objetivo é diminuir a morbidade e a mortalidade causada pela malária. Enfatizar uma em detrimento da outra é suscetível ao fracasso do objetivo geral de prevenção da malária. Clareza conceitual pode aumentar a probabilidade de sucesso, ajudando os planejadores a definirem quando e onde uma abordagem precisa ser enfatizada mais do que a outra.

O uso destas conceituações também pode moderar as expectativas irrealistas e enfatizar as dificuldades inerentes à elaboração de uma estratégia que aborda vários níveis de causa. A redução do nível de um fator de risco (pressão arterial alta ou níveis elevados de LDL, por exemplo) não elimina a ocorrência de ataques cardíacos e derrames. Alguns indivíduos que nunca fumam cigarros desenvolvem câncer de pulmão. Ou seja, intervir a nível público não beneficia necessariamente todos os indivíduos. Do ponto de vista de um indivíduo que desenvolve o resultado indesejável (por exemplo, acidente vascular cerebral), a intervenção tem sido um fracasso, apesar de que poderia ser um sucesso de saúde pública, pois as taxas de incidência na população em geral diminuíram. A clareza sobre estas questões tem o potencial de ajudar a explicar essas complexidades e também maximiza o sucesso e diminui a frustração. Uma classificação mais precisa não resolverá os desafios de explicar ideias complexas, é claro, mas pode tanto destacar os desafios enfrentados ao tentar interromper a cadeia causal, quanto melhorar a qualidade e precisão do discurso público e profissional.

A discussão até agora tocou na causalidade programática, mas destacou os níveis de análises predisponentes e precipitantes da faceta 2. O restante deste capítulo inverterá esta ênfase. O nível intencional da causalidade, conhecido como teleologia quando é aplicado a objetos inanimados, será destacado em parte para demonstrar que este nível de análise não se restringe a narrativa ou a campos eclesiásticos.

Ecologia

O tema da ecologia de populações pode ser muito complicado. Mas, como fazemos em qualquer ciência, começamos assumindo que é simples.

—Vandermeer and Goldberg

Ecologia é a disciplina que procura integrar o que se sabe sobre os mundos animados e inanimados em modelos explicativos do ambiente e identifica mecanismos causais que ligam vários sistemas complexos. Seu objetivo é nada menos do que uma teoria coerente de como a natureza funciona no planeta Terra. Embora esta questão tenha interessado cientistas ao longo dos séculos, a própria disciplina é relativamente nova. Assim, fornece um exemplo interessante do caso de como o conhecimento sobre a causalidade programática se desenvolve.

Os ecologistas têm usado várias abordagens em seus esforços para compreender as relações complexas entre os elementos vivos (bióticos) e os não vivos (abióticos) dos ambientes que estudam. Como a citação no início desta seção sugere, uma estratégia tem sido usada para estudar os sistemas pequenos e bem circunscritos; identificar as relações que existem entre sua flora, fauna, geografia e clima; e, em seguida, determinar se existem relações semelhantes em áreas geográficas maiores. Uma descoberta do estudo de ecossistemas insulares é que o número de espécies aumenta quando uma ilha se torna maior, e que esta relação pode ser descrita matematicamente como uma potência ou expoente (que varia entre 0,1 e 0,4), de tamanho (área), da ilha. Por exemplo, se você comparar duas ilhas que diferem em tamanho por um fator 10, você esperaria encontrar entre 1,58 vezes (ou seja, $10;^{2}$) e 2,51(ou seja, $10^{.4}$) mais espécies na ilha maior. A regularidade dessa relação em muitas ilhas sugere um mecanismo causal subjacente e tem levado ecologistas a perguntar se o mesmo mecanismo está presente em ecossistemas maiores, ou não insulares.

Uma razão óbvia para focar em configurações geográficas isoladas menores é que as relações são mais facilmente identificadas quando há menos espécies para estudar e menor variação na geografia e no clima. Ao limitar o número de elementos contribuintes e assim, a complexidade, esta abordagem tem a força de simplificar a busca de princípios gerais, mas corre o risco de simplificar a complexidade inerente em sistemas de grande porte e, portanto, subestimar ou perder aspectos da trama ecológica causal. Assim, "assumindo que é simples".

Estudar ilhas individuais e chegar a algum entendimento sobre sua ecologia também leva à capacidade de considerar cada uma como uma "unidade" natural ou sistema e fornece uma base para a comparação de um sistema para outro. Este é o próximo passo na identificação de relacionamentos e "forças" de grande escala que atuam em vários locais, e que poderiam ajudar a identificar as forças causais subjacentes que atuam no nível do ambiente macro. Esta é a abordagem que Darwin utilizou quando identificou semelhanças e diferenças entre as ilhas de Galápagos e integrou esta informação com o seu conhecimento de outros sistemas biológicos para desenvolver e apoiar sua teoria da seleção natural. Mais recentemente, essa abordagem foi feita por Robert McArthur e E. O. Wilson em seu livro *A Teoria da Biogeografia de Ilhas (The Theory of Island Biogeography)*, no qual estudam como a composição da ilha biota é influenciada pelo tamanho da ilha e sua distância do continente e, em seguida, usam esses dados para generalizar sobre o impacto que as espécies recentemente introduzidas têm sobre a distribuição de espécies existentes. Eles interpretam os resultados apoiando o conceito amplo de biota em equilíbrio e usam essa ideia para derivar generalizações sobre como os sistemas bióticos respondem à mudança. A partir destas generalizações, eles concluem que os mecanismos para manter o equilíbrio operam ao nível do sistema como um todo. Isso prepara o terreno para a identificação destes mecanismos.

A estratégia de usar o conhecimento adquirido a partir do estudo de interações múltiplas, individuais para fazer generalizações sobre sistemas maiores, tem uma longa história de sucesso na biologia e outras ciências, mas tem sido difícil de transferir para a identificação de mecanismos causais no nível programático. Uma razão pode ser que as relações entre as variáveis individuais são frequentemente dicotômicas ou lineares, enquanto aquelas que existem em sistemas complexos tendem a ser não linear. O desenvolvimento de ferramentas para testar mecanismos causais potenciais, tais como a manutenção do equilíbrio é uma meta ainda a ser realizada, mas que será necessária, desde que o suporte empírico para mecanismos causais propostos continuem sendo o padrão de raciocínio científico.

Benefícios com potenciais similares e cuidados se aplicam se a pessoa começa, concentrando-se sobre as relações em nível molecular de um ecossistema e utiliza esse conhecimento como ponto de partida para a identificação de generalizações sobre relações de vários níveis e múltiplas espécies. Um bom exemplo desta abordagem é uma revisão da dinâmica do sistema de solo por Young e Crawford. Eles explicam a agregação do solo argiloso a nível atómico em termos de forças eletrostáticas e de van der Wall, ao nível celular, pela presença de substâncias como cola, segregadas por bactérias e fungos, e pela contribuição física dessas bactérias em forma de bastonete e de fungos, e ao nível macroscópico de biota multicelular pela ligação em conjunto das partículas do solo pelas raízes das plantas. Curiosamente, a agregação das partículas do solo segue uma distribuição de lei de potência na extensão onde fungos e bactérias são encontrados para contribuir com a agregação.

Este modelo pode ser expandido por descrever as relações entre elementos abaixo da superfívie (solo) e acima da superfície dos ecossistemas que suportam e diferenciam ambientes exuberantes e esparsos. Fatores a serem considerados incluem as características físicas do solo, disponibilidade de mineral no solo, e as contribuições de plantas e animais. Esta ligação da composição física abiótica de solos (isto é, física), biologia dos micróbios que habitam o solo (microbiologia), Biologia (Botânica) das plantas e o comportamento (Zoologia) de animais demonstram como a fusão de informações sobre os elementos de sistemas menores podem capturar a complexidade que existe no nível do sistema mais amplo. Tal compreensão de todo o sistema requer a integração de informações e conhecimentos a partir de uma variedade de disciplinas que agora são consideradas distintas e uma combinação de métodos e abordagens que geralmente não estão no repertório de um único ou mesmo um pequeno punhado de indivíduos. A possibilidade das explicações causais serem derivadas e validadas a partir de descrições de vários níveis, como este exemplo, é o caminho que a ciência pegou no passado. O Capítulo 8 examinará métodos propostos para superar este problema, mas é importante ressaltar aqui que uma demonstração de que vários sistemas seguem o mesmo padrão (validade convergente), a capacidade para descrever relações de exames minuciosos cada vez maiores (coerência), e a capacidade para demonstrar que as relações preditas existem em locais ou sistemas que não foram previamente estudadas (validade preditiva) estão entre os métodos empíricos disponíveis. Os estudos de ilhas em equilíbrio e desequilíbrio por McArthur, Wilson e por Darwin em Galápagos são exemplos do uso de fenômenos naturais para gerar e depois verificar ou validar mecanismos causais mais amplos.

No entanto, como a Teoria da Rede mostrou, quanto maior os sistemas se tornam, mais provável que tenham elementos únicos. Isso torna mais difícil para validar hipóteses causais ao nível do sistema e ilustra ainda mais o desafio apresentado pelo aumento do número de relações não lineares que existem como o tamanho do sistema e aumento da complexidade. Isto novamente levanta a possibilidade de que a identificação de mecanismos causais que operam no nível do sistema exigirá estratégias analíticas que são únicas ou diferentes daquelas usadas para estudar a relação entre duas ou mais variáveis, ou entre pequenos e grandes ecossistemas.

~

Começar com pequenos elementos mais básicos de um sistema e incorporar outras informações em uma compreensão mais ampla é por vezes referido como abordagem "de baixo para cima". Pretende-se compreender o todo, começando por partes. Na abordagem "de cima para baixo", o foco inicial é sobre o sistema como um todo e da identificação das relações existentes entre as suas partes constituintes, ou seja, movendo-se na direção de compreender o todo para entender como suas partes se relacionam. Os estudos de ilhas e a identificação de relações replicadas entre o número e a área de espécies é um exemplo de uma descrição de cima para baixo; o movimento de uma compreensão eletrostática da dinâmica do solo a uma ampla compreensão do papel de diferentes espécies é um exemplo da abordagem de baixo para cima. Cada uma tem pontos fortes, e é provável que amplos entendimentos de mecanismos causais, especialmente os programáticos, exigirão um acréscimo de conhecimento de ambas as abordagens. A ecologia parece estar no início deste processo de identificação de mecanismos causais que explicam como os grandes sistemas surgiram e como continuam a funcionar. É certamente muito cedo para concluir que os problemas são tão complexos que os mecanismos causais não possam ser identificados ou não existam.

Um exemplo da abordagem de cima para baixo para a ecologia, que começa em um nível muito mais alto de abstração, pode ser encontrado no livro de Simon Levin *Fragile Dominion: Complexity and the Commons*. Depois de analisar uma série de temas de pesquisa em ecologia, Levin abstrai seis padrões gerais e interações nos sistemas ecológicos:

1. Ecossistemas consistem em padrões regulares de interação e respostas que os seres humanos podem codificar, reconhecer e estudar.
2. Esses padrões macroscópicos geralmente se desenvolvem ao longo de grandes períodos de tempo e são construídos sobre as mudanças que ocorrem a nível local.
3. Acidentes históricos desempenham um papel significativo na determinação dos padrões de desenvolvimento e estabilidade.
4. A chance, operando por meio de acidente, mecanismos de desenvolvimento corporificados, eventos ambientais e processos estocásticos, fornece o substrato para a mudança.
5. A interação de muitos sistemas biológicos resulta em um ecossistema que estimula a diversidade.
6. Sistemas adaptativos complexos contam com a diversidade, não linearidade e organização hierárquica.

Estes princípios exemplificam os tipos de generalizações que só podem ser identificadas quando uma abordagem de cima para baixo é tomada. Um tema claro é que as relações não lineares emergentes desempenham um papel importante nos sistemas ecológicos. O papel do acaso operando como uma causa de predisposição é outro. Levin observa que algumas alterações que ocorrem em uma única área de um sistema podem se tornar comuns no local, pois são neutras, ou seja, não fornecem nenhuma vantagem ou desvantagem, mas mais tarde, quando outras mudanças ocorrem, se tornam generalizadas, pois oferecem uma vantagem. Neste caso, o ambiente está operando como uma causa provocadora e a seleção natural como causa programática. A ampla divulgação de tal mudança parece ser não linear, pois a mudança de predisposição não teria sido observada, apesar de ter acumulado gradualmente, e o surgimento da adaptação parece ocorrer ao longo de um curto período de tempo, sugerindo uma causa repentina, categórica, não linear, pois a adaptação se espalha rapidamente quando a segunda circunstância ocorre. No Capítulo 11, isto é discutido em relação à teoria de Eldridge e de Gould, do "equilíbrio pontuado" da evolução.

Este modelo de mudança, em que é necessário um evento inicial menor e, muitas vezes eventos despercebidos, ou a mudança que precede e é necessária para uma em grande escala mais tarde, pode ser difícil de descobrir e não é o que as pessoas costumam considerar quando estão procurando estabelecer as causas de uma mudança no ambiente. Uma análise cuidadosa dos detalhes da situação específica pode revelar o papel necessário da mudança predisponente (e aparentemente "menor"), enquanto uma ampla perspectiva é muitas vezes necessária para observar a mudança em larga escala. No entanto, isso não significa que a direção da causalidade é de grande à pequena. Na verdade, os dados de sistemas ecológicos revistos por Levin demonstram que a direção é muitas vezes do pequeno ao grande.

Esta visão também é demonstrada por uma generalização que pode ser tirada da discussão anterior sobre interações do gene-ambiente. Condições ambientais extremas tendem a exagerar nas influências da variabilidade genética e na seleção ambiental. Se extremos ambientais persistem por várias gerações, essas características genéticas que são mais adaptáveis no ambiente extremo serão transmitidas aos descendentes, pois serão mais propensas a se reproduzirem. Outra maneira de dizer isso é que a composição genética de uma população reflete nos resultados da seleção natural; seleção natural é o nome dado para a observação que as características que aumentam a probabilidade de sobreviver e de se reproduzir tornam-se mais prevalentes naquele ambiente. Se o ambiente é estável ao longo do tempo, então a herança genética evolui para caber nesse ambiente. Sob mudanças dramáticas no ambiente, uma herança genética que é muito dependente daqueles elementos do ambiente que mudou, será menos propensa a expressar esse traço genético na sua gama mais completa.

O estudo de um amplo campo, como ecologia também revela que mudanças podem ocorrer dentro de sistemas que não afetam os outros elementos desse sistema. Por exemplo, uma variação de uma ou mesmo de várias espécies pode não ter efeito sobre as outras e, portanto, não teve qualquer efeito sobre o sistema como um todo. Isso retoma uma das ideias centrais da abordagem aristotélica à causalidade: a escala em que a análise ocorre influencia significativamente os resultados dessa análise. Alguns mecanismos causais só podem ser discernidos pela observação da relação entre dois elementos. Outros exigem exames das interações entre muitos elementos, e outros ainda podem ser observados e estudados apenas ao nível do sistema.

Assim, a observação de Levin de que "uma imagem completa requer integração e explicações correspondentes através de escalas. . . . Padrões em determinadas escalas são em grande parte impostos, enquanto aqueles em outras escalas representam auto-organização" é uma reminiscência da abordagem aristotélica ao nível programático da análise causal e é aplicável ao estudo de sistemas em geral.

No entanto, estes mecanismos causais são verdadeiros? Não. Ao contrário, se confirmados e validados, eles podem estar na mesma categoria que as leis de Newton ou as leis da termodinâmica. Eles procuram descrever um ponto de partida, um conjunto de princípios a partir dos quais as ações causais podem ser derivadas. No entanto, isso não sugere que os mecanismos causais subjacentes não podem ser explicados no futuro. As leis de Newton agora são vistas como dedutíveis da teoria da relatividade, por exemplo. Se estas ou outras generalizações sobre sistemas ecológicos não resistem à análise e são amplamente aceitas, elas podem servir como um conjunto de princípios básicos, dos quais os mecanismos causais podem ser derivados. Se eles não são generalizáveis em todos os sistemas ecológicos, estão errados, ou podem ser derivados de princípios mais básicos, portanto, não podem ser um ponto de partida a partir do qual as previsões causais podem ser derivadas. Assim, é muito cedo para saber se os princípios de cima para baixo existem e podem auxiliar na identificação de mecanismos causais que operam em nível dos sistemas ecológicos. A disciplina relativamente jovem da ecologia é, portanto, um exemplo de um assunto no qual os mecanismos causais ao nível programático podem ser identificáveis, mas é muito cedo para saber se este é o caso.

Tempo e biologia

O Capítulo 1 postulou a existência do tempo unidirecional como uma pré-condição necessária para o raciocínio causal, mas o Capítulo 6 observou que o tempo iria à direção oposta quando se desloca além da velocidade da luz. O tempo biológico tem várias características que atendem a exigência unidirecional, seqüencial necessária para estabelecer a causalidade. Primeiro, é direcional, pois muitas interações biológicas em níveis molecular e macromolecular são irreversíveis e não podem ser "desfeitas", uma vez que a interação ocorreu. Por exemplo, uma vez que um nervo foi acionado, os eventos químicos e elétricos não podem ser revertidos, mesmo que os produtos químicos que são liberados na queima sejam recicláveis. Esta irreversibilidade é principalmente verdadeira em muitos processos biológicos que são sequências de várias etapas que não podem ser executadas em ordens "inversas"; mesmo quando os passos individuais são reversíveis, a cadeia de eventos contém muitos passos que não são. Como resultado, muitos processos biológicos que variam de interações moleculares de proteína-proteína para a realização da vida adulta consiste de uma cadeia de eventos que ocorre em uma ordem específica que pode ser conhecida. Desde que causalidade exige que uma causa ocorra antes do seu efeito, a biologia fornece muitos exemplos nos quais esse elemento necessário para determinar a causalidade está presente.

Um segundo elemento de tempo biológico é a presença de "relógios" inatos em muitos organismos. Estes são compostos de sequências de interações moleculares que ocorrem ao longo de um período de tempo específico, que se repetem de forma regular, e que organizam o comportamento de uma forma previsível e regular. Dois exemplos familiares para os seres humanos são o relógio circadiano (latim para "em torno do dia"), o qual funciona em um ciclo de cerca de 24 horas de duração e se expressa no ciclo normal de dormir-acordar, o qual a maioria das pessoas segue, e o ciclo menstrual, o qual é de aproximadamente um mês de duração e controla a ovulação e a descamação da parede uterina (menstruação) em mulheres em idade fértil. O estudo destes relógios internos e os padrões regulares associados a eles são do campo da cronobiologia.

O diretor principal dos ritmos circadianos em humanos é um pequeno grupo de células em uma estrutura do cérebro chamado núcleo supraquiasmático (SCN). Estas células funcionam como um único relógio que dirige um número de diferentes processos que se repetem em um padrão previsível. O período de este relógio varia ligeiramente de pessoa para pessoa (a média é 24,1 horas) e é "reiniciado" pelo ciclo da claridade-escuridão (meio ambiente). O relógio pode ser forçado a se reiniciar rapidamente quando viaja mais do que uma zona de tempo; uma descompensação de horário (*jet lag*) é a consequência fisiológicas pelo repentino rompimento do padrão usual de entrada fornecida pela regularidade do ciclo claridade-escuridão.

O SCN regula vários processos, além do ciclo dormir-acordar, entre eles um padrão previsível de variação de temperatura do corpo durante todo o dia, a qual é geralmente mais baixa várias horas antes de acordar, e uma secreção padronizada do hormônio cortisol, o qual tem picos maiores durante o dia e diminui por volta das 22:00 horas. Estes ciclos resultam da interação coordenada, sequencial de uma série específica de proteínas localizadas em várias áreas do cérebro e, quando a função a ser regulada está localizada em outro órgão, um local remoto do cérebro. Um segundo relógio, localizado em uma área do cérebro chamada hipotálamo, regula outras atividades. Outros relógios estão localizados fora do cérebro e ainda regulam outras atividades.

Um terceiro aspecto do tempo biológico é a sequência de eventos que ocorrem durante a vida de um único organismo em específico, pontos predestinados no ciclo de vida desse organismo individual. Estes são referidos como processos de desenvolvimento e geralmente ocorrem apenas uma vez. Um exemplo é o início da puberdade em humanos. A sequência de desenvolvimento começa no momento da concepção e é dirigido por programas genéticos que eles próprios "embutem" no genoma de cada espécie.

Eventos ambientais não genéticos podem ter efeitos importantes sobre esta sequência e ter um impacto significativo sobre a composição final desse indivíduo. Tomemos o exemplo da altura. Os seres humanos individuais (adultos) alcançam sua altura final ao longo do tempo, mas não a um ritmo constante. Uma exposição insuficiente a um elemento necessário, como um substrato nutricional específico, luz solar necessária para produzir vitamina D ou exposição a toxinas ambientais que interferem no processo de desenvolvimento inato em momentos cruciais durante a vida fetal, na infância, ou na adolescência podem diminuir significativamente a altura alcançada e frustrar o programa de desenvolvimento (genético) de forma irreversível. O resultado é um desvio permanente do seu resultado predeterminado. O desenvolvimento normal do cérebro oferece outro exemplo. Muitas células se formam no cerébro e, em seguida, são "removidas" ou podadas em sequências específicas, como o desenvolvimento do feto e da criança. Eventos ambientais, tais como tomar um medicamento de dose única que interfere com este processo pode resultar em desenvolvimento anormal e levar à disfunção permanente ou morte do indivíduo se a exposição ocorrer em um momento crucial. O desenvolvimento normal resulta de eventos inatos, sequências pré-determinadas e da interação entre o meio ambiente e essas tendências internas. Desde que eventos de desenvolvimento devem ocorrer em uma sequência específica e muitas vezes são irreversíveis uma vez que ocorrem, os eventos subseqüentes são dependentes no início ou na conclusão dos eventos anteriores.

Estes exemplos ilustram outro aspecto do tempo biológico: o significado mais elevado de períodos específicos durante o processo de desenvolvimento. Estes períodos de tempo relativamente curtos, mas cruciais são uma reminiscência dos "pontos nodais" identificados pelos teóricos de sistemas e discutidos no Capítulo 5 — estruturas, episódios, ou incidentes que estão ligados a muitos outros eventos que, como resultado de sua alta conectividade, desempenham um papel essencial ou estratégico no seqüenciamento causal. Essa importância elevada de eventos específicos ou períodos de tempo ilustra um mecanismo pelo qual a causalidade não linear ocorre na biologia. Até agora, essa discussão de tempo na causalidade biológica tem enfatizado os processos inatos, mas a discussão anterior de epidemias de doenças infecciosas demonstra que o tempo unidirecional também funciona em sequências ambientais mais macroscópicas. Epidemias que retornam muito regularmente, tais como poliomielite, requerem a acumulação na população de um número suficientemente grande de indivíduos vulneráveis para permitir que o organismo se espalhe facilmente tanto no âmbito de grupos populacionais quanto entre grupos. Uma vez que um número suficientemente grande de indivíduos foi exposto e tornaram-se imunizados ou morreram, o número de pessoas vulneráveis às doenças cai, e a epidemia é resolvida. O novo acúmulo de indivíduos vulneráveis para nova infecção generalizada requer tempo. As epidemias de influenza são uma variação sobre o tema, uma vez que elas são causadas pelo surgimento de novas cepas do vírus. O vírus da gripe é geneticamente predisposto a sofrer mutação (uma predisposição que é uma parte da cadeia causal), e ele se transforma continuamente em espécies sensíveis de aves, porcos e seres humanos. Como resultado, é grande a probabilidade de uma mutação suficientemente diferente da anterior e suficientemente tóxica para causar graves doenças. Aqui, a passagem do tempo aumenta a probabilidade de que um evento por acaso, uma mutação que provoca a doença em seres humanos, ocorrerá. Assim, enquanto o tempo desempenha um papel causal em epidemias de gripe e poliomielite, este é feito de uma forma probabilística passiva. Este é um exemplo do tempo como um elemento necessário da sequência programática causal.

Em resumo, a ubiquidade dos relógios biológicos unidirecionais e as sequências de desenvolvimento irreversíveis em toda a natureza, tanto nas plantas quanto nos animais é uma indicação da centralidade do tempo direcional para função biológica. Talvez seja uma fonte da convicção humana da existência da construção de causalidade.

Aplicação do modelo de três facetas à biologia

A partir de uma visão de cima para baixo, a causalidade em sistemas biológicos pode ser entendida como de intervenção a vários níveis simultaneamente (faceta 2), muitos na forma que Aristóteles sugeriu. Por exemplo, alguns elementos do programa genético podem ser considerados *predisponentes* em qualquer indivíduo, pois contêm as instruções para os resultados prováveis, mas não absolutamente predeterminados. Esta sequência pode ser interrompida pelos eventos de *precipitação*, tais como a exposição a hormônios no abastecimento de água ou nos medicamentos prescritos ou privação de nutrientes necessários em momentos específicos, que podem ter efeitos permanentes sobre a expressão deste aspecto de desenvolvimento. Os elementos do programa genético também podem ser de *precipitação*. Por exemplo, todos os indivíduos que herdam uma cópia do gene que causa a doença de Huntington desenvolverão essa doença se viverem o tempo suficiente. A puberdade é um exemplo de causalidade *programática*. É o resultado da ocorrência de diversos eventos e uma infinidade de processos que são orquestrados por vários programas genéticos e influenciados por vários eventos ambientais. Este processo de orquestrar os muitos eventos que devem ocorrer em sequência pode ser conceituado como vários programas sequenciais paralelos e múltiplos que iniciam, mantém e param muitos prescritos, ou seja, eventos programados. O "programador" e o orquestrador é o código genético e, nesse sentido, representa causalidade programática, mas toda a sequência pode ser entendida como algo a mais do que as partes individuais, um exemplo de causalidade emergente.

De um ponto de vista de baixo para cima, cada elemento da sequência de eventos moleculares que subjazem a um processo biológico particular, por exemplo, a produção ou a inibição de um produto de proteína específica em um momento específico, a abertura de um receptor que causa uma alteração na conformação (forma) de uma proteína, a desativação ou desmontagem de uma proteína, provoca um evento molecular específico que, se for realizado de forma incorreta, pode provocar uma anormalidade *categórica* tais como um defeito de nascimento ou morte. Muitos eventos, por exemplo, altura final alcançada, depende das diferenças *dimensionais* graduadas, na quantidade de um substrato que está disponível ou na quantidade de tempo em que está ativo. Estes resultam na distribuição gaussiana de características universais e que são mais bem explicadas pela modelagem causal probabilística. Modelagem *não linear* ajuda a entender a causa de interferir com períodos de desenvolvimento. Por exemplo, no final da Segunda Guerra Mundial, houve uma grande fome na Holanda. A privação da nutrição teve efeitos sobre os fetos que os carregaram ao longo da vida, incluindo uma menor altura alcançada como um grupo e um risco maior de esquizofrenia.

Embora estes exemplos de tempo biológico contradigam a previsão da teoria da relatividade, na qual o tempo é reversível, eles não contradizem a outra característica central da teoria da relatividade: a taxa em que o tempo passa depender da relação entre o observador e o observado. Relógios biológicos podem ser "acelerados" ou "desacelerados", alterando a relação do organismo ao condutor do relógio. Por exemplo, alterando o ciclo dia/noite, viajar por diferentes fusos horários, resulta no desconforto da descompensação horária (*jet lag*). Isso se resolve quando o relógio biológico é reiniciado pelo ciclo claridade/escuridão no novo local. O reajuste ocorre na "aceleração" ou "desaceleração" do relógio biológico para que ele corresponda ao condutor externo, o ciclo claridade /escuridão no novo local. Uma viagem de duração semelhante em que um organismo viaja a mesma distância em uma direção norte-sul, mas permanece dentro do mesmo fuso horário não resulta em uma mudança da duração do dia, pois o ciclo claridade/escuridão não foi alterado drasticamente. Da mesma forma, os eventos pré-programados de desenvolvimento ao longo da vida podem ocorrer mais cedo ou mais tarde, por alterações de eventos ou exposições que são necessárias para que o evento ocorra. Um exemplo de uma adaptação positiva ao tempo relativo é o uso por alguns organismos da imprevisibilidade de um evento necessário para regular o tempo do seu ciclo de vida. Algumas espécies de larva Dauer (alemão para "permanente") necessitam de água para amadurecer ou procriar. As espécies que vivem em áreas em que a disponibilidade de água é imprevisível e pouco frequente podem entrar em um estado em que os seus processos biológicos funcionem muito minimamente por anos. Elas parecem estar em "animação suspensa". Quando finalmente chove, os organismos rapidamente retomam o desenvolvimento e reprodução.

A clonagem pode fornecer um contra-argumento para a afirmação de que o tempo biológico é direcional? Até agora, a resposta é não, pois a clonagem — a remoção de uma célula-tronco de um organismo adulto, a sua colocação em um óvulo sem núcleo, e a prestação do apoio de que necessita para se desenvolver em outro adulto, não resultou em uma réplica *absoluta* do organismo. Se é a operação do acaso (discutida na seção seguinte), uma incapacidade para reproduzir exatamente o ambiente em que se desenvolve (talvez uma manifestação do princípio da incerteza), alterações sutis induzidas pelo processo de remoção de núcleo, as alterações na pós formação da estrutura do gene, ou uma combinação de vários ou de todos estes, todos os organismos clonados até à data têm sido sutilmente diferentes dos organismos nos quais as células estaminais foram obtidas, tal como "gêmeos idênticos" podem ser reconhecidos como distintos por quem os conhecem. Não é claro se isso permanecerá verdadeiro no futuro, de modo que continua sendo possível que a clonagem será um exemplo de um "reinício" do relógio biológico do tempo direcional, mas isto não é a mesma coisa que reversibilidade.

Finalmente, a direcionalidade em sistemas biológicos é uma característica essencial da teoria dominante da biologia, a evolução darwiniana. A evolução ocorre ao longo do tempo em uma sequência específica, a qual não é nem predeterminada e nem repetível. Características biológicas semelhantes emergiram várias vezes ao longo do envelhecimento da Terra, apoiando a noção de que alguma coisa, presumivelmente o meio ambiente, está "escolhendo" ou influenciando esta emergência, mas não existe qualquer evidência de que uma réplica exata evoluiu mais do que uma vez. Uma discussão de evolução aparece no Capítulo 11.

Esta discussão de tempo biológico, também ilustra a aplicação da lógica *empírica* da faceta 3. A evidência experimental de uma gama extraordinária de estudos apóia a ubiquidade dos relógios biológicos, a sua direção e natureza irreversível, a sua ciclicidade, e seus mecanismos moleculares e macromoleculares. A alegação de que qualquer processo tão onipresente deve ter alguma explicação causal não cumpriria o rigoroso critério de Popper de falseabilidade, mas sua onipresença em todos os reinos animal e vegetal e a multiplicidade de mecanismos que existem para arrastar atividades cíclicas diárias, de períodos sazonais, anuais, e até mesmo períodos mais longos, sugerem algo mais. Este é o apelo da lógica narrativa da faceta 3. Pode-se decidir não especular sobre o motivo dos relógios biológicos serem onipresentes, mas ao evitar o questionamento ou afirmar que sua inacessibilidade a experiência orientada a hipótese torna-a "não científica", é escolher ignorar ou esquecer uma pergunta fascinante e óbvia. Os relógios permitem que o organismo funcione a um grau mais elevado de prontidão em momentos específicos e a um grau baixo ou de nenhuma preparação em outros. Animais e plantas mais ativos durante o dia funcionam melhor à luz do sol e têm funções fisiológicas, tais como altos níveis de cortisol e os graus máximos de alerta em horas do dia. Para os organismos noturnos, o oposto é verdadeiro. Invocando uma explicação darwinista que estas funções coexistem porque aumentam a probabilidade de que o organismo sobreviverá para reproduzir — oferece uma explicação bastante poderosa, embora não testável. Argumentarei no Capítulo 11 que o conceito de evolução é tão poderoso, *porque* fornece uma narrativa que pode ser aplicada em muitas dessas circunstâncias e porque é impossível refutar. Sem dúvida, alguns discordarão e conceituarão a existência de seleção natural como empírica, mas a existência do tempo biológico pede uma explicação. A história da criação em Gênesis, na qual Deus estabeleceu a existência do dia e da noite como o primeiro passo na criação do universo, fala tanto da centralidade do mistério, quanto do uso da lógica *eclesiástica* como outra abordagem causal.

Será que a aparente contradição entre a concepção da física moderna do tempo como não direcional e a alegação feita aqui de que o tempo biológico é média unidirecional, supõem que um deve estar errado? Sugiro que estes dois modelos bem distintos de tempo demonstrem como uma construção pode ter diferentes, mesmo contraditórias, implicações e interpretações quando vista de diferentes níveis de análise. Na física moderna, a visão subatômica de tempo predomina apesar dos cosmólogos estarem interessados na evolução do universo ao longo de imensos, grandes períodos de tempo e, embora, eventos com a velocidade da luz ou até mais rápidos serem plausíveis. Em biologia, predomina a visão organicista no estudo da vida na Terra, embora o estudo de fenômenos em nível molecular e até mesmo suas bases subatômicas seja área muito ativa de investigação, e embora a onipresença dos relógios e irreversibilidade de muitos caminhos bioquímicos e eventos tornem o tempo unidirecional determinante. Esta aceitação de parecerem pontos de vista contraditórios é uma reminiscência da dualidade de onda/partícula — tanto a sua alegação de que a matéria pode existir simultaneamente em duas formas aparentemente diferentes, quanto sua afirmação de que é o observador que determina qual propriedade é enfatizada.

Uma proposta semelhante está na base da abordagem de causalidade proposta neste livro. Se alguém postula a existência de causalidade e justifica esta suposição pelos benefícios resultantes da sua aplicação, ou seja, a sua utilidade, o modelo direcional que subjaz grande parte deste livro está justificado. O tempo unidirecional melhor explica e é mais compatível com o mundo como ele é conhecido por biólogos: eventos têm causas que podem ser discernidas, e métodos que podem ser utilizados para apoiar de forma independente a relação causa/efeito. Por outro lado, a partir da premissa de que a velocidade da luz pode ser ultrapassada e que o tempo é, por conseguinte, não direcional também conduz a muitas previsões precisas e, portanto, tem tanto a utilidade quanto a beleza. Exigir que um ponto de vista seja mais poderoso ou "verdadeiro" do que outro levaria a uma perda significativa de poder explicativo. Ou seja, o benefício de aceitar estas ideias aparentemente contraditórias é onde o poder de explicação é maximizado.

OPORTUNIDADE NA CAUSALIDADE BIOLÓGICA

O papel que o acaso desempenha na compreensão de causalidade é um problema abordado em outra parte deste livro, mas não é discutido explicitamente. Em um livro fascinante, bem escrito, *Chance, Development, and Aging*, Caleb Finch e Tom Kirkwood sugerem que o acaso é um dos três elementos, além da genética e do ambiente, que desempenha papéis significativos no desenvolvimento dos organismos. Na opinião dos autores, a palavra "oportunidade" tem dois significados nos sistemas biológicos. "Acaso" refere-se a resultados que são totalmente imprevisíveis, enquanto "probabilidade estocástica" refere-se a situações em que a variação nos resultados é previsível. Dois exemplos de variação estocástica na expressão genética são: o tempo exato que leva para que a proteína produzida por um gene interaja com o seu receptor específico e a variabilidade na distância que uma substância tem que viajar (difuso) antes de atingir o seu alvo. A variação em cada um deles é constrangida dentro de limites e pode ser descrita matematicamente. Além disso, essa variação pode resultar em diferentes resultados. Devido à possibilidade estocástica poder ser quantificada, desta forma, pode ser incorporada em modelos causais.

Embora a probabilidade do acaso também possa ser descrita matematicamente, é imprevisível e, portanto, causalmente causal. Ou seja, a possibilidade estocástica é uma forma de causalidade probabilística ou dimensional e é mais provável de resultar em variações menores do que os desfechos de dicotômicos distintos. Como tal, ele é mais parecido com a causalidade de predisposição. Por outro lado, o acaso é geralmente imprevisível e mais provável categórica e precipitante. No entanto, existem exceções a estas generalizações, por exemplo, quando o tempo de um evento ou a quantidade de um substrato está tão intimamente ligado aos eventos subseqüentes que uma variação menor leva a uma grande anormalidade de desenvolvimento. Este seria um exemplo de causalidade *programática* se resultasse de um efeito em um gene ou proteína altamente ligados.

Três exemplos de possibilidades que seguem o modelo estocástico são a escolha de qual grupo de células idênticas migram e são podadas, as quais metade de uma divisão celular assimétrica se desenvolve, e o movimento browniano de moléculas. Cada um pode acarretar diferentes resultados e ainda serem causais, mas a ocorrência de cada um é previsível em um dado sistema, quando são feitas observações suficientes. Exemplos de acasos que são causais são expostos a uma toxina em um ponto específico no desenvolvimento e mutações induzidas por raios cósmicos vindos do espaço. A probabilidade estocástica é um aspecto essencial do processo; o acaso é imposto externamente sobre o processo.

Assim, o processo estocástico é um pouco parecido com o princípio da incerteza; que estabelece um limite à precisão absoluta de medição e previsão e, assim, previsão causal, mas em nenhum modo elimina a possibilidade de fazer previsões extraordinariamente precisas. Na visão de Finch e Kirkwood, estudo e experimento podem iluminar e identificar os mecanismos subjacentes, variando oportunidades em sistemas biológicos e, descrevendo e restringindo os limites de variabilidade, melhorando a precisão das previsões. Por exemplo, em uma discussão que lembra a centralidade das circunstâncias iniciais na teoria do caos, eles observam que a exigência em muitos processos biológicos de uma determinada quantidade de um substrato em um momento específico pode mais tarde levar a um resultado dramaticamente diferente quando pequenas diferenças na quantidade estão presentes no início do processo. Ao examinar muitos exemplos desse evento, pode-se prever a probabilidade de resultados específicos, e, por meio da identificação de fatores que influenciam a disponibilidade do substrato naquele momento específico, entendem-se as diferenças estocásticas no resultado. No entanto, como o princípio da incerteza, a probabilidade estocástica não pode prever o resultado de uma instância individual, pois isso só pode ser visto após a ocorrência do evento. O processo estocástico indica que a variação é inerente e inevitável.

Ao oferecer uma abordagem para estudar e codificar os mecanismos da probabilidade, Finch e Kirkwood oferecem um antídoto para a ideia generalizada de que toda oportunidade é sinônimo de total imprevisibilidade. Por exemplo, o reconhecimento de que duas enzimas específicas do vírus influenza têm capacidade de mutação frequente e que isso leva ao aparecimento constante de novas estirpes do vírus tem conduzido a programas de vigilância monitorando o vírus em todo o mundo e que identificam quais novas estirpes são particularmente virulentas. Este conhecimento estimulou o desenvolvimento de procedimentos pelos quais as vacinas que visam novas variantes podem ser produzidas em massa e distribuídas dentro de alguns meses, assim diminuindo muito a probabilidade de uma epidemia. Assim, o reconhecimento dos mecanismos pelos quais a probabilidade estocástica opera, levou a um conjunto de intervenções que tem minimizado um resultado indesejável.

É interessante notar que Darwin especulou que a variação de oportunidade é um meio pelo qual a seleção natural atua. A previsão continua sendo possível, mas não no nível de um organismo individual. Ou seja, a oportunidade não elimina a previsão, mas a restringe.

Finalmente, Finch e Kirkwood nos lembram de que a linguagem usada para descrever tais processos pode influenciar a forma como são interpretados. Enfatizar a aleatoriedade da oportunidade, pode implicar para alguns que não são passíveis de estudo ou de medição, que os eventos não são importantes, ou que estão além do estudo da ciência. Nada disso é verdade. Além disso, a atribuição de eventos à oportunidade pode influenciar o valor que lhes é atribuído. Por exemplo, eventos ambientais que ocorrem em momentos cruciais durante o desenvolvimento pode ser descrito como eventos fortuitos ou como influências ambientais. O termo "probabilidade" significa que não pode ser evitado ou que a atribuição causal não pode ser feita, enquanto a palavra "influências" implica que são passíveis de influencia e compreendidos como causal na natureza. Este exemplo de como o significado das palavras pode levar a implicações causais muito diferentes, mesmo quando descrevendo a mesma circunstância é uma ilustração da importância da narrativa, um tema discutido no Capítulo 9.

Generalizações sobre a causalidade no âmbito biológico

1. A causalidade em sistemas biológicos é muitas vezes complexa, mas não indeterminada. Muitos dos exemplos dis-

cutidos neste capítulo demonstram a complexidade das relações causais no reino biológico. Isso acontece porque muitos eventos de interesse (altura de um adulto, sinusite, uma perturbação do ritmo cardíaco causando a morte) resultam de um conjunto de interações entre vários fatores. Isso não deveria ser surpresa, dada a complexidade de muitos eventos fisiológicos normais, como a resposta imune aos invasores eventuais, a condução elétrica no coração, e o alcance da altura em um indivíduo, mas este conhecimento deve advertir-nos para termos cuidado ao considerar frases com implicações causais como "natureza *versus* criação" ou "genética contra ambiental." A simplicidade pode ser a beleza nos olhos de alguns (ao modo da Navalha de Occam), mas o que se chama de simples é um julgamento pelo qual a natureza nem sempre cumpre. No entanto, estudos científicos ao longo dos últimos cem anos demonstram claramente que as explicações causais podem ser identificadas.

2. A análise em múltiplos níveis maximiza o poder explicativo. Enquanto Galileu estava certo ao observar que a complexidade e dificuldade na operacionalização do modelo aristotélico limitou a capacidade de estudar a causalidade na natureza, muitas das ferramentas e métodos desenvolvidos nos séculos desde Galileu permitiram aos cientistas identificar e caracterizar múltiplos fatores causais. Como ilustram os vários exemplos deste capítulo, um exame detalhado das relações causais em múltiplos níveis agora é possível e frutífero. Por exemplo, as ferramentas do biólogo molecular, do geneticista populacional, do especialista em doenças infecciosas, do epidemiologista, e do planejador de saúde eram necessárias para eliminar a varíola da face da terra, pois foram capazes de identificar as etapas causais em que a intervenção precisou ser alvo. Galileu não estava errado. Pelo contrário, esta é a primeira vez na história da humanidade

que as ferramentas metodológicas e conceituais necessárias para compreender os vários agentes que operam em múltiplos níveis estão disponíveis.

3. Tempo biológico tem direcionalidade inerente, irreversível.

4. Sempre haverá limitações na capacidade de prever os resultados em sistemas biológicos, mas a precisão na previsão pode aumentar com um estudo mais aprofundado. A unicidade relativa de eventos individuais quer seja ao nível da molécula ou do ambiente, combinada com a complexidade de muitas relações causais limita a capacidade de fazer previsões exatas em qualquer instância única. O desafio em muitos exemplos biológicos não é identificar um único agente causador, mas sim determinar o quanto de influência causal deve ser atribuída a cada um dos elementos que interagem. Esta é outra maneira de observar a natureza probabilística ou dimensional de muitas relações causais. Este princípio da incerteza biológica limita a absoluta certeza, pois todos os parâmetros não podem ser especificados com certeza, mas é claro que generalizações sobre os mecanismos causais podem ser descobertas.

Limites sobre a capacidade de descrever relações causais em sistemas biológicos resultam do grande número de elementos em muitos sistemas, a interação de muitos sistemas diferentes em diferentes níveis, o papel desempenhado por eventos casuais, e uma importância desproporcional de condições iniciais (precoce) ou eventos.

O uso de vários métodos e múltiplos pontos de vista aumenta a capacidade de identificar e compreender elementos causais específicos, e as melhorias contínuas dos métodos e medições são suscetíveis a melhorar ainda mais a capacidade de identificar os mecanismos causais e resultados. Assim, mesmo que o "princípio da incerteza biológica" significa que a precisão nunca pode chegar a 100%, um estudo mais aprofundado é suscetível a aumentar o conhecimento e melhorar a capacidade de fazer previsões.

5. Replicação, falseabilidade, e testes de hipóteses são ferramentas importantes para demonstrar a precisão e causalidade em biologia, mas há limites inerentes à sua aplicação. A capacidade de repetir e replicar o que aconteceu na natureza é limitada. Isto impõe restrições sobre a utilização de ferramentas de replicação, falsificabilidade, e testes de hipóteses para estudar mecanismos causais. Cada espécie, cada ambiente, cada sistema, e cada universo possuem os seus elementos únicos. Grande parte do ganho em conhecimento científico da metade do milênio passado foi realizado pela abordagem que Galileu recomendou — isolar elementos específicos para o estudo. Um grande desafio para o futuro é desenvolver métodos que possam melhorar os testes propostos nos mecanismos causais ao nível dos sistemas.

Generalizações na procura por mecanismos causais em grandes sistemas

Este capítulo também sugere amplas generalizações sobre a causalidade no nível programático:

1. A identificação definitiva de todas as influências causais não é possível em sistemas grandes e complexos. Devido grandes sistemas serem constituídos por vários elementos, não é possível descrever *simultaneamente* todas as relações entre os elementos constituintes com integridade e precisão matemática. Além disso, os sistemas não são estáticos, mudam ao longo do tempo. Uma alteração na relação entre apenas dois elementos de

um sistema é provável resultar em alterações nos outros aspectos do sistema, com o qual interagem. Dito de outra forma, as relações entre os elementos individuais do sistema são complexos. Como resultado, não é possível especificar com exatidão todos os contribuintes causais e os graus de suas contribuições para a causalidade em sistemas complexos.

Estes dois aspectos, a capacidade limitada para identificar todas as interações e a impossibilidade de quantificar simultaneamente, também limitam a capacidade para prever o resultado de uma alteração em uma parte do sistema. Isto é verdade, principalmente em longo prazo, uma vez que a teoria do caos prevê que pequenas diferenças iniciais podem ter grandes efeitos sobre o resultado em longo prazo.

Assim, muitos sistemas não podem ser completamente descritos, pois a noção e limites de um sistema são impostos pelo homem (item 1 na lista de Levin) e, em parte, porque a natureza é organizada de tal modo que as interações aumentam exponencialmente à medida em que o número de elementos aumenta. Assim é impossível descrever todos os elementos do referido sistema. Estas limitações são uma reminiscência do teorema da incompletude de Gödel e do princípio da incerteza de Heisenberg.

2. Os sistemas complexos desenvolvem ou incorporam mecanismos que limitam ou incentivam a mudança. A estrutura da molécula da água, por exemplo, influencia o efeito da mudança de temperatura em muitos sistemas abióticos e bióticos. No mundo biótico, um número de mecanismos genéticos desenvolveu o que elimina sequências de DNA "inesperadas" ou suas proteínas codificadas diminuindo assim a probabilidade de sobrevivência do organismo de um indivíduo quando essa mudança ocorre. Estes mecanismos podem ser conceituados como tendo o propósito causal de restringir ou incentivar certos resultados causais. Assim, como Levin e Aristóteles observaram,

sistemas desenvolvem mecanismos que parecem ter atributos causais ao nível do sistema, mas que emergem de elementos únicos de elementos individuais ou relativamente restritos do sistema.

3. O estabelecimento dos limites dos sistemas complexos é arbitrário. Por exemplo, se alguém está interessado em explicar as mudanças na atmosfera da Terra que ocorreram ao longo do tempo, o núcleo da Terra e o Sol estão inclusos no sistema, uma vez que ambos são importantes fontes de energia? E o espaço entre o Sol e a Terra, uma vez que também tem uma influência sobre a constituição da atmosfera? Assim, os limites são muitas vezes arbitrariamente estabelecidos para permitir que o estudo e a discussão prossigam. Por outro lado, há descontinuidades na natureza que isolam sistemas separados, a Terra do resto do cosmos, por exemplo, e fornecem limites convenientes dentro dos quais a busca de mecanismos causais pode ser limitada. Além disso, a definição de um sistema pode evoluir à medida que as relações entre os elementos são descobertas ou são influenciadas pelo tópico específico que está sendo estudado.

Diferenças entre as ciências biológicas e físicas

As ciências físicas e biológicas enfrentam muitos dos mesmos desafios na busca da causalidade. Estes incluem a necessidade de explicar os fenômenos em uma série de níveis, desde o muito pequeno (por exemplo, como uma mudança na carga elétrica pode abrir um canal que permite apenas um íon específico entre em uma célula) ao muito grande (por exemplo, por que uma única espécie de árvore predomina em uma área geográfica de vários milhares de quilômetros quadrados) e um desejo de dos fenômenos observáveis atualmente aos eventos que ocorreram há muito tempo. Isto não é surpresa, uma vez que os blocos de construção nos quais o mundo biológico é baseado são os mesmos que aqueles estudados nas ciências físicas. Outra semelhança entre essas disciplinas é que ambas organizam o material que estudam em várias camadas, com sistemas que interagem — biologia constrói disciplinas em torno de tais construções como moléculas, células, órgãos, sistemas funcionais, organismos e espécies, e a física examina a matéria em tais níveis como partículas subatômicas emparelhadas, núcleos atômicos, elementos, rochas, placas tectônicas, planetas, sistemas solares, etc. No entanto, existe uma grande diferença entre a biologia e as ciências físicas da química, física e geologia, e esta diferença tem um impacto significativo sobre o tema deste livro: somos mais propensos a atribuir finalidades teleológicas ou causais a estes diferentes níveis na biologia do que na física. Por exemplo, os biólogos que estudam os canais de íons das células nervosas reconhecem que estas células são parte de um sistema propagador de mensagens elétricas ao longo de grupos de células e que cada uma das vias organizadas termina em um ou mais conjuntos de células específicas do sistema nervoso central com funções identificáveis, frequentemente únicas, tais como a sensação. Os biólogos, no entanto, continuam atribuindo *finalidade* a essas sensações, entre elas a prevenção de perigo (sistema nervoso central, por exemplo) e a identificação de algo para comer (olfato e visão). Os biólogos (e pessoas em geral) também atribuem finalidades aos grupos de organismos, tais como colônias, famílias, rebanhos, tribos, cidades, estados e nações. Por exemplo, certas colônias de bactérias, quando agem em conjunto, secretam materiais orgânicos que os ajudam a reproduzir ou capturar nutrientes; a quantidade produzida por um organismo não poderia suportar a sua sobrevivência por si próprio, mas quando muitos organismos produzem o material ao mesmo tempo, o grupo e, assim, os organismos individuais se beneficiam. Da mesma forma, as famílias humanas fornecem suporte físico e emocional que maximiza o desenvolvimento, sobrevivência e perpetuação das gerações seguintes; grupos de famílias que trabalham em conjunto alcançam proteção contra predadores e distribuição do trabalho; e também em grupos maiores — comunidades, estados, nações e grupos de nações — aumenta a probabilidade de que os seus membros sobreviverão e, assim, propagarão genes e ideias dos indivíduos e do grupo. Assim, atribuímos propósito à cada nível de interação, e propósito às vezes implica causalidade. Isso não ocorre nas ciências físicas. Às vezes, essas atribuições causais também são aplicadas com pouco apreço que estão recebendo, como significado. Por exemplo, é descrito que as espécies se adaptam a novos nichos, ampliando seu alcance, ou se adaptam a mudanças dramáticas em predadores, clima ou geografia; cada item de adaptação implica em um efeito e, assim, uma causa para uma atividade observada.

Isto não é para negar que há um aspecto humano imposto na descrição de diferentes níveis de análise, tanto em biologia quanto em física ou para afirmar que as distinções feitas sobre as diferentes formas de matéria por cientistas físicos são inválidas ou sem importância. Pelo contrário, esta é uma afirmação de que a análise de funções biológicas em diferentes níveis de análise pode ser influenciada por observações sobre as ações causais que ocorrem nestes diferentes níveis de organização biológica, enquanto que nas ciências físicas, a análise dos fenômenos em diferentes níveis reflete tanto na gama de função máxima de um instrumento ou em uma característica inerente da natureza. A busca de muitos físicos por uma "teoria do campo unificado" ou "teoria de tudo" que explicará como funciona a matéria em todos os níveis de análise, reflete sua crença de que uma única explicação coerente da matéria em todos os níveis de análise é possível, algo que é verdade para as ciências biológicas.

Esta tendência de atribuir propósito de raciocínio causal nas ciências biológicas deve ser criticada e evitada? Galileu sugeriu que este quarto nível de causa aristotélica pode ser posta de lado. Ele estava voltado às ciências físicas, e, ainda hoje, a explicação intencional parece ter pouco ou nenhum papel na explicação causal. No entanto, a explicação intencional continua sendo amplamente aplicada às ciências biológicas. Concluo que isso demonstra o poder do propósito causal para capturar a imaginação humana, e seria insensato evitá-lo ou abandoná-lo. Ao invés disso, o uso do modelo aristotélico para separá-lo de outros aspectos do raciocínio causal parece o mais provável para minimizar os riscos de aplicá-lo de forma inadequada, permitindo o estudo continuado de muitas das "grandes" questões do "porquê" das coisas.

8
EMPÍRICA:
Epidemiologia

Epidemiologia é a ciência que utiliza o estudo de populações e grupos de indivíduos para identificar correlações e causas de problemas de saúde. Seu objetivo é a identificação de estratégias para prevenir e tratar doenças. A disciplina desenvolvida em meados do século XIX e início do século XX, a partir de um desejo de analisar estatísticas precisas vitais, tais como registros de nascimento e óbito sendo coletados pelos governos e do reconhecimento de que algumas doenças poderiam ser evitadas visando os grupos de pessoas, ao invés de indivíduos.

A palavra "epidemiologia" compartilha uma raiz comum com a palavra "epidemia", e Hipócrates é creditado com a distinção entre a natureza episódica da doença epidêmica e a natureza persistente da doença endêmica. Nos séculos XV e XVI, as epidemias da Peste Negra mataram muitas pessoas na Europa e eram muito temidas, e hoje as epidemias de gripe, doença gastrointestinal, como o norovírus, SARS, e HIV/AIDS são notícias frequentes.

Por volta de 1600, Londres começou a coletar as contagens semanais de batizados e enterros, a fim de avaliar o estado da praga. Os dados foram pouco utilizados, no entanto, até 1854, quando John Snow, o qual estava trabalhando para a cidade, começou a mapear onde as pessoas viviam, as quais haviam desenvolvido uma doença diarreica, por vezes fatal, que agora sabemos que era cólera. Snow observou que casos desta doença agrupavam-se em certos bairros e que estes conjuntos eram centrados nas bombas de água que abasteciam as comunidades. Ele concluiu que a diarreia foi propagada pela água suja e admitiu a hipótese de que a epidemia poderia ser interrompida se os moradores do bairro fossem impedidos de usar a fonte da água. Notoriamente, Snow desativou o cabo da bomba de água da Broad Street com uma corrente e o surto de diarreia foi resolvido.

O que Snow fez foi usar as estatísticas para identificar uma associação entre uma doença específica em um determinado grupo de pessoas e uma característica comum desse grupo (geografia, neste exemplo), identificar o que essas pessoas tinham em comum (a exposição à bomba de água no centro da área geográfica), a hipótese de uma ligação entre a exposição e propagação da doença, e depois intervir para evitar novos casos da epidemia, interrompendo este modo hipotético de transmissão. Este processo de raciocínio de várias etapas é um bom exemplo da lógica causal aplicada, mas, ainda hoje, alguns estudiosos afirmam que o surto já havia sido diminuído quando Snow desativou a bomba e que sua ação não foi a verdadeira causa da resolução da epidemia. No entanto, ninguém duvida da probabilidade de causalidade que ele identificou entre a fonte de água e a epidemia, uma vez que a cólera é transmitida pela ingestão de água que contém o bacilo da cólera.

Hoje, os estudos epidemiológicos examinam fatores de risco, como alimentação, comportamento, genética, exposição no local de trabalho, geografia, e prática de preparação de alimentos e procuram identificar associações entre esses fatores de risco e as preocupações específicas de saúde endêmicas e epidêmicas. Mas tais estudos enfrentam os mesmos desafios que os pesquisadores levantam sobre a descoberta de Snow de uma associação. Como se pode ter certeza de que uma associação entre dois eventos é uma causal?

~

Curiosamente, Snow realizou seu experimento antes da descoberta da Teoria dos Germes. Como Jenner, quem um século antes havia descoberto que a inoculação com material de pústulas da varíola bovina poderia impedir a varíola, Snow foi creditado evitando o desenvolvimento de futuros casos, prevenindo a transmissão sem saber a identidade do agente causador.

Através da aplicação da lógica causal complexa, a descoberta de vacinação de Jenner levou a um dos grandes triunfos da medicina moderna, a erradicação total da varíola até 1980. Este esforço foi realizado pela Organização Mundial de Saúde e dependia da hipótese de que a transmissão ou difusão de uma doença infecciosa poderia ser interrompida se a maioria das pessoas na população estivesse imune ao agente causador da doença. Esta hipótese baseia-se na observação de que uma vez que as pessoas são infectadas com um agente específico, um vírus, no caso da varíola, não podem ser reinfectadas. No entanto, uma doença causada por um agente infeccioso pode continuar afligindo o homem por apenas quatro mecanismos: continuamente "encontrando" pessoas novas, nunca infectadas; infectar e sobreviver em outras espécies, até os seres humanos nunca infectados "se tornarem disponíveis"; sobreviver em um ser humano raro que não desenvolve imunidade; ou sobreviver em objetos inanimados até que seres humanos nunca infectados "se tornem disponíveis" para a infecção.

Uma vez que o vírus da varíola sobrevive apenas em seres humanos, este deve manter a sua viabilidade, infectando indivíduos vulneráveis. É um vírus muito contagioso e se espalha rapidamente entre os que não estão imunes. No passado, o vírus varreria uma população e infectaria quase todos os indivíduos que nunca foram expostos. Depois disso, seria mantido em "reservatórios" de pequenas populações isoladas, geralmente em zonas remotas do mundo. Depois de vários anos, um grande número de crianças que nunca foram infectadas estaria presente em áreas mais povoadas, e quando o vírus fosse reintroduzido nessas populações, seria espalhado rapidamente entre estas crianças e raros adultos não infectados, no padrão reconhecido como uma epidemia.

Usando a lógica causal simples, os cientistas de saúde pública fundamentaram ou sugeriram a hipótese de que a varíola pode ser completamente eliminada como uma doença se a maioria das pessoas que residem nessas pequenas bolsas do mundo em que o vírus estava sendo mantido entre as epidemias pudesse ser vacinada.

Uma campanha agressiva foi lançada e combinava a vacinação de crianças e adultos nunca infectados em regiões populosas e a identificalção dos reservatórios remotos em que o vírus estava sendo mantido entre as epidemias. Isso exigiu a identificação destes reservatórios remotos e a criação de equipes de vigilância que podiam detectar rapidamente novas infecções. Quando um novo surto ou até mesmo uma única infecção individual foi identificada, uma equipe seria enviada para vacinar aqueles naquela área que eram vulneráveis. Sucessivamente cada vez menos bolsas de indivíduos vulneráveis permaneceram até que o vírus da varíola foi eliminado do último reservatório humano e, assim, toda a população humana. Hoje, a varíola já não é um flagelo da humanidade, e a vacinação contra a varíola já não é necessária, pois o vírus não existe mais em seres humanos. Esta é uma conquista extraordinária que resultou de uma compreensão das especificidades da trama causal dessa doença. Embora um número crescente de indivíduos nunca vacinados seja suscetível à varíola, a doença se repetirá como um flagelo humano só se for propositadamente reintroduzida por seres humanos com intenção diabólica.

A cólera, em contrapartida, continua a ser uma doença infecciosa devastadora que ainda causa epidemias cento e cinquenta anos após a intervenção de Snow que demonstrou que a sua propagação pode ser interrompida se o abastecimento de água infectada for eleminado. A bactéria da cólera é conhecida por ser transmitida por via fecal-oral, e o tratamento de esgoto e a cloração da água potável têm limitado ou eliminado a doença em muitos países desenvolvidos. Entretanto, as estações de tratamento de água e de esgoto são caras e requerem investimento em longo prazo, e até hoje não estão disponíveis em muitas partes do mundo. Além disso, o bacilo da cólera é mantido em reservatórios não humanos, e a sua biologia tem até agora impedido o desenvolvimento de uma vacina eficaz. Assim, mesmo quando o conhecimento da biologia e epidemiologia de diferentes agentes é comparável, as especificidades do agente causador podem ter uma grande influência sobre o que pode ser feito para quebrar da cadeia causal.

O evento da bomba de Broad Street, a eliminação da varíola, e a incapacidade de controlar a cólera em algumas partes do mundo têm várias lições importantes a ensinar. Em primeiro lugar, mesmo que o conhecimento da biologia do vírus da varíola e bacilo da cólera tenha contribuído para a eliminação da varíola e controle da cólera em alguns lugares, a vacina contra a varíola foi desenvolvida e a alça da bomba acorrentada muito antes dos agentes causais serem identificados. Mesmo antes dos conceitos de vírus e bactérias serem desenvolvidos. Assim, os resultados podem ser alterados mesmo quando o conhecimento de sua causa ou causas é limitado ou parcial. Segundo, a eliminação da varíola e a prevenção local da cólera exigiram não só a identificação do organismo causador, mas também uma compreensão da dinâmica subjacente à propagação de cada agente específico infeccioso. Estes mecanismos de difusão dependem em última análise, da biologia dos organismos, é claro, mas também dependem do ambiente externo ao organismo do indivíduo.

Em terceiro lugar, a disseminação desses organismos e da natureza epidêmica das doenças que causam resulta, em parte, de como esses agentes atuam em grupos de indivíduos e como os seres humanos se organizam, independente do organismo. Ou seja, os comportamentos humanos, como viver em ambientes lotados, ir à escola, tocar uns aos outros, viajar de partes remotas do mundo para áreas mais populosas são parte da teia causal. Compreendê-los foi e é fundamental para a concepção e execução de estratégias de controle e eliminação.

Por exemplo, a eliminação da varíola precisou não apenas de métodos para identificar os lugares no mundo onde os casos ainda estavam ocorrendo, mas também a cooperação de muitos governos e agências não governamentais, acesso rápido de equipes de saúde especialmente treinadas para áreas isoladas em várias partes do mundo, e os meios financeiros para administrar um esforço multinacional. Governos suspeitos tinham que ser convencidos de que o objetivo era digno, e povos isolados que tiveram pouco contato com o mundo exterior precisavam ser cortejados e convencidos de que eles e seus filhos poderiam se beneficiar para que o programa fosse bem-sucedido. Para isso, os organizadores do programa tiveram que aprender sobre valores, estrutura social e governança de vários grupos de indivíduos, muitas vezes remotos, desenvolver métodos para a introdução de modelos de doença e prevenção de doenças para as pessoas cujas experiências e visão de mundo não incluía ideias modernas sobre estes conceitos e aprender a treinar e utilizar indivíduos locais. Assim, a teia causal da varíola incluiu muito mais do que um organismo causador, com um método específico de propagação. Ela incluiu fatores econômicos e políticos, padrões de residência e viagens, valores e organização social, e o próprio conceito de prevenção.

As causas da varíola e cólera, então, são múltiplas e complexas. Incluem uma causa de *provocação,* um agente infeccioso específico; um conjunto de causas *predisponentes* díspares que incluem características dos sistemas imunológicos de animais e humanos, padrões de contato entre seres humanos e animais, e as práticas de lavagem das mãos; e um conjunto de causas *programáticas* que incluem os meios de abastecimento da água, a capacidade econômica dos estados e regiões, a disponibilidade de programas de vacinação, as crenças de saúde de uma população, e se aqueles que controlam a infraestrutura política permitem o acesso a grupos de indivíduos vulneráveis. Essas informações podem orientar os programas de sucesso, como o programa que eliminou a varíola e pode ajudar a identificar por que os programas para eliminar a poliomielite e a cólera até agora não tiveram sucesso.

Outra lição que pode ser aprendida a partir do sucesso do programa de eliminação da varíola é que padrões causais muito complexos podem ser dissecados, suas partes constituintes identificadas e compreendidas, e os conhecimentos adquiridos usados para alterar ou eliminar eventos que são indesejáveis. Apesar de ter demorado décadas para desvendar a biologia do vírus da varíola e de vários séculos para desenvolver e implementar uma estratégia que poderia abordar as ações biológicas, ambientais e governamentais necessárias para desvendar a teia de causalidade, a eliminação da varíola foi realizada de forma relativamente rápida após a estratégia que foi proposta e o esforço para realizá-la foi implementado. Este exemplo oferece um contraponto à preocupação de que a natureza complexa de muitas teias causais torna a aplicação do raciocínio causal um exercício fútil. Os problemas podem ser dissecados e sua complexidade entendida, e ações efetivas com base nestes entendimentos podem beneficiar a humanidade.

Várias outras intervenções bem-sucedidas de saúde pública também se concentram em grupos e populações ao invés de indivíduos e iluminam outro ponto sobre a causalidade programática. A fluoretação das águas e a queda nas taxas de cáries dentárias e perda de dentes, a suplementação de farinha com vitaminas que eliminou certas doenças por deficiência, e a adição de iodo ao sal, que tem diminuído muito a incidência de bócio, tudo depende de "expor" muitas pessoas que nunca ficaram doentes à estratégia de prevenção. Como o soldado que não luta, mas cuja função de apoio contribui para o esforço de guerra, essas iniciativas fazem parte da teia causal, embora possam não se beneficiar individualmente da estratégia que interrompe o transtorno. Isto é, no nível programático de análise, eles são elementos do sistema e, portanto, partes da teia de causalidade. Além disso, a escolha por uma sociedade de exigir que todos sejam expostos à estratégia de prevenção baseia-se em valores políticos e morais compartilhados, como a crença de que uma população mais saudável é um dos propósitos do governo. Estes valores comuns podem ser vistos como um elemento do nível programático de análise, como referido acima. O Capítulo 10 discutirá o conceito de causa em contextos morais, espirituais e religiosos, aqui referidos como causa *intencional*, um quarto nível de análise causal. O único objetivo a ser observado aqui é de prevenir o sofrimento causado no papel causal na escolha destes programas de prevenção.

Embora as doenças infecciosas sejam exemplos úteis da aplicação bem sucedida de raciocínio causal, outros problemas de saúde pública têm provado ser ainda mais complexos e ilustram alguns dos desafios do raciocínio causal. Na década dos anos de 1930 e 1940, foram feitas declarações de que o cigarro causava câncer de pulmão. Como a vacinação contra a varíola e o encadeamento da bomba de Broad Street, o pedido foi feito sem o conhecimento de um mecanismo biológico plausível, e isso, juntamente com muitos outros fatores, alimentaram o ceticismo sobre um nexo de causalidade. Portanto, como se pode determinar se o consumo de cigarros é ou não é uma causa de câncer?

Os postulados de Koch, um modelo categórico da causa, foi o modelo operativo da causa quando a associação entre tabagismo e câncer foi proposta pela primeira vez. Poderia seus três critérios — a identificação de um agente que está sempre associado com a doença, uma demonstração de que o agente pode induzir a doença, e a eliminação ou diminuição da prevalência da doença por eliminação ou controle do agente causador — fornecer evidência para provar a causalidade? Em 1950, os epidemiologistas britânicos Richard Doll e Austin Bradford Hill demonstraram que o risco de desenvolver câncer de pulmão foi significativamente maior entre aqueles que fumavam cigarros. No entanto, o câncer de pulmão ocorreu em pessoas que não fumavam, e muitos indivíduos que fumavam não tinham desenvolvido câncer. Assim, os dois primeiros postulados de Koch não puderam ser defendidos. E claro que, o terceiro postulado de Koch não poderia ser testado, pois seria antiético e impraticável expor algumas pessoas à fumaça do tabaco e outras a um placebo para determinar se os fumantes são mais propensos a desenvolverem o câncer. Estes desafios, bem como questões como as levantadas sobre a eficácia do encadeamento da bomba de Snow, levaram vários epidemiologistas de destaque nos anos de 1950 e 1960 a considerar que tipo de evidência seria necessária para estabelecer a causalidade.

Critérios de Bradford Hill

- Consistência
- Força de associação
- Sequência temporal
- Gradiente biológico
- Especificidade
- Coerência
- Plausibilidade biológica

Os critérios mais conhecidos e mais citados foram desenvolvidos por Bradford Hill (1897-1991) em 1954 e estão listados aqui. A lista por si só ilustra o desafio de demonstrar de modo convincente a causalidade. Sugere que nenhum critério ou mesmo vários critérios (um termo que ele nunca usou) será útil em todas as situações. Particularmente, como Bacon e Hume sugeriram séculos antes, esta abordagem sugere que muitas hipóteses causais são plausíveis somente pelo desenvolvimento de múltiplas linhas de evidência e, além disso, que quanto maior o número de linhas diferentes de evidências, mais forte é o caso de uma relação causal, e menor a probabilidade de que uma associação identificada ocorreu por acaso. Os epidemiologistas usam a frase *validade convergente* para descrever este uso de múltiplas linhas de evidência, apoiando uma única conclusão e o termo *confiabilidade* para descrever várias repetições do mesmo experimento ou resultado. Ambas as abordagens aumentam a probabilidade de que o acaso não é a explicação para a associação encontrada por um único estudo, mas, mais uma vez, a validade convergente não pode provar com certeza absoluta que uma associação é causal por vários motivos: algum outro fator ainda poderia ser a causa do antecedente hipotético, estudo e medição entre si afetam o resultado final, e por isso, como Hume observou mais de duzentos anos atrás, a inferência ainda é necessária para a conexão final.

Outro critério que pode apoiar mas não provar a causalidade está inserido nos últimos postulados de Koch: ao interromper a relação entre a causa alegada e a desordem evita-se o resultado e a relação causal é mantida.

Como vimos, no entanto, a resolução da epidemia de cólera seguindo o encadeamento da bomba, critério que pode apoiar, mas não prova causalidade, reflete-se no último dos postulados de Koch: Snow convenceu muitos de que sua relação causal entre o abastecimento de água e a diarreia estava correta, mas alguns historiadores modernos acreditam que a epidemia já estava em declínio, ou seja, o encadeamento da bomba teve pouco ou nada a ver com a resolução subseqüente. O fato de que as ocorrências de câncer de pulmão têm caído nos Estados Unidos entre os homens, em paralelo com o declínio das taxas de tabagismo reforça o apoio à ligação causal entre os dois, mas continua sendo possível que alguma outra mudança ambiental, por exemplo, a diminuição da poluição do ar, graças às leis antipoluição, explique alguns ou todos os declínios. Esta explicação alternativa em particular parece improvável, embora, desde que as taxas de câncer de pulmão em mulheres norte-americanas subiram após um aumento nas taxas de tabagismo entre as mulheres nos últimos cinquenta anos. Enquanto alguma outra explicação para essa *dissociação* entre as taxas de câncer de pulmão entre homens e mulheres ainda é uma possibilidade, esta descoberta reforça ainda mais significativamente a alegação causal.

Embora a ligação entre a exposição à fumaça de cigarro e câncer de pulmão é agora amplamente considerada verdadeira, o mecanismo biológico continua a ser descoberto. A ampla aceitação do nexo de causalidade entre o uso de tabaco e o câncer provavelmente reflete a força da evidência convergente (dados disponíveis que atendam a maioria dos tipos de prova enumerada por Bradford Hill, a convicção entre os especialistas e médicos que tal nexo de causalidade existe e, finalmente, a convicção entre grande parte do público que fumar causa câncer de pulmão). No entanto, trazer (provocar) menores taxas de consumo de tabaco exigiu mais do que convencer o público do nexo de causalidade entre o câncer e a exposição à fumaça do cigarro. Também foi necessário alterar o comportamento, restringindo o acesso e desencorajando o uso de produtos de tabaco por meio da legislação que proíbe a venda para os jovens e significativamente limita o fumo em locais públicos. A grande redução nas taxas do uso do tabaco é um bom exemplo do raciocínio causal do nível programático. Argumentarei no Capítulo 9 que os métodos retóricos desempenham um papel central em convencer as pessoas da verdade das relações causais, tanto na abordagem da ciência, quanto na narrativa, como a história. É importante mencionar aqui, porém, que foi necessário o emprego de vários artifícios retóricos para convencer os cientistas, legisladores, funcionários da saúde pública, bem como o público em geral para a verdade da relação causal. No entanto, algumas pessoas, principalmente jovens, não estão convencidas de que existe uma ligação, não se preocupam se há uma ligação, impulsionados por outras razões (uma discussão que está além do escopo deste capítulo e livro), ou desconhecem a ligação e começam ou continuam fumando. Isto sugere que a linha entre a ciência e a narrativa nem sempre é nítida, mesmo que se concorde que tal distinção existe.

Quando os tratamentos médicos podem ser vistos como benéficos ou prejudiciais?

Doenças têm sido tratadas com procedimentos físicos, medicinais e psicológicos por milhares de anos. Muitas dessas terapias resolvem causas presumíveis da doença e da alegação, assim como Snow, que um tratamento recomendado causou uma melhora. Enquanto o ceticismo sobre a eficácia dos tratamentos específicos provavelmente existiu desde que o tratamento tem sido tentado, somente nos últimos sessenta anos que um método de base científica para estudar a eficácia dessas intervenções tem sido amplamente aceito. Isso é relevante para a questão geral de causalidade, pois as intervenções são usadas como um teste de causalidade possível em muitos campos.

O padrão atual para demonstrar que uma proposta de tratamento "funciona", é o ensaio clínico (ou controlado), aleatório, universalmente conhecido como RCT. A discussão de como o RCT tornou-se padrão pelo qual a evidência para a eficácia do tratamento é avaliado é digno de discussão, pois demonstra que as melhorias no raciocínio causal podem ocorrer e ilustra o ponto que até mesmo os métodos para determinar se uma relação causal existe podem se desenvolver de uma maneira acidental e fortuita.

Em 1753, James Lind queria testar a hipótese de que o escorbuto, que ocorreu com frequência entre os marinheiros britânicos, poderia ser evitado pela ingestão de frutas cítricas. Lind realizou um estudo em que os marinheiros em um navio foram alimentados com cítricos, enquanto aqueles em outro navio foram alimentados com disposições habituais. Nenhum marinheiro a bordo do navio que recebeu a cítricos desenvolveu escorbuto; alguns no navio abastecido com as disposições habituais o desenvolveram. Esta comparação não tratada ou *grupo de controle* permitiu que Lind determinasse que a alteração (sem escorbuto) vista no grupo exposto ao tratamento (cítricos) poderia ser atribuído a esse procedimento, ao invés do acaso, ou algum outro elemento não identificado no ambiente. Ou seja, os cítricos levaram (causaram) à prevenção do escorbuto e, por inferência, forneceu algum antídoto para o desenvolvimento da doença. O fornecimento eventual de frutas críticas aos marinheiros britânicos levou à sua denominação de "Limeys", mas pouca atenção foi dada ao princípio geral por trás do método Lind usado por quase duzentos anos.

Um dos desafios de provar o terceiro passo nos critérios causais de Koch — que a introdução do organismo causal presumido levou ao desenvolvimento da doença — foi identificado por engenheiros que estudam os fatores que influenciaram a qualidade da fabricação da lâmpada em uma fábrica da General Electric em Hawthorne, Nova Jersey, em 1920. Para sua surpresa, apenas a observação dos trabalhadores levou a uma alteração na qualidade da produção da lâmpada, ou seja, mudou o comportamento dos funcionários. Embora esta observação seminal, que veio a ser conhecida como o efeito Hawthorne, foi um fator de incômodo para os engenheiros que estavam tentando identificar os procedimentos para melhorar a qualidade, também levantou uma questão importante sobre a determinação de causa e efeito: como é possível a introdução de uma mudança ser utilizada para apoiar a alegação de que esta causou um efeito quando meros participantes da observação podem mudar o que ocorre?

A resposta foi desenvolvida na mesma época pelo estatístico Ronald Fisher, mesmo não sendo aplicada aos ensaios clínicos por mais trinta anos. Fisher, o qual desenvolveu muitos dos testes estatísticos frequentemente usados hoje, havia sido contratado para ajudar o serviço agrícola britânico a determinar como melhorar a produtividade das plantações. Por décadas, o serviço havia realizado experimentos em que o impacto de diferentes aspectos da agricultura, tais como a irrigação, tipos de sementes, e os tipos de solo, estavam sendo comparados, mas houve um problema de interpretação — uma vez que não havia dois campos exatamente iguais, como poderia, com exatidão, atribuir uma diferença nos resultados entre dois campos diferentes que estavam sendo "tratados" de forma diferente às práticas agrícolas que estavam sendo comparadas, quando os campos também podem diferir na quantidade de chuva ou sol, tipo de solo, ou antes, das plantações ?

A solução de Fisher era dupla: primeiro, comparar muitos campos, e em segundo lugar, usar atribuições aleatórias para determinar quais os campos que foram submetidos à "intervenções" de práticas agrícolas que estavam sendo estudadas e quais foram submetidos às práticas agrícolas regulares. Esta abordagem realizou dois objetivos decisivos. Em primeiro lugar, a comparação de uma intervenção realizada em muitos campos à agricultura habitual em muitos outros campos diminuiu a probabilidade de que oportunidade seria responsável por qualquer diferença observada, uma vez que quanto maior o número de parcelas comparadas, maior a probabilidade de que alguma diferença real seria observada. Possibilidade única poderia explicar a diferença se um pequeno número de campos estivesse sendo comparado, mas seria pouco provável para explicar as diferenças observadas quando muitos campos com uma intervenção estivessem sendo comparados a muitos campos nos quias a abordagem de comparação estivesse sendo realizada. Fisher sugeriu que um início fosse definido como padrão para a exclusão do acaso como explicação para a diferença observada no resultado. Embora nunca tenha sugerido um número específico, esta é a origem do padrão universal agora, que uma probabilidade menor do que um em vinte ($p < 05$) seja utilizada como o início abaixo, a qual o acaso é *improvável* para explicar, ou seja, a causa de uma diferença observada. A comparação das duas abordagens não foi uma ideia nova, pois mesmo Lind havia estudado vários tratamentos diferentes em potencial para o escorbuto, mas o estabelecimento de uma diferença necessária entre as comparações foi revolucionário.

A segunda inovação de Fisher foi ainda mais revolucionária, mas não totalmente apreciada por várias décadas. Dispersão ou atribuição aleatoriamente da intervenção entre muitos campos teve o efeito de minimizar quaisquer diferenças que existiam naturalmente entre eles, uma vez que o acaso tornaria provável que as diferenças que não fossem de interesse seriam aleatoriamente e, assim, existiria igualdade nos dois grupos que estivessem sendo comparados. Isso exigiu que o viés sistemático fosse evitado na escolha de quais locais receberiam ou não a intervenção. Atribuição aleatória tornou provável que as variáveis de *não* interesse — por exemplo composição do solo, clima e técnicas de irrigação — seriam "controladas" ou eliminadas como fontes de qualquer diferença entre as parcelas que receberam a prática usual e aquelas que receberam a nova prática.

Não foi apenas no final da década de 1940, quando o antibiótico estreptomicina, um extrato de um fungo do solo, foi desenvolvido como um tratamento em potencial para a tuberculose, que as ideias de Fisher foram aplicadas para a terapia de doenças. A tuberculose, também chamada de Peste Branca, foi conhecida por causar a morte de milhões de pessoas anualmente. Robert Koch identificou o agente causador em 1882 usando os dois primeiros de seus princípios, mas nenhum tratamento havia surgido deste grande triunfo da Teoria dos Germes. A necessidade para determinar se a estreptomicina poderia tratar a tuberculose era claramente uma questão importante, mas a estreptomicina era difícil de fabricar e, portanto, em falta. Assim, a equipe de elaboração do estudo, a qual incluiu Austin Bradford Hill, queria estudar o menor número possível de participantes.

Os pesquisadores também fundamentaram, como Lind, que precisavam ter um grupo de comparação de indivíduos não tratados, uma vez que algumas pessoas com tuberculose melhoraram lentamente por conta própria. Ao mesmo tempo, eles queriam evitar favoritismo na atribuição de assuntos para o grupo da estreptomicina ou para o grupo de não tratados, uma vez que a tuberculose era uma doença fatal e porque o tratamento levaria muitos meses para ser concluído. A resposta que se estabeleceu foi a criação de um sorteio para determinar quem iria ou não receber a droga ativa. Esta foi uma aplicação direta do conceito de

Fisher de randomização para um tratamento ou campo de controle, mas foi a justiça, ao invés do controle das diferenças de oportunidade que motivaram este elemento.

Essas inovações não abordaram o efeito Hawthorne, porém, estudos posteriores acrescentaram uma terceira inovação do projeto: expor todas as pessoas que participam no ensaio, exatamente às mesmas circunstâncias, mantendo-as, sem saber quem está recebendo o tratamento ativo e quem está recebendo o tratamento de comparação. Esse mascaramento ou "cegueira" assegura que todos os indivíduos em um estudo tenham a mesma expectativa de que podem ser beneficiados. Cegar os pesquisadores impede que os mesmos tratem inconscientemente ou conscientemente aqueles que receberam o tratamento de intervenção de teste e aqueles que receberam a intervenção de comparação de forma diferente. O termo "deplo cego" é usado para descrever o mascaramento tanto da investigação do assunto, quanto da pessoa.

Em meados da década de 1950, porém, por meio de uma rota bastante tortuosa e indireta, os três elementos do ensaio clínico randomizado foram identificados:

1. Uma comparação entre os indivíduos que recebem uma intervenção com aqueles que não receberam, para determinar se a intervenção faz a diferença.
2. A atribuição aleatória de indivíduos a um tratamento ativo ou grupos de comparação (muitas vezes um placebo ou tratamento inerte) para equalizar os efeitos de outras variáveis que podem influenciar os resultados e eliminar a possibilidade de que a atribuição ao tratamento ou ao grupo de controle é influenciada por uma característica que afetaria o resultado.
3. Desconhecimento dos pesquisadores sobre quais participantes receberam o tratamento ativo e quais estavam na condição de comparação, expondo assim os

dois grupos à mesma quantidade de efeito Hawthorne e removendo a possibilidade de que os dois grupos seriam tratados de forma diferente.

Estes critérios há pouco mais do que sessenta anos, são usados ao longo da ciência para determinar a probabilidade, em comparação ao acaso, que um resultado observado pode ser atribuído à condição experimental ou intervenção. Juntos, eles fornecem um método direto de demonstrar causa e efeito e quantificar a força ou a probabilidade da relação causal. No entanto, eles não oferecem garantia absoluta de que a intervenção causou a diferença observada, pois a possibilidade de que a diferença ocorreu por acaso ou por causa de uma diferença não reconhecida entre os grupos expostos e não expostos continua. Dizendo mais tecnicamente, a probabilidade de que qualquer diferença observada pode ser atribuída à intervenção ou condição experimental é sempre menor do que 1 (ou uma probabilidade de menos de 100%). Como resultado, a afirmação de Hume de que o raciocínio inferencial é sempre usado no estabelecimento de relações de causalidade não é refutada pelo RCT. Ao invés disso, o RCT fornece um método para determinar a resistência ou a segurança com que uma reivindicação causal pode ser deduzida. A probabilidade de que exista uma relação causal pode ser ainda aumentada por passos adicionais, por exemplo, a repetição do estudo numa configuração independente e a replicação dos resultados.

Hoje, a maioria das agências que têm a responsabilidade de aprovar drogas terapêuticas em todo o mundo tem uma exigência de que um mínimo de dois estudos independentes demonstre a eficácia de um tratamento, a fim de que seja aprovado. No entanto, não há nenhum número mágico de estudos que comprove a eficácia absoluta, uma vez que existem muitos casos em que diversos estudos demonstram a eficácia de uma intervenção e vários não.

Outro desafio tornou-se claro nas últimas décadas. Como uma constatação de que não há nenhum efeito ou diferença pode permitir a alegação de que *não* há uma relação causal? Esta questão é importante porque aborda as ideias de Bacon e de Popper, que a capacidade de eliminar as possíveis relações causais reforça a conclusão de que uma relação causal existe quando a diferença é encontrada. Esta questão é abordada pelo conceito do poder *estatístico*, uma medida da confiança com a qual se pode concluir que os tópicos foram estudados o suficiente para detectar uma diferença se esta existiu. Isto fornece um método estatístico para quantificar a força da inferência de que não existe nenhuma relação causal se não for detectada nenhuma diferença estatisticamente significativa, mas, de novo, não se pode eliminar a possibilidade de que um estudo negativo é "falsamente negativo".

Raciocínio contraditório e métodos estatísticos para a sequência de ordenação

Duas abordagens finais utilizadas pelos epidemiologistas e cientistas sociais para identificar relações causais procuram aplicar a lógica do ensaio clínico randomizado para ambientes em que verdadeira randomização não é possível. Na abordagem contraditória, a identificação de um grupo que não exposto a um potencial variável causal é usado como o grupo de comparação (ou "controle"). A verdadeira força do método RCT, como o primeiro reconhecido por Fisher, é que a randomização de tópicos suficientes para o tratamento e grupos de controle deve torná-los equivalentes em todos os sentidos, exceto a variável de interesse — o tratamento. A abordagem contraditória faz a mesma suposição; se dois grupos que estão sendo comparados são os mesmos em todos os sentidos, exceto pela exposição à variável causal possível ou hipotética, então uma hipótese causal pode ser testada para explicar resultados diferentes.

Tenha em mente que a randomização em ECR (ensaios clínicos randomizados), às vezes "falha", pois os grupos comparados diferem de alguma forma significativa. Por exemplo, eles podem diferir na proporção de mulheres e homens. Por serem indesejáveis, os pesquisadores podem tomar medidas para aumentar a probabilidade de que os grupos serão muito semelhantes — neste exemplo, planejar o estudo para que os indivíduos sejam designados a um dos grupos com base em um número equalizado da proporção masculina e feminina — mas a possibilidade está sempre operando, e no final do estudo os grupos que estão sendo comparados são frequentemente descobertos diferindo de alguma forma que pode ou não ser relevante para o resultado. Métodos estatísticos são por vezes usados para "ajustar" estas diferenças indesejáveis após o fato, mas isso introduz manipulações estatísticas que não são desejáveis em um estudo ideal. O método contraditório enfrenta o mesmo desafio, e em maior extensão. É muito difícil, se não impossível, encontrar grupos de comparação que são os mesmos em todos os sentidos, exceto pela variável causal de interesse.

Métodos e técnicas estatísticas têm sido introduzidos nos últimos anos para minimizar e ajustar as diferenças entre um grupo exposto à variável de interesse e os grupos não expostos, mas essas abordagens continuam exigindo que os pesquisadores identifiquem as variáveis que acreditam, com base em seu conhecimento especializado, pode ser influente e comparar os indivíduos que são semelhantes em todas variáveis. Algumas dessas técnicas também introduzem manipulações estatísticas que mudam o que realmente foi encontrado.

Técnicas estatísticas também têm sido desenvolvidas para operacionalizar a relação sequencial entre causa e efeito. Ou seja, se há dados disponíveis que seguiram indivíduos ou grupos ao longo do tempo, e se pode ser mostrado que a variável causal em potencial A quase sempre precede a variável B e que B é improvável, a menos que A esteja presente, portanto, há um suporte estatístico para A causando B. Esta é uma aplicação das duas primeiras características dos postulados de Koch e ajuda em situações que um experimento nunca poderia ser realizado. No entanto, há sempre a possibilidade de que alguma outra variável precedeu A e esta era necessária e suficiente para causar B, ou que A levou a outra variável C, a qual é a variável causal real.

Como deve estar claro a esta altura, toda abordagem de causalidade tem suas limitações. A força da abordagem contraditória e os métodos estatísticos que representam associações de oportunidade identificam relações sequenciais, e eliminam as variáveis que não são de interesse, mas são conhecidas por influenciar resultados, os quais fornecem caminhos para estudar variáveis causais potenciais em situações em que a randomização não é possível. Suas grandes limitações são que os grupos que estão sendo comparados são provavelmente diferentes de maneira significativa, mas imprevistas e que outras variáveis não conhecidas pelos investigadores poderiam influenciar os resultados. Um novo campo, a pesquisa comparativa eficaz, começou a aplicar estes métodos para estudar a eficácia de tratamentos que são amplamente utilizados na esperança de descobrir se um é mais eficaz do que outro, mas essas comparações raramente identificam por que um grupo recebeu uma tratamento ou teve uma exposição a uma variável causal em potencial e o grupo de comparação não teve. Como a maioria dos métodos para avaliar relações causais discutidos neste livro, a abordagem contraditória tem seus pontos fortes e limitações, e estes precisam ser considerados quando a evidência de que eles produzem está sendo considerada.

Os avanços metodológicos da epidemiologia e ensaios clínicos, assim, não eliminam a visão de Hume de que o raciocínio causal requer um salto inferencial, pois sempre há a possibilidade de que alguma outra variável ou conjunto de variáveis é o agente causal real. No entanto, como Bradford Hill apontou, a probabilidade de uma inferência incorreta no uso da lógica empírica é menor quando várias abordagens são combinadas. Várias medidas que podem ser tomadas para aumentar a precisão são os testes de hipóteses que foram estabelecidos antes do experimento ser realizado, a replicação de estudos em que houve resultados positivos, evitando a falsa rejeição de uma hipótese por ter pessoas suficientes nos grupos a serem comparados, o desenvolvimento de várias linhas de evidências (validade convergente), e a demonstração da presença de uma relação graduada (por exemplo, quanto mais A existir, mais C haverá, ou, quanto mais o A for diminuído, menos C haverá). A demonstração absoluta de causalidade permanece fora de alcance, mas a paralisia que a afirmação de Hume pode induzir é combatida por abordagens que quantificam a probabilidade e a intensidade de causas propostas e significativamente aumentam ou excluem o seu papel causal.

Acidentes

Quanto melhor e mais segura a tecnologia se torna, mais presumimos os erros humanos quando algo dá errado. Se o erro não for do capitão ou da tripulação, é de um dos engenheiros ou projetistas do equipamento, ou dos executivos e suas políticas de manutenção.

— Edward Tenner

O termo "acidente" implica que a causa de um evento é incomum e que o resultado não foi intencional. Alguns estudiosos menosprezam o uso da palavra "acidente", pois implica que a ocorrência foi além do controle humano, mas, qualquer que seja a palavra usada, esta fornece outro conjunto de ocorrências dignas de nota em que a identificação dos agentes causais e cadeias causais são um objetivo primário. Dois livros destacam os desafios enfrentados por aqueles que estudam esses acidentes.

Em *Normal Accidents*, o sociólogo Charles Perrow se concentra em eventos que causam danos relativamente substanciais (ele refere-se a eventos que têm efeitos adversos menores como "incidentes"). Ele os divide em aqueles com causas diretas, como ações individuais ou falhas de peças únicas, e aqueles com causas mais complexas, por exemplo, aqueles que resultam da interação de vários elementos de um sistema. Perrow fornece uma análise profunda de incidentes e acidentes em instalações nucleares e identifica quatro tipos de causas. Incidentes ou acidentes de primeiro nível resultantes da falha de uma *única peça*, tal como uma válvula. Acidentes de segundo nível resultantes do fracasso de uma coleção de partes relacionadas, que compõem uma unidade. A falha de um gerador de vapor é um exemplo. Acidentes de terceiro nível envolvem o fracasso de *subsistemas* complexos, por exemplo, o sistema de refrigeração de uma usina de energia. Acidentes de quarto nível surgem de erros de projeto que afetam todos os sistemas.

Vários pontos da análise de Perrow são instrutivos. Um deles é que seus níveis são um pouco paralelos aos propostos por Aristóteles. A falha de uma válvula ou de um gerador de vapor (um acidente do primeiro ou do segundo nível) pode ser uma causa provocada, pois o seu fracasso leva diretamente ao incidente, enquanto que a falha de uma unidade ou subsistema pode ser tanto uma casua de predisposição quanto de precipitação, dependendo se uma falha de projeto que leva à falha do sistema existia antes da ocorrência do acidente ou se foi o resultado da interação de vários elementos do sistema. Perrow até invoca causa intencional em seu quarto nível, pois ele conclui que os seres humanos constroem sistemas complexos, apesar do conhecimento de que o seu fracasso pode resultar em um dano generalizado, devastador, isto é, ele invoca a arrogância, a ganância, ou comportamentos ou características humanas como subjacente para forçar a construção de estruturas e sistemas maiores, mais complexos, apesar de terem uma chance significativa de falhar em algum momento e, em alguns casos, levar a danos significativos.

O esquema de Perrow aponta que o exame de acidentes em vários níveis de análise auxilia tanto na análise de causalidade, quanto na comunicação dos resultados da análise. Como o objetivo principal do seu esquema é fornecer um quadro geral para a análise de acidentes, o critério final para julgá-lo é se ele é útil, e não se representa algo que existe na natureza. O mesmo pode ser dito para o esquema aristotélico: utilidade é o padrão supremo pelo qual ele deve ser julgado. Para Galileu, o modelo aristotélico foi um impedimento, pois levou as pessoas a se concentrarem em questões como a causa final que não poderia ser avaliada experimentalmente. A história sugere que Galileu estava certo na época, pois a ciência floresceu nos anos após seu pronunciamento de maneira que não havia antes (uma atribuição causal com base em raciocínio narrativo). Hoje, os métodos estão disponíveis para a análise de interações complexas em nível de sistemas e torna o modelo aristotélico mais útil, pois fornece uma estrutura para a análise de questões complexas. A análise multinível é ainda mais desafiadora do que a análise do nível 1, mas é uma ferramenta mais poderosa para analisar as várias situações complexas em que estamos interessados.

A análise de Perrow levanta outro ponto que surgiu antes: o nível em que a análise deve ser realizada depende, em parte, da questão que está sendo tratada. Assim, a análise de um único acidente pode se concentrar em aspectos específicos da usina de energia ou da sua falha, mas uma análise de várias falhas ou da falha de uma grande rede pode precisar se concentrar em interações sistêmicas ou programáticas e analisar questões de longo alcance, como os padrões do uso de energia elétrica pela população, clima, política governamental, bem como a disponibilidade de materiais para a fabricação. No entanto, também se deve identificar, se possível, a causa de precipitação que iniciou a falha.

A análise dos acidentes complexos também destaca algumas das questões que surgiram na discussão da complexidade e não linearidade. Algumas peças, unidades e subsistemas servem múltiplas funções e interagem com várias ou muitas outras partes, unidades e subsistemas via oscilações de comentários e caminhos de ramificação. Mesmo que isto possa envolver apenas uma pequena porção do sistema, as suas interações podem resultar na rápida ampliação, exponencial de um evento indesejado. Ou seja, os acidentes podem revelar uma relação não linear que existe entre um único evento e seu resultado. Quanto maior for o número de tais interações dentro de um sistema e quanto maior for o sistema, maior será a probabilidade de que a dinâmica não linear causal será operada.

Por exemplo, se falhas ocorrerem em dois elementos, podem surgir problemas que nunca foram antecipados, uma situação que Perrow chama de "complexidade interativa." Se, além disso, os elementos do sistema estão "fortemente acoplados", o erro é suscetível a se espalhar de modo tão rápido que não pode ser contido. Perrow acredita que tais resultados são inerentes e inevitáveis em sistemas complexos — daí seu uso do termo "acidentes normais". Ele observa, porém, que problemas isolados podem surgir em um sistema complexo e, portanto, o uso de lógicas e métodos lineares e categóricos, pode ser apropriado mesmo em sistemas muito complexos. Se esta abordagem for bem sucedida, ela será desejável por causa da sua simplicidade e uso limitado de recursos. A eliminação definitiva da varíola, por exemplo, necessitou o desenvolvimento de meios de identificação dos poucos bolsões remanescentes de humanos infectados, embora a trama da teia causal incluísse aspectos únicos da biologia do vírus, a imunidade humana, padrões de viagem humana, e a relutância dos governos de permitir a entrada de estranhos em seus solos.

Perrow conclui que os acidentes não podem ser totalmente eliminados, pois não é possível antecipar todas as interações, mas ele acredita que a sua frequência e gravidade podem ser diminuídas por um projeto cuidadoso e vigilância.

Edward Tenner sugere uma abordagem mais ampla para o estudo de acidentes, definindo-os como eventos que têm consequências inesperadas. Em sua opinião, estas consequências não intencionais podem ser desejáveis ou problemáticas, um contraponto ao pessimismo de Perrow sobre a inevitabilidade da falha. Tenner aponta, por exemplo, que o retardamento do tráfego rodoviário pelo congestionamento tem sido acompanhado por um declínio na taxa de acidentes mortais por quilômetro rodado ao longo do século XX. A freqüência crescente de acidentes automobilísticos por pessoas dirigirem mais quilômetros foi um estímulo para o desenvolvimento de carros mais seguros, estradas e práticas de condução, bem como a crescente complexidade dos automóveis e os sistemas rodoviários necessários para mantê-los resultaram em uma diminuição continuada de acidentes por quilômetro rodado. Embora tal "progresso" não seja inevitável (a queda nas taxas de acidentes nas indústrias de aviões e automobilísticas não foi acompanhada pelo declínio nas taxas de acidentes na indústria naval, por exemplo), Tenner conclui com otimismo que os resultados adversos vistos como desastres muitas vezes estimulam mudanças nas normas e em tecnologias, que resultam na melhoria da segurança e saúde. Ele conclui que "quando se trata de interpretar os últimos cem anos, os otimistas têm uma vantagem. . . . Os pessimistas acolhem a emergência como uma cura violenta para o desregramento. Os otimistas a acolhem como uma injeção de estímulo inovador."

9
Narrativa verdadeira:
O método empático

O estudo da história é um estudo das causas.
— Edward Hallett Carr

Pode não haver mais nenhuma história definitiva. . . [mas] só porque todos nós temos uma ideia diferente do que a história é, ou deveria ser, não significa que já não lemos as obras uns dos outros.
— Richard J. Evans

Como tantas coisas, o reconhecimento de que existem grandes diferenças entre a história e a ciência pode ser rastreado desde o tempo de Aristóteles. No entanto, na era moderna, foi o filósofo do início do século XVIII, Giambatista Vico quem primeiro enfatizou a distinção. As diferenças foram ainda mais contrastadas e destacadas pelo sociólogo do século XIX Max Weber, e, hoje, a distinção é muitas vezes descrita como absoluta.

A forma não científica do conhecimento é conhecida por muitos nomes diferentes — história, narrativa, estória, crônica, método empático — e seus métodos essenciais são usados em muitas disciplinas. Enquanto há sutilezas de significados que distinguem um do outro, este capítulo usará esses rótulos como sinônimos, pois o objetivo do capítulo é identificar o que essas disciplinas e técnicas têm em comum, particularmente em relação à sua abordagem à causalidade.

Infelizmente, a busca de uma definição sucinta de narrativa/raciocínio histórico falhará, assim como a tentativa de definir a ciência de forma sucinta e precisa se fez anteriormente. Mas assim como o primeiro capítulo foi capaz de identificar os elementos salientes do método científico, assim também este capítulo identificará os recursos centrais do método narrativo do saber. Esta abordagem de linhas gerais da definição desagradará alguns (a tal ponto que alguns continuarão acreditando que não há distinção entre o conhecimento científico e a narrativa, enquanto outros considerarão a distinção absoluta e a falha de especificação das diferenças uma falha de esforço), mas reflete um dos temas centrais e linha mestra deste livro: fazer distinções específicas e absolutas entre ideias não é um requisito necessário para demonstrar diferenças significativas. Na verdade, esta abordagem reflete um importante pressuposto da abordagem de causalidade proposto aqui: quanto maior a evidência de que uma distinção existe, maior a probabilidade de que as diferenças são significativas, e até mesmo "reais". O filósofo Stephen Toulmin (1922-1999) sugeriu que alegações como estas fossem referidas como "argumentos práticos", em oposição aos argumentos absolutos, e a alegação que estou fazendo aqui é feita com esse espírito.

~

A fundação da história é muitas vezes atribuída ao escritor grego do século V a.C. Heródoto, e, até por volta do século passado, a maioria dos historiadores trabalhava com a certeza de que os seus resumos e conclusões sobre eventos passados eram verdadeiros e precisos. No entanto, o entendimento entre os historiadores e não historiadores no final do século XIX de que as reconstruções do passado, até mesmo por profissionais, são significativamente influenciadas e moldadas tanto pelo sistema de crenças do indivíduo que está fazendo a reconstrução, quanto pelas atitudes da época ou cenário em que a pessoa ou grupo está trabalhando tornou-se mais amplamente aceito. Esta "descoberta" igualou o reconhecimento entre os físicos no início do século XX de que a certeza absoluta não é possível em sua disciplina. No entanto, a reação entre os praticantes destas duas disciplinas parece bastante diferente. Alguns historiadores profissionais e alguns críticos do seu modo de conhecer e determinar a causalidade atacaram a própria utilidade da disciplina e de seus métodos, ao invés de seguir o caminho de Weber e dos físicos teóricos do século XX em aceitar essas limitações como inerentes ao assunto em questão. Pode-se ganhar um sentido de difamação desse tipo de conhecimento, considerando o sentimento negativo que normalmente está por trás do adjetivo "retórico" e a frase "a história da ciência whig" (uma referência à garantia com a qual os historiadores conservadores britânicos e políticos do século XIX expressaram seus pontos de vista e a rejeição, mais tarde, dessas visualizações por indivíduos com outros pontos de vista), ambos os quais têm sido usados para descrever a relatividade do método histórico.

O nível desse ceticismo é compreendido nesta citação irônica do livro *O que é História?* (*What Is History?*, 1961), a compilação de uma série de palestras dadas na Universidade de Cambridge pelo eminente historiador britânico Edward Hallet Carr (1892-1982): "Espero estar suficientemente atualizado para reconhecer que qualquer coisa escrita na década de 1890 deve ser um disparate. Mas eu ainda não sou avançado o suficiente para estar comprometido com a visão de que qualquer coisa escrita na década de 1950, necessariamente, faz sentido." O sentimento expresso por Carr sarcasticamente demonstra o dilema que pode resultar quando a precisão absoluta é usada como o único padrão para julgar o valor de uma disciplina e seus métodos — se a precisão absoluta é impossível, então a precisão não existe. Claro que, mesmo aqueles que acreditam que a ciência está se movendo em direção a uma descrição cada vez mais precisa de como a natureza funciona reconhecem que o conhecimento absoluto ainda não foi atingido em qualquer campo da ciência, e isso levanta a possibilidade de que nunca será.

A visão alternativa, aquela defendida aqui, é que a certeza absoluta é inatingível, tanto via científica, quanto pelo método empático/narrativo. O que separa a ciência e a história é o assunto que estudam, muitos (mas não todos) dos métodos que são usados, e os produtos finais que procuram. Este capítulo procurará demonstrar outra semelhança: o conhecimento na história, como na ciência, pode se tornar cada vez mais preciso ao longo do tempo e, mais importante, a probabilidade de precisão pode ser aumentada por meio da utilização de métodos e salvaguardas adequados. No Capítulo 10, argumentarei que a incapacidade da narrativa ou do método científico alcançarem o conhecimento absoluto ou identificarem a causalidade final é o principal fator que os distinguem do método religioso ou eclesiástico do saber.

Não é de se surpreender que Carr tentasse responder à questão que compõe o título do seu livro. Ele começa referindo que os historiadores contam com os fatos, mas continua afirmando que a coleção de fatos não é a sua função principal. Pelo contrário, o principal atributo de historiadores respeitados é o quão bem juntam os fatos e os interpretam. O conhecimento do fato pode mudar ao longo do tempo, ele enfatiza como novas informações são levantadas (novos documentos ou testemunhas podem ser encontrados, por exemplo). Esta nova informação pode ou não alterar a interpretação dos fatos que já eram conhecidos. O ato central e distintivo do historiador, no entanto, é a ligação e interpretação dos fatos conhecidos.

Em um nível, isso parece semelhante à ciência, pois a ciência tanto procura determinar a "verdade" por meio da acumulação de fatos sobre a natureza, quanto assume que a verdade torna-se mais precisamente representada assim que mais fatos são compilados. Os grandes conhecimentos de Newton sobre a gravidade, por exemplo, ainda ensinados a alunos iniciantes, foram substituídos por ideias modernas que dependem tanto dos campos da matemática, desenvolvidos trezentos anos depois que ele morreu, quanto por descobertas na disciplina de física de partículas que surgiu no século XX. Isso não diminuiu a reverência ou apreciação com que as ideias de Newton são mantidas. No entanto, uma vez que não há nenhuma pessoa comparável a Newton (ou Galileu ou Einstein) no panteão dos historiadores, deve haver outras diferenças entre o conhecimento narrativo e o conhecimento científico que fazem a distinção útil ou importante.

Uma diferença clara, como ilustrada pelo trabalho de Newton, Einstein e Galileu, é a distinção que Carr fez: a descoberta de fatos tem um papel central, essencial na ciência, e o descobridor de fatos importantes pode ganhar renome. Em contraste, a verdade descoberta geralmente desempenha um papel secundário ou menor na história e outras disciplinas narrativas. De fato, pode-se dizer que o objetivo final da ciência é descobrir os fatos que descrevem toda a natureza, enquanto que o objetivo final da história é ganhar a compreensão mais abrangente possível de como os acontecimentos passados levaram às ocorrências posteriores. Enquanto os historiadores têm tentado encontrar uma "teoria do campo unificado da história" de tempos em tempos, a ideia de que existe um padrão único da história que está esperando para ser descoberto agora é rejeitada pela maioria dos historiadores profissionais e cientistas sociais, considerando que este continua sendo um objetivo desses físicos teóricos que estão explorando abordagens, tais como a Teoria da Corda ou das Membranas, ou a "Teoria de Tudo".

Desde que as disciplinas narrativas contam com a acumulação de fatos, a replicação ou acordo sobre a veracidade desses fatos é um aspecto importante do método histórico. Da mesma forma, sociólogos qualificados, cientistas políticos e economistas reuniram fatos sobre suas áreas de interesse e os teceram juntos em crônicas ou histórias coerentes. No entanto, diferentes observadores podem analisar e descrever o mesmo documento, evento ou conjunto de fatos e interpretá-los de forma bastante diferente, mesmo quando concordam sobre o significado das palavras. Não pode haver nenhuma resolução do desacordo, ou, se houver uma, acontece quando um consenso de colegas favorece uma interpretação sobre a outra. Na ciência, ao contrário, a maneira ideal para resolver uma diferença de opinião ou interpretação é projetar e realizar um novo experimento que exclui algumas possíveis explicações e verifica as previsões de outras. Nas disciplinas narrativas, novos fatos regulam as diferenças com pouca frequência, e nem a replicação nem previsão é essencial para o sucesso de uma hipótese; na ciência, os resultados de uma nova experiência ou a confirmação de uma previsão podem derrubar até mesmo a ideia científica mais aceita. Assim, ambas as abordagens dependem da integração de vários fatos, mas, como Popper enfatizou e Bacon mencionou quatro séculos antes, falseabilidade preditiva é fundamental para muitas disciplinas que utilizam o método científico, mas não àquelas que dependem da abordagem empática. Como enfatiza Carr, o historiador qualificado é aquele que desenha uma interpretação convincente de fatos que aumentam a compreensão de uma questão mais ampla.

Uma observação bastante trivial destaca esta distinção. Na ciência, o descobridor de um fato ou o coordenador de um único experimento é agraciado com o Prêmio Nobel, se os resultados são considerados originais o bastante, mesmo que os outros desenvolvam a descoberta em uma compreensão mais ampla da estrutura da natureza. Na história, a descoberta de um novo documento ou "fato" pode ser importante ou emocionante, mas a pessoa reconhecida como perito é a que interpreta sua relação com outros documentos ou informações e as unem. Carr descreve o papel da acumulação de fato na história como uma tensão entre a "Cila de uma teoria insustentável da história como uma objeção de fatos. . . e Caríbdis de uma teoria igualmente insustentável da história como o produto subjetivo da mente do historiador". Sua conclusão é que a "história é um processo contínuo de interação entre o historiador e seus fatos."

No final, os papéis do descobridor e dos fatos são espelhos opostos nas duas abordagens. Nas disciplinas de narrativa, o indivíduo contando a narrativa ou a história continua sendo um participante central e necessário; nas ciências empíricas, o papel do descobridor torna-se menos importante do que o objetivo de obter o mais completo inventário de fatos possível. Mesmo os indivíduos sendo o centro para o processo de descoberta nas disciplinas empíricas, qualquer descoberta poderia ser feita por outra pessoa. Não é assim nas disciplinas narrativas. Os cientistas buscam uma representação da ordem natural que existe independente de estar sendo estudada ou não. Os historiadores buscam uma compreensão abrangente dos acontecimentos por força da capacidade do indivíduo para unir de forma convincente o que é conhecido. Carr conclui que os bons historiadores reconhecem que a visão de mundo atual influencia as suas interpretações e leva isso em consideração ao apresentar a sua síntese. Cientistas, eu sugiro, operem na suposição de que suas conclusões representam uma aproximação da verdade que é limitada pela falta de conhecimento de todos os fatos em potencial. A abordagem empática, narrativa sempre será fortemente influenciada pelos indivíduos e suas culturas. As abordagens empíricas procuram minimizá-las o máximo possível. (No entanto, a disciplina da história da ciência, muitas vezes combina as duas abordagens.)

Se a história é mais (mas não totalmente) "subjetiva" e a ciência mais (mas não totalmente) "objetiva", é inerentemente melhor ou mais útil do que a outra? Tanto Vico quanto Weber achavam que não, e espero que os parágrafos anteriores confirmem. Os dois modos de conhecimento abordam questões muito diferentes e, assim, devem contar com diferentes abordagens. Ao lidar com os seres humanos individuais em circunstâncias específicas, ou com questões causais sobre as motivações humanas, a abordagem empática é mais eficaz. Ao lidar com o mundo inanimado ou com comportamentos humanos ao nível da previsão probabilística, o método empírico é muitas vezes mais útil. Ao lidar com a interface, por exemplo, entre as moléculas e escolha, ambas as abordagens têm seus pontos fortes e limitações.

Em um livro de 1997, agressivamente intitulado *In Defense of History*, o historiador britânico Richard Evans explora os métodos de sua disciplina escolhida e também identifica semelhanças entre cientistas e historiadores. Utilmente, enfatiza outras diferenças particularmente relevantes para a compreensão do papel da causalidade nas duas abordagens. Primeiro, Evans observa que a história é "um mau preditor de eventos futuros. . . pois a história nunca se repete. "Neste ele não concorda com Carr e com o historiador George Santayana. Em segundo lugar, "a história não pode criar leis com poder de previsão. . . [por enquanto] história... pode produzir generalizações... quanto mais amplas são, mais exceções provavelmente terão e quanto mais tempo levar para serem removidas, se tornarão provas concretas que podem ser citadas em sua defesa." Este não é um ponto negativo para Evans, porém, uma vez que ele termina com a afirmação positiva de que "A vida, ao contrário da ciência, é simplesmente cheia de surpresas."

No entanto, mesmo nestes pontos, um acordo universal entre os historiadores é inexistente. Por exemplo, John Lewis Gaddis, historiador americano distinto, propõe um meio termo, citando Maquiavel como a fonte da ideia de que "a história é sem dúvida o melhor método de ampliar a experiência." Ele propõe, assim, que "o estudo do passado não é guia seguro para prever o futuro. O que é feito, porém, é preparar você para o futuro, expandindo experiências, de modo que você possa aumentar suas habilidades, sua resistência e, se tudo correr bem, a sua sabedoria."

O MÉTODO NARRATIVO

Se as linhas gerais da história são de som, isso é tudo o que os nossos propósitos presentes demandam.
— STEPHEN TOULMIN

A principal ferramenta do historiador é o método narrativo, definido por Richard Evans como a combinação de "ação, acontecimento, personagem e cenário." Uma definição semelhante foi proposta por Paul McHugh e Phillip Slavney, dois dos meus professores, em seu livro *The Perspectives of Psychiatry*. Para eles, a característica central do método de narrativa ou história de vida é a ligação de configuração, sequência, e resultado em uma rede abrangente e coerente.

A habilidade que diferencia a média do excelente usuário do método narrativo, como Carr notou, é a capacidade de fazer ligações que convencem outros especialistas do poder dessas ligações. Este uso de retórica tem sido reconhecido como uma habilidade, pelo menos desde os gregos antigos, mas, como foi observado no início deste capítulo, hoje a palavra "retórica" é frequentemente usada em um contexto negativo para indicar que uma declaração é "mero conjunto de palavras" e que qualquer condenação que surja a partir de tal discussão está contaminada por influência indevida, em oposição à sagacidade e beleza do argumento. Implícito nesta difamação da retórica está a ideia de que as crenças baseadas em "fatos" são de alguma forma diferentes, uma opinião que parece ser uma extensão da ideia de que o conhecimento científico é melhor ou mais objetivo do que o conhecimento adquirido por meio de discussão e argumentação.

Claro que os cientistas devem convencer os outros da validade de suas conclusões específicas, e usam as ferramentas da retórica para fazer isso. Como já foi observado, a ciência tem as técnicas de verificação e falsificação preditivas para reforçar a validade de um argumento, evidência não disponível nas disciplinas narrativas, pois os eventos estudados são muitas vezes únicos ou diferentes o suficiente e não podem ser considerados comparáveis ou idênticos. No entanto, o papel desempenhado pela retórica em debates científicos sobre a validade de uma linha de pensamento é muitas vezes subestimado e até mesmo ignorado.

Por outro lado, a precisão das conclusões derivadas usando métodos narrativos muitas vezes pode ser confirmada ou refutada por depender de documentos relevantes, de testemunhos de várias fontes, encontrando padrões semelhantes de resultados em diferentes circunstâncias, ou mostrando que as diferenças entre um conjunto de eventos sendo comparados são irrelevantes ou menores. Isto tem algumas semelhanças com os conceitos epidemiológicos do contraditório, validade convergente e preponderância de provas discutidas no Capítulo 8.

Uma das principais contribuições do método narrativo, talvez a sua maior vantagem, é a sua capacidade de aumentar a nossa compreensão dos eventos únicos do passado e do presente. Talvez a maior prova do poder da abordagem narrativa é a sua universalidade, ou seja, o seu uso por seres humanos em todas as culturas. Ciência deriva a sua energia da sua capacidade para analisar eventos que podem ser utilizados e manipulados e da sua capacidade para derivar conhecimento que prevê eventos futuros e conduz ao desenvolvimento de produtos que beneficiam a humanidade.

Muitas disciplinas científicas se concentram em eventos únicos, do passado, como as origens do universo, mas quando o fazem, combinam métodos históricos e científicos do saber. Quando os historiadores coletam documentos que confirmam ou refutam suas hipóteses, eles estão se engajando em um ato similar. Em ambos os casos, a interpretação do conteúdo, implicações e importância das provas e da aceitação da interpretação proposta repousa sobre o raciocínio e às habilidades retóricas do praticante. Assim, as disciplinas de narrativa e científicas compartilham confiança em fatos precisos e do uso de métodos retóricos para convencer os outros da precisão das ligações propostas.

Uma confiança compartilhada na retórica não é a única semelhança entre as duas abordagens. A dicotomização absoluta de disciplinas em empírica ou empática também é prejudicada pela existência de muitas disciplinas que se situam na divisão entre as exatas e humanas. Na paleontologia, por exemplo, a descoberta de novos fósseis leva a novas interpretações e, às vezes, a novas propostas sobre as modificações das espécies anteriores.

Essas interpretações não são verificáveis nem refutáveis, pelo menos não mais do que são as reconstruções e interpretações de eventos passados dos "historiadores". Novos fósseis, como novos documentos, são interpretados à luz daqueles descobertos anteriormente. Descobertas futuras provavelmente modificarão a interpretação novamente. A psicologia evolutiva é outro campo em que explicações *post hoc*, ao invés de previsões são o foco principal do trabalho intelectual. Mesmo economia, uma disciplina que tem seu foco principal em fazer previsões, principalmente usa padrões econômicos do passado e as tendências de seres humanos de se comportarem de determinadas maneiras como a base primária sobre a qual as previsões da atividade econômica repousa. Identifica as relações entre as variáveis, e não os mecanismos que são inerentes à natureza. Alguns vão discordar desta opinião, mas as previsões dos economistas não parecem mais precisas, em longo prazo do que as feitas por cientistas políticos, historiadores ou sociólogos. Cada uma dessas disciplinas atravessa o empírico e o empático, contando com os pontos fortes de cada um para o avanço do conhecimento, compreensão e previsões mais precisas.

A distinção entre a narrativa e as abordagens empíricas é ainda mais turva, pois muito da ciência não faz, e às vezes não pode, depender de replicação ou falsiabilidade. O princípio da incerteza de Heisenberg é um exemplo de uma poderosa ideia científica que não se presta à refutação ou prova positiva. Da mesma forma, nos cem anos seguintes que Darwin e Wallace propuseram a teoria da seleção natural, o estudo da evolução foi considerado uma disciplina científica com base em sua abrangência e à falta de alternativas concorrentes e não por causa dos resultados positivos de experimentos ou refutação de ideias alternativas. Sua aceitação dependeu da tecelagem em conjunto de fatos diferentes e múltiplas linhas de evidência, ou seja, a validade convergente, mas os mecanismos pelos quais a evolução operou no seio das populações só agora estão sendo explicados. (A ideia de que a evolução é uma poderosa teoria empírica e empática será desenvolvida no Capítulo 11.)

Outro exemplo da distinção pouco clara entre os métodos de conhecimentos empáticos e empíricos é o uso por cientistas de termos como "belo" e "compreensivo" e a invocação de tais adjetivos para justificar sua abordagem para a aceitação de uma teoria. A pesquisa de Albert Einstein, de trinta anos, para uma teoria de campo unificado que explicaria as quatro forças básicas da natureza (forte, fraca, eletromagnéticas e gravitacionais) reflete uma crença compartilhada por muitos cientistas de que "a simplicidade é beleza", um aforismo por vezes referido como a "lei da parcimônia" ou Navalha de Occam, depois do escritor do século XIV a aderiu. Brian Greene retrata habilmente em seu livro *O Universo Elegante (The Elegant Universe)*, os teóricos das cordas e teóricos das membranas, os quais persistem na mesma busca. É falado do poder da tendência humana para definir algumas atividades como inerentemente "mais atraentes", "certas" ou "melhores", mesmo nas ciências físicas, uma ideia subjetiva, não testável e construção retórica, se alguma vez houve uma.

Então, por que não abandonar a distinção?

Enquanto as abordagens empíricas e empáticas compartilham muitos elementos, a alegação de que a fronteira é tão confusa que a distinção não tem nenhum valor é um erro. A aceitação de uma ideia narrativa repousa principalmente sobre como a comunidade de estudiosos ou especialistas avalia o raciocínio que a produziu e a apóia. Os fatos podem ser verificados, explicações alternativas podem ser buscadas, e a força das ligações examinada, mas a incapacidade para testar ou refutar a associação alegada (em oposição aos fatos, que podem ser confirmados) distinguem a narrativa, as disciplinas de empatia da ciência empiricamente verificável. Por outro lado, há temas como o comportamento dos indivíduos e dos grupos aos quais a abordagem narrativa pode contribuir um entendimento e que as ciências empíricas, até agora, não conseguiram explicar com uma precisão que cumpriria as normas da ciência. Para mim, porém, a evidência mais convincente que a distinção tem valor e diz algo importante sobre a estrutura do conhecimento é o fato de que a abordagem narrativa está presente em todas as culturas e é utilizada por todos os indivíduos, ao passo que os métodos da ciência são uma invenção relativamente recente.

Estudos realizados pelos neurocientistas Roger Sperry e Michael Gazzaniga oferecem mais apoio para essa afirmação. Eles examinaram os pacientes que haviam sido previamente submetidos à cirurgia de "divisão de cérebro", ou seja, tiveram o grande feixe de fibras que liga os dois hemisférios ou lados de seu cérebro decepados em uma tentativa de impedir a propagação das descargas de apreensão de um lado do cérebro para o outro; eles encontraram evidências de que há um "centro" no cérebro, perto ou sobreposto com a área de linguagem no hemisfério esquerdo, que, naturalmente, "fazem" conexões entre diferentes itens. Isto sugere fortemente que o cérebro humano é estruturado para realizar o raciocínio narrativo e que a conexão de fatos em uma teia narrativa causal é inata, da forma como Kant sugeriu.

O método científico, por outro lado, parece ser uma nova construção que não existia antes do Iluminismo, mesmo que tópicos históricos possam ser rastreados há centenas de anos. É um método aprendido que tem evoluído e sido aperfeiçoado ao longo de muitas gerações. Nossa compreensão do método científico é muito diferente do que era há cinquenta ou cem anos atrás — o princípio da incerteza e da lógica do ensaio controlado randomizado são dois exemplos discutidos neste livro — e que continuará mudando à medida que novas ferramentas analíticas e talvez avanços conceituais forem desenvolvidos. Talvez o raciocínio narrativo possa ser chamado de "cabeado", enquanto o raciocínio científico é uma abordagem aprendida.

Ambos têm melhorado pelo acúmulo de conhecimento que ocorre quando comunidades de estudiosos colaboram, discutem, inventam, mesclam e separam o útil e preciso do incerto e imprevisível. Suas bases compartilhadas e díspares me convencem que manter as duas construções separam não somente os restos úteis, mas necessários.

Reconhecer que cada abordagem tem diferentes pontos fortes e limitações também contraria a alegação de que as provas recolhidas por um tipo de raciocínio são, de alguma forma, melhores ou mais poderosas no agregado. A recusa pura e simples de um método ou a alegação de superioridade final de um sobre o outro ignora o poder de cada abordagem de identificar relações causais em diferentes circunstâncias.

Por exemplo, uma alegação poderia até mesmo ser feita, pois a própria causalidade é a busca de uma narrativa coerente e, portanto, um conceito de empatia. No entanto, este ignora a capacidade única do método científico, tanto para excluir alguns mecanismos causais propostos, quanto para atribuir probabilidades matemáticas para outras relações causais hipotéticas. No entanto, a construção da causalidade requer uma aceitação e adoção da ideia de que os acontecimentos estão ligados e que a sequência de eventos é responsável pelo resultado, pois esta alegação não pode ser colocada como uma ideia cientificamente testável. Esta é a razão pela qual foi necessário no Capítulo 1 postular ou assumir a existência da causalidade. Iniciar uma discussão sobre a causalidade com uma ideia não demonstrável como ponto de partida só mostra que o conhecimento final não pode ser um objetivo na busca de entendimentos causais do mundo em que vivemos.

Em resumo, a distinção entre as disciplinas empíricas e científicas e disciplinas empáticas e narrativas não é absoluta. Cada método é mais adequado para o exame de determinados tipos de perguntas e todos são abertos ao abuso (cientistas que acreditam que deveriam ter pontos únicos sobre questões políticas, pois os seus métodos são objetivos, ou cientistas sociais que acreditam que têm pontos únicos para as decisões políticas, pois eles têm estudado eventos passados). Enfatizar o uso indevido de qualquer uma das abordagens como forma de denegrir o seu valor é, em última análise um ato tolo. No final (ou, melhor ainda, no início), cada uma deve ser apreciada pelos seus pontos fortes. A própria noção de causalidade preenche as abordagens empáticas e empíricas para o conhecimento e para usá-las como ferramentas para descobrir relações causais. As próximas três seções ilustram o uso do método narrativo e como fatos podem ser verificados, como algumas narrativas podem ser mais valorizadas do que outras, e como a mudança das interpretações ao longo do tempo de uma obra de narrativa fortalece ao invés de denegrir o seu valor.

Negação do holocausto e da verdade da História

Um caso de difamação ouvido em um tribunal inglês no ano de 2000 oferece uma oportunidade para examinar os métodos do historiador e as limitações e pontos fortes dos métodos narrativos. Essa discussão (a qual não é uma história, pois não realizei nenhuma pesquisa original ou extensa sobre o tema) é baseada no livro *Lying About Hitler: History, Holocaust, and the David Irving Trial*, do historiador britânico Richard Evans, cujos pontos de vista sobre o conceito de verdade na história já foram mencionados. O próprio Evans foi um dos participantes nos eventos, como ele era a principal testemunha de defesa, por isso seu ponto de vista não pode ser considerado neutro. E, claro, nenhum evento deveria ser usado para defender e definir um conceito tão amplo como a verdade histórica. No entanto, a intervenção do tribunal fornece alguma aparência de neutralidade, e as leis de difamação rigorosas na Inglaterra (cabe à parte do réu provar que a difamação não ocorreu, uma exigência que favorece o autor, embora isso possa ser revisto no futuro) fazem deste um evento interessante para se examinar.

O caso envolveu a historiadora americana Deborah Lipstadt, cujo livro *Negando o Holocausto - O Crescente Ataque à Verdade e à Memória (Denying the Holocaust),* examina o movimento negando que os nazistas tinham planos sistemáticos para acabar com grupos de indivíduos, como os judeus, ciganos e outros "inferiores" que consideravam inimigos do Estado. No livro, Lipstadt faz a alegação de que David Irving, um autor prolífico, mas não tradicionalmente treinado em obras históricas sobre a Alemanha na Segunda Guerra Mundial, falsificou documentos para sustentar sua afirmação de que o Holocausto não aconteceu. Quando o livro foi publicado na Inglaterra, Irving entrou com uma ação alegando difamação.

O conselho de Lipstadt baseou sua defesa sobre as alegações de que Irving havia persistentemente e propositadamente falsificado suas traduções e que ele havia feito outras declarações falsas sobre provas documentais. (Eles poderiam, alternativamente, ter oferecido a defesa de que suas declarações estavam sendo mal interpretadas e que não era uma crítica ou que não eram prejudiciais). Irving afirmou, por exemplo, que Hitler não sabia dos extermínios planejados até 1943, muito tempo depois de uma estratégia para implementá-los havia sido feita e lançada. Usando inúmeras retraduções dos documentos que Irving havia invocado, e mostrando que Irving havia alterado a sequência bem estabelecida e amplamente aceita em que os eventos em discussão haviam ocorrido, Evans afirmou no tribunal que Irving havia propositadamente alterado evidências para apoiar suas alegações sobre a falta de culpabilidade de Hitler no planejamento e execução de extermínios sistemáticos. No final, o juiz baseou a sua opinião sobre a falsidade da prova que Irving havia produzido e a verdade das alegações de Evans, e ficou do lado de Lipstadt e contra Irving.

Vários aspectos deste exemplo ajudam a explicar os critérios para a aceitação de explicações causais ao utilizar uma abordagem narrativa. Em primeiro lugar, prova documental pode ser vista por vários indivíduos e um consenso desenvolvido sobre o conteúdo do material. Em segundo lugar, os especialistas e os indivíduos com conhecimento podem e devem apoiar suas reivindicações com provas que podem ser verificadas, e várias instâncias de um evento sugerem um padrão, ao invés de um erro aleatório ou evento. Evans foi capaz de convencer o juiz de que Irving havia traduzido errôneamente muitos documentos e que essas traduções incorretas foram sempre no sentido de apoiar a sua afirmação; não eram erros aleatórios. Ao fazer isso, Evans foi capaz de desenvolver um argumento convincente que Lipstadt estava correta em sua afirmação de que Irving havia falsificado provas documentais. Em terceiro lugar, o caso demonstra que o exame de provas por outros especialistas podem servir como um mecanismo de "autocorreção" da pesquisa histórica, assim como a não replicabilidade faz na ciência. Por fim, ele demonstra que a falsificação flagrante pode ser identificada em disciplinas narrativas da mesma forma que pode ser na ciência e nega a alegação de que "vale tudo" no raciocínio narrativo.

Este caso também destaca as diferenças entre o método empírico/científico e o método histórico/empático/narrativo. Convencer um juiz da afirmativa de Lipstadt é muito diferente da ampla aceitação de uma teoria científica causal com base em experiências replicáveis e observações, eliminação de explicações alternativas, convergência de múltiplas linhas de evidência e consenso entre vários especialistas. Em segundo lugar, a evidência de documentos históricos pode ser forjada, alterada, ou propositadamente produzida para enganar, e isso pode ser difícil, em alguns casos, mesmo impossível, de demonstrar. Claro, apontamentos de laboratório e fotografias de resultados experimentais também podem ser propositadamente construídos para enganar ou mentir, mas se as experiências ou medições podem ser repetidas, há um caminho para testar uma alegação, o qual não está disponível para o historiador narrativo, pois o último está lidando com eventos que ocorreram no passado distante e são únicos, ou seja, ocorreu uma vez e não são replicáveis.

Os irmãos Wright e a invenção do avião

O ano de 2003 marcou o centenário da invenção do avião. Previsivelmente, uma série de livros foi publicada para marcar o centenário e procurou abordar uma questão intrigante, a qual foi indicada claramente nas duas primeiras frases de um dos livros, *The Wright Brothers and the Invention of the Aerial Age* de Tom D. Couch e Peter L. Jakab: "Por que Wilbur e Orville? Como é que estes dois modestos pequenos empresários, trabalhando essencialmente sozinhos, com pouca formação científica ou técnica formal, resolvem um problema complexo e exigente que havia desafiado os experimentadores mais conhecidos há séculos?"

O livro de Couch e Jakab oferece uma resposta sofisticada e abrangente a esta questão, identificando vários fatores que contribuíram para o sucesso dos irmãos Wright. Os autores citam a aptidão mecânica de sua mãe tanto como uma influência genética quanto ambiental. Eles também citam a educação dos irmãos, que foram criados em uma família amorosa, unida, que valorizava o trabalho duro, a individualidade e independência, promovendo devoção um ao outro e sua busca obstinada a construir uma máquina voadora.

Couch e Jakab fazem a alegação (de forma convincente, sugiro) que o conhecimento íntimo dos irmãos sobre bicicletas forneceu-lhes a sua percepção crucial que, enquanto ciclistas, eles faziam isso em múltiplos planos, inclinando-se simultaneamente na curva e girando a roda no sentido da curva, em contraste aos carrinhos, os quais são transformados em um único plano, na posição vertical. Esta observação levou-os a analisar o voo do pássaro com cuidado e a descobrir que as asas do pássaro deformam quando se viram. Combinando estas observações, os irmãos concluíram que o avião teria que operar em três planos, e que o piloto também teria que ter controles que permitissem mover as asas verticalmente, horizontalmente, e lateralmente.

Couch e Jakab também citam a experiência prática dos irmãos por terem estabelecido uma gráfica, projetando e construindo sua própria prensa, e trabalhando em bicicletas devido ao comprometimento com a engenharia, com tentativas e erros e abandonando abordagens mal sucedidas e somando sequencialmente as bem-sucedidas.

Desse modo, o êxito final dos irmãos combinou o seu conhecimento de manipulação de bicicleta, à observação cuidadosa da natureza, e às habilidades mecânicas que haviam desenvolvido em um projeto de engenharia que lançou uma revolução. Essa atitude também foi aplicada na aprendizagem de tentativa e erro, a qual aplicaram no desensenvolvimento de habilidades necessárias para fazer que o avião que eles construíram voasse.

Vários dos outros livros publicados ao mesmo tempo discutem algumas destas questões. O que torna o livro de Couch e Jakab tão famoso é a abordagem dos autores em conjunto com o "conhecimento dos princípios de engenharia aeronáutica e a educação dos irmãos Wright", características de personalidade (e algumas dos seus concorrentes), ética de trabalho, experiência de trabalho, e capacidade de observação em uma narrativa coerente, convincente e envolvente. Os autores estão corretos em sua análise? Para este leitor que não é nenhum especialista, a resposta é um retumbante sim. Talvez outras informações possam ser descobertas no futuro que poderiam mudar a sua análise? É certamente possível, pois sua história não pode ser mais completa do que qualquer ramo da ciência. Mas, como as áreas da ciência que não possuem muito interesse após as principais perguntas serem respondidas, sua biografia é tão gratificante e completa que acho pouco provável que a resposta à sua pergunta inicial "Por que os irmãos Wright, e por que naquele momento?" será respondida de uma forma radicalmente diferente no futuro. Couch e Jakab levantam uma questão causal, e seu livro fornece uma resposta sofisticada e satisfatória, embora não definitiva.

Muitos de Tocqueville

O livro *Democracia na América (Democracy in America)* (1805-1859) de Alexis de Tocqueville é um trabalho de dois volumes que descreve a visita do autor aos Estados Unidos em 1831 e suas conclusões sobre os pontos fortes e fracos da democracia que ele observou. Continua a ser um trabalho amplamente citado cento e oitenta anos após sua publicação. Entre os destaques da análise de Tocqueville é ele ser o primeiro a notar que a ênfase da democracia na iniciativa individual poderia levar tanto a um grande sucesso individual, uma grande força da democracia americana, na sua opinião, ou ao isolamento social, uma desvantagem significativa para essa forma de governança. Ele também sugeriu que as democracias tinham uma tendência de desenvolverem uma tirania da maioria, mas considerou que este inconveniente foi equilibrado por uma burocracia forte, uma característica central das democracias em seu ponto de vista.

Em um artigo escrito sobre o livro em 1976, o professor de humanas da Universidade de Columbia, Robert Nisbet (1913-1996) observou que, na verdade, *"havia muitos Tocquevilles"*. Refletindo um ponto do início deste capítulo, Nisbet assinala que os dois volumes de Tocqueville foram interpretados de forma muito diferente por décadas e por pessoas diferentes desde a sua publicação. Eles foram inicialmente recebidos com entusiasmo e muito amplamente admirados por cerca de vinte e cinco anos, mas "a partir do final da década de 1860 até o final da década de 1930 apenas uma monografia ou artigo ocasional sobre Tocqueville apareceu. Mas... por volta de 1940... veio o dilúvio... Ao final da década 1940, foi um mês raro que não produziu tratamentos, ou referências a Tocqueville." O mais notável, porém, foi que o foco das pessoas citando o trabalho mudou consideravelmente. Na década de 1930, muitos escritores citaram os escritos de Tocqueville sobre as "massas como a fonte de despotismo" em discussões sobre a ascensão do fascismo, enquanto depois da Segunda Guerra Mundial escritores focaram na discussão de Tocqueville da afluência da classe média em uma democracia. Na década de 1950, a ênfase mudou novamente, desta vez com foco em suas declarações sobre o isolamento social e cultural na democracia americana.

Nisbet não quer dizer que os escritores de qualquer período ignoraram totalmente ou destacou exclusivamente um único aspecto do pensamento de Tocqueville. Ao contrário, ele aponta que a ênfase da bolsa de estudos mudou como questões dominantes da mudança de cultura. Diferentes autores em diferentes épocas enfatizaram diferentes aspectos das escritas de Tocqueville como prova de sua grande introspecção. Nisbet vê isso tanto como prova de grande força de Tocqueville, quanto a habilidade de escritores de encontrar suporte nas escritas de Tocqueville para o seu ponto de vista particular, às vezes até diferente ou oposto em conclusão às introspecções enfatizadas por outros autores em outros momentos. O ponto principal de Nisbet é que um único documento pode ser usado em diferentes períodos de tempo e por diferentes intérpretes para apoiar conclusões muito diferentes, um reflexo de como o método narrativo depende do intérprete, tanto quanto ele depende do documento.

Mais recentemente, em 2007, o recém-eleito presidente da França, Nicholas Sarkozy, usou o Tocqueville para apoiar a sua campanha para instituir mudanças políticas e estimulou o público a desenvolver novas abordagens aos problemas que acreditava que havia sido eleito para resolver. Em uma história de primeira página do *New York Times* em 22 de julho de 2007, sua ministra das Finanças, Christine Lagarde, é citada por ter se referido ao livro *Democracia na América*, de Alexis de Tocqueville [ao dizer]... "os franceses devem trabalhar mais, ganhar mais e serem recompensados com impostos mais baixos, se ficarem ricos." Seu retrato parece exato.; ou seja, de Tocqueville menciona cada uma delas como uma consequência benéfica da democracia no estilo americano, como ele havia visto há cento e oitenta anos atrás. Mas Lagarde não foi citado mencionando as desvantagens que Tocqueville também citou.

A menção de um texto de ciência política de quase dois séculos de idade, em tal contexto fala com profundidade das ideias e presciência do seu autor (e, provavelmente, da sua origem francesa). No entanto, a gama de interpretações ao longo dos últimos cento e oitenta anos destaca a importância de que está fazendo a interpretação, quando a interpretação está ocorrendo, e até mesmo quem está lendo a interpretação — questões comuns a todas as obras de narrativa. A leitura do artigo de Nisbet hoje deixa claro que Nisbet estava escrevendo no auge da Guerra Fria e que isso o levou a enfatizar as questões que eram mais relevantes a esse contexto. Um autor citando Tocqueville hoje provavelmente enfatizaria ainda outras questões. O que os estudiosos e políticos concordam é sobre o poder das observações de Tocqueville e as conclusões que delas ele retirou. O que as pessoas têm divergido ao longo do tempo é sobre quais observações enfatizam e quais interpretações são extraídas delas. Um mundo sem a obra de Tocqueville seria um lugar limitado.

O papel da narrativa em raciocínio causal

Narrativas causais procuram unir observações discrepantes, fatos e eventos em um todo coerente e abrangente, que liga de forma convincente eventos posteriores aos eventos anteriores. Este método parece ser universal para os seres humanos e também pode ser inato, ou seja, dependente de como o cérebro humano é estruturado. O poder do método é ilustrado pelo fluxo da história e as relações que os seres humanos inevitavelmente encontram entre o passado e o presente.

Os três exemplos acima ilustram alguns dos pontos fortes e limitações desta abordagem para a compreensão causal. A análise de Couch e Jakab demonstra o poder do método narrativo de responder perguntas que não podem ser respondidas usando qualquer outra abordagem. Uma comparação de seu livro com os outros publicados na mesma época sugere que seu esforço foi mais bem sucedido na identificação de correntes e influências causais do que os outros — pelo menos na opinião de um leitor — e que as narrativas podem ser julgadas pela sua capacidade de convencer os leitores e estudiosos conhecedores de sua abrangência e precisão. Outros leitores podem encontrar as conclusões de outros autores mais convincentes, e, ao contrário da ciência, em que supostas influências causais podem estar sujeitas a confirmação e refutação, a narrativa de Couch e Jakab deve ficar sozinha sobre a força de sua retórica. No final, todas as conclusões sobre o poder e o valor do livro dependem do individual, mas isso não diminui a beleza de seus argumentos, ou, talvez o mais importante, o prazer de contemplar as suas conclusões.

O julgamento de Lipstadt e o relato de Richard Evans sobre ele ilustram o ponto importante de que existem padrões de precisão nos métodos históricos e que estes podem ser usados para examinar alegações controversas. Indivíduos relativamente neutros podem examinar os dados utilizados para a construção de narrativas históricas e fazer julgamentos sobre a sua validade. O método de narrativa não é apenas dependente do parecer de um único indivíduo, do tempo ou do contexto em que é escrito, ou a beleza retórica da sua argumentação, mas cada uma delas influencia tanto no seu conteúdo quanto como é interpretado.

Por fim, a atenção duradoura e louvor dirigido aos pensamentos de Alexis de Tocqueville em *Democracia na América* ilustram o poder da narrativa para explicar os fenômenos de grande alcance. O trabalho é mais lembrado e teve mais influência do que a maior parte das ciências publicadas durante os anos em que de Tocqueville fez sua viagem e escreveu os dois volumes, e sua influência sobre importantes pensadores de épocas posteriores é um comentário sobre a precisão de seus comentários. No entanto, a comparação com os escritos de cientistas que trabalhavam ao mesmo tempo é injusta e inapropriada. O poder da crônica narrativa é bem diferente da ciência; para compará-la à importância da descoberta de Mendel sobre a regularidade da herança parece totalmente equivocada e injusta tanto para Mendel quanto para de Tocqueville. No final, a abordagem narrativa à causalidade é um instrumento útil, até mesmo poderoso, assim como o método científico tem impulsionado os seres humanos a uma compreensão do funcionamento da natureza além de qualquer coisa no passado. Cada abordagem tem seu lugar. Apreciar as distinções entre os métodos que eles usam e as diferenças na lógica, pode ajudar a prevenir que os praticantes de cada abordagem ultrapassem suas reivindicações sobre o conhecimento causal. Com o reconhecimento de que diferem na forma como são aplicados, deve diminuir a destituição que às vezes lhes é direcionada. A pergunta a fazer é se eles são aplicados de forma adequada às consultas sobre relações causais, e não se há alguma abordagem melhor ou se há uma única maneira de responder às perguntas sobre causalidade.

10
CAUSA NA TRADIÇÃO ECLESIÁSTICA

A prova de uma coisa reconhecível é feita para os sentidos ou para o intelecto, mas no que diz respeito ao conhecimento de Deus não pode haver nenhuma demonstração da percepção sensorial, uma vez que Ele é incorpóreo, e tampouco intelecto, uma vez que Ele não tem qualquer forma conhecida por nós.
—MEISTER ECKHART (c. 1325)

Vim para a crença espiritual só muito mais tarde, quando estava atormentado pela solução à questão da finalidade.
—ALLAN SANDAGE

Meister Eckhart apresenta um dilema desafiador que ainda é insuperável quase setecentos anos depois da afirmação de que —

muitas pessoas relatam que ganham profundos benefícios emocionais e intelectuais de suas crenças religiosas e espirituais, mas, segundo ele, estes não podem ser usados para argumentar a favor de suas veracidades. Por outro lado, ele argumenta que aqueles que rejeitam a validade ou utilidade de ideias religiosas não podem usar argumentos empáticos ou científicos/empíricos para apoiar seus pontos de vista.

A essência do argumento de Eckhart é que uma abordagem diferente deve ser para compreender a causalidade na religião, a qual não se baseia na lógica ou emoção, mas em um tipo alternativo de raciocínio ou conhecimento. Na tese central deste capítulo ecoa a afirmação de Eckhart e a proposta de que esta terceira abordagem é centralmente relevante a um modelo de causalidade que tem sido historicamente presente enquanto história registrada e ainda é amplamente aceita em todo o mundo hoje. Este capítulo discutirá que esta abordagem alternativa coexiste com abordagens empíricas e empáticas de raciocínio causal e que ela fornece uma terceira alternativa lógica ou método de raciocínio causal.

Os termos "religioso" e "espiritual" são por vezes usados como sinônimos, pois ambos se referem a sistemas de crenças que procuram explicar as origens do mundo vivido e fornecem orientações sobre como a vida deve ser vivida. No entanto, o termo "religião" é geralmente usado para se referir a um sistema de crença mais formal, organizado e bem estabelecido que seja compartilhado por grandes grupos de pessoas. A frase "crenças espirituais" refere-se a sistemas mais amorfos e geralmente menos estabelecidos de crença. Estas distinções são importantes, mas este capítulo se concentrará em seus aspectos compartilhados — crenças fundamentais que explicam essas questões básicas, tais como a origem, propósito e forma adequada de vida, e usarão os dois termos alternadamente.

Para simplificar a linguagem ainda mais, a palavra "eclesiástica", que deriva de uma raiz grega que se refere a um conjunto de cidadãos, será usada para abranger os termos religiosos e espirituais na discussão para enfatizar a ideia de que a característica central desta forma de lógica causal é que os sistemas de crenças que estão por trás desta forma de raciocínio causal são compartilhados entre grupos de pessoas e têm persistido ao longo de um período de tempo significativo. Enquanto os sistemas de crenças empáticas e empíricas também são defendidos por grupos de indivíduos (cientistas sociais e outros cientistas, por exemplo), as abordagens que representam mudam muito mais frequentemente e de forma dramática ao longo do tempo. Esta discussão está usando o termo "sistemas de crenças eclesiásticas" para se referir a conjuntos de ideias centrais que têm sido relativamente estáveis ao longo de várias centenas ou milhares de anos. Embora a palavra "eclesiástica" tenha dois inconvenientes — implica "igreja" para alguns, e é o título em inglês de um livro do Antigo Testamento, também tem a vantagem de enfatizar a natureza grupo dos sistemas de crenças estáveis ao qual me refiro e começa com "e", como empírico e empático. É, portanto, uma maneira conveniente para se referir ao assunto principal deste capítulo em seu mais amplo e inclusivo significado — uma lógica alternativa e método de raciocínio causal.

Características comuns

A característica central dos sistemas eclesiásticos é a sua base em *dada* verdade. Elas começam com um conjunto de ideias e derivam proscrições delas. Estas ideias centrais costumam incluir o conhecimento de que uma força básica existe e que esta força tem impulsionado e continuará a impulsionar os principais eventos da natureza. Isso contrasta fortemente com o empírico e empático, sendo que ambos estão focados na *busca de universais*. Dito de outra forma, o empírico e o empático fornecem métodos para identificar os universais, enquanto o eclesiástico começa com o conhecimento do que eles são.

Um dos resultados desse recurso é que muitos sistemas eclesiásticos colocam uma grande ênfase nas questões dos "porquês" e explicam os propósitos por trás dos eventos que ocorrem no universo. Em contraste, as questões dos "porquês" não são um grande foco do raciocínio empírico causal, embora às vezes sejam abordados em tópicos isolados, como a seleção natural darwiniana. A citação do notável astrônomo americano Allan Sandage (1926-2010), no início deste capítulo capta a busca do propósito causal como um objetivo essencial dos sistemas eclesiásticos.

Uma segunda característica dos sistemas eclesiásticos é que suas ideias centrais ou universais são utilizadas para proscrever como as pessoas devem viver. Enquanto os sistemas jurídicos e políticos não eclesiásticos também aplicam leis universais à vida cotidiana, as suas leis são geralmente reconhecidas como tendo sido produzidas por seres humanos com o propósito de influenciar o comportamento. Alguns sistemas políticos não descansam sobre os princípios gerais com base em crenças sobre governança ou a natureza humana, mas geralmente não os deduzem das causas finais a menos que sejam estados teocráticos e incorporem causalidade religiosa na estrutura e essência de sua função. A ênfase sobre a forma como as pessoas devem viver reflete a ideia de que os sistemas eclesiásticos começam com a verdade e, em seguida, deduzem como estas verdades devem ser atualizadas ou implementadas.

O raciocínio empático às vezes é usado para identificar os universais e, em seguida, aplicá-los a vida cotidiana, mas a direção do raciocínio deriva de observações do comportamento dos seres humanos, que são então generalizados em universais. No raciocínio eclesiástico causal, a direção é geralmente oposta.

Alguns praticantes de métodos empíricos também procuram obter ou descrever comportamentos universais ou amplamente compartilhados a partir do estudo de indivíduos ou grupos, mas estes são formulados como decorrente da estrutura e função do organismo ou universo. Estes são algumas vezes antropomorfizados em um propósito por fazê-los (a sobrevivência da espécie, sendo um exemplo), mas empiristas geralmente não aplicam rótulos como "direito", "correto", ou "eticamente necessário", como acontece no eclesiástico. Este aspecto do eclesiástico foi bem captado na resposta de Sandage a uma pergunta sobre as origens de suas crenças espirituais. Ele afirmou que havia sido

> atormentado pela questão de propósito... e o problema de compreender a base da ética e da moralidade. O que é o bom? A ciência é um valor neutro enquanto a religião é o valor intensivo. . . . Acho que tem que haver uma absoluta, e a única resposta absoluta é: o que é ético é o que Deus quer.

A alegação de que os sistemas eclesiásticos começam com o conhecimento de causas finais não implica que não há perguntas não respondidas no eclesiástico. Na verdade, como muitas abordagens empíricas e empáticas, muitos sistemas eclesiásticos enfatizam a busca de maior entendimento humano como foco central de sua existência. Ao fazer isso, eles freqüentemente postulam que o conhecimento humano é incompleto e proibem métodos ou caminhos pelos quais os indivíduos podem expandir seus conhecimentos. No entanto, a maioria dos sistemas eclesiásticos, no qual este é o caso identifica a falta de compreensão como uma característica ou falha da condição humana; eles consideram o conhecimento final e sua aplicação para a vida a ser conhecido e reconhecido, mas acreditam que os seres humanos individuais devem trabalhar para descobrir e entendê-lo. Para os empiristas e empaticistas que acreditam que o conhecimento final é reconhecível, a busca é descobrir, pela primeira vez, para não revelar o que já é conhecido por um poder divino.

Esta distinção entre os métodos eclesiásticos e outras formas de saber não é nova. Platão descreveu diferenças semelhantes quando contrastou mitologia e filosofia, por exemplo. Para ele, a filosofia era o conhecimento que é acessível à razão e, portanto, a prova, ao passo que a mitologia repousava sobre as ideias que haviam sido proferidas e, portanto, precisavam ser provadas. Hoje, a palavra "mitologia" conota um sistema de deuses ou histórias fantasiosas, mas para os antigos gregos, *mythos* desempenhou um papel semelhante ao que é desempenhado por essas disciplinas referidas aqui como eclesiásticas. A identificação de Aristóteles de um quarto nível de causalidade, identificado como "intencional" no Capítulo 1, também demonstra que esta forma de raciocínio causal tem sido considerada distinta.

Outra característica do eclesiástico que contrasta com as duas abordagens é o forte componente emocional central para muitos sistemas de crença eclesiástica. Isso nem sempre é expresso publicamente ou abertamente, e nem sempre é operante por períodos de tempo significativos, mas o envolvimento emocional geralmente é enfatizado em sistemas eclesiásticos. Esse é muitas vezes reforçado por um ritual. Embora seja verdade que os reinos empíricos e empáticos envolvem alguns indivíduos de uma forma profundamente emocional, isso raramente persiste por longos períodos de tempo ou opera como fenômenos grupais, particularmente para os milênios que eles têm em sistemas eclesiásticos. Este aspecto do eclesiástico também foi comentado por Aristóteles, o qual observou que as pessoas participam de eventos religiosos para experimentar *pathein*, um estado transcendente em que as emoções estão envolvidas em um grau que difere das experiências cotidianas da maioria dos indivíduos.

Em sua discussão clássica de religião, *As variedades da experiência religiosa (The Varieties of Religious Experience)*, William James identificou cinco características da vida religiosa. Em suas palavras, são elas:

1. Que o mundo visível é parte de um universo mais espiritual, do qual ele retira seu principal significado;
2. Essa união ou relação harmoniosa com o universo maior é o nosso verdadeiro fim;
3. Essa oração ou comunhão interior com o espírito. . . é um processo em que o trabalho é realmente feito, e a energia espiritual flui e produz efeitos; . . .
4. Um novo entusiasmo. . . toma a forma de encantamento lírico ou de recurso para a seriedade e heroísmo.
5. Uma garantia de segurança e um temperamento de paz, e, em relação aos outros, uma preponderância de afetos amorosos.

James eleva a religião acima de outros empreendimentos ("nosso verdadeiro fim") e afirma que os rituais como a oração traz resultados e dependem de uma energia ou processo que tem uma base física. Ele também faz a afirmação de que a religião é uma fonte central das metas desejáveis de amor e paz. Por fim, James destaca o envolvimento emocional que ocorre com a religião e acredita que isso a distingue da ciência e da empatia. Como ele diz, "o conhecimento sobre a vida é uma coisa; ocupação efetiva de um lugar na vida, com suas correntes dinâmicas que passam através do seu ser, é outra."

Tal como acontece com outras distinções feitas ao longo deste livro, as diferenças entre a eclesiástica, empática e empírica não são absolutas. Todas as três abordagens dependem de comunidades de pessoas que compartilham ideias semelhantes e muitas vezes uma conexão emocional com o outro. Além disso, cada abordagem reúne grupos de pessoas que buscam as generalidades e compartilham uma crença no método a ser utilizado.

Vários outros elementos são partilhados pelas três abordagens.

Cada um usa a retórica para convencer os outros de que sua formulação da lógica causal é convincente. O Capítulo 9 discutiu o papel central desempenhado pela retórica no método empático, mas a retórica é também usada no eclesiástico (e no empírico) para convencer as pessoas de ideias particulares e da relevância da abordagem das questões importantes da vida. Outra semelhança entre as três abordagens é que o que foi aceito como "verdade" tem mudado ao longo do tempo. No entanto, a continuidade é muito mais característica das abordagens eclesiásticas; adaptação e mudança têm sido muito mais características da empática e da empírica. Isso reflete a afirmação feita anteriormente de que o conhecimento na empírica e na empatia é incompleto e que estas lógicas fornecem métodos para a busca de novos conhecimentos, enquanto que o conhecimento em sistemas eclesiásticos geralmente é completo, mas não totalmente compreendido por causa de imperfeições humanas na compreensão. Assim, mesmo que o conhecimento evolua ou se desenvolva ou tenha sido descoberto ao longo do tempo, dentro desses três modos, a razão para estas mudanças é fundamentalmente diferente no eclesiástico comparado com o empírico e empático.

Como mencionado acima, a principal característica que distingue o eclesiástico do empático e do empírico é que o eclesiástico começa com dada verdade. Ao usar os métodos empáticos e empíricos para procurar as causas iniciais, sempre se pode perguntar: "e antes disso?" Eventualmente, o questionador chegará a um ponto antes do qual nenhuma causa precipitadora ou predisponente poderá ser identificada. Isso tem sido usado para refutar a utilidade final das abordagens empáticas e empíricas para a prestação da causalidade intencional, mas eu prefiro conceituar isso como uma limitação inerente desses modos de saber. A questão hierárquica, "qual é melhor?" é inadequada, sem acrescentar "para quê?". Esta é a essência da citação de Meister Eckhart no início deste capítulo, e distinguiu suas escritas daquelas de pensadores anteriores que descreveram diferenças entre lógicas eclesiástica/ religiosa e "lógica" ou "sensorial" (experimental).

A alegação de que há um valor para o raciocínio eclesiástico causal será recusada por aqueles que acreditam que é um método para encobrir o fato de que algumas coisas são irreconhecíveis. Por outro lado, aqueles que aderem ao eclesiástico podem afirmar que a sua capacidade única para descrever as origens é o que distingue o religioso e o espiritual do mundano. Esta capacidade é vista com temor pelos defensores de muitos sistemas eclesiásticos e com profundo ceticismo pelos descrentes. Continua a ser uma característica distintiva entre esses três modos de saber. A distinção vale a pena manter, porque, como Aristóteles reconheceu há 2.500 anos, causa intencional exige abordagens e pressupostos não inerentes a causa de precipitação, predisposição, ou causa programática.

Cada uma dessas abordagens — a eclesiástica, a empática e a empírica — são repudiadas ou rejeitadas por um grande número de indivíduos. Alguns indivíduos abraçam duas delas, mas não três. Essas diferenças provavelmente têm várias causas, entre elas, os fatos de que os indivíduos são educados de forma diferente; estão expostos mais cedo às ideias e métodos de um determinado método; têm habilidades inatas que os predispõem a usar um ou o outro; nascem com ele, direcionados, ou contratados para posições em que um método é enfatizado; ou têm uma aversão intelectual a esse modo de saber (ou pelo menos nenhuma inclinação em direção a ele). A história humana, pelo menos até o momento, demonstra que nenhuma dessas abordagens tem alcançado a aceitação universal que apoiaria uma alegação de supremacia sobre as outras duas abordagens, mas os adeptos de cada uma acreditam que esta falta de aceitação ou compreensão universal pode ser superada com o alcance das mãos daqueles que não são adeptos ou usuários da abordagem.

Por outro lado, as três abordagens compartilham a crença de que as verdades que defendem estão disponíveis para todos. Os adeptos de cada abordagem, muitas vezes expõem a alegação de que "se" as pessoas fossem mais expostas ou mais educadas em sua abordagem ou em seu conjunto de conhecimentos, aplicariam melhor esse conhecimento e, consequentemente, seriam mais completas e melhores cidadãos. Esta afirmação parecer ser mais aplicada com mais freqüência para o eclesiástico, pois lida abertamente com os princípios que norteiam a vida, mas a literatura do educador da ciência e o educador de humanas estão cheias de declarações semelhantes. Se todos pudessem ou se tornassem versados nos princípios básicos de qualquer um ou em todos esses métodos e os aplicassem de forma adequada em si mesmos, é uma questão que pode ser abordada a partir de perspectivas empíricas, eclesiásticas e empáticas, mas acredito que grandes variações na exposição, experiência, nas capacidades inatas de temperamento e inteligência e cultura entre as pessoas, fazem isso extraordinariamente improvável. Sem dúvida, aceitação individual e em grupo, e compreensão de cada uma dessas abordagens mudou e pode mudar ao longo do tempo, como as citações de Sandage sugerem, mas a grande variação na natureza humana sugere-me que a aceitação universal não é possível, mesmo que fosse desejável.

Como em outros capítulos deste livro, a construção que está sendo proposta aqui é uma abordagem pluralista que atribui a cada método contribuições únicas para a construção da causalidade. Esta proposta afirma que cada um é simultaneamente ortogonal e complementar aos outros dois. A escolha de qual abordagem usar e quando usá-la baseia-se na suposição de que certas questões são melhores abordadas por um método específico por causa de seus pontos fortes e suposições inerentes e que as outras são menos ou não aplicáveis. Em alguns casos, a combinação de mais do que um método é melhor. A alegação principal é que a escolha de qual abordagem empregar e quando usá-la não é arbitrária, mas sim com base em um entendimento de pressupostos de cada método, limitações e pontos fortes e sobre a questão específica que está sendo considerada.

A ECLESIÁSTICA E A EMPÍRICA

As tentativas de conciliar a eclesiástica e a empírica datam por volta das origens da revolução científica, e muitos pensadores têm tentado usar o raciocínio científico ou achados para apoiar ou refutar as noções eclesiásticas. Galileu e Newton tomaram o rumo pelo qual suas descobertas científicas ilustraram a grandeza e a glória de Deus, uma vez que apenas um ser supremo poderia ser responsável pela regularidade e beleza de suas descobertas. Se Galileo realmente acreditava nisso ou meramente fez essa afirmação para escapar da ira da Igreja não é claro, uma vez que sua retratação perto do final de sua vida: a crença de que o Sol, e não a Terra, era o centro do sistema solar, parece ter sido feita para aplacar a Igreja Católica e não para refletir suas crenças reais. Newton, por outro lado, não passou por essas dificuldades e escreveu de forma mais explícita sobre sua crença de que suas descobertas científicas iluminaram o poder e a majestade de Deus. Para Newton, o empírico era um meio de demonstrar a verdade do eclesiástico. Francis Collins, diretor-fundador do Instituto Nacional de Ciência de Genoma e diretor dos Institutos Nacionais de Saúde dos Estados Unidos, fez alegações semelhantes em seu livro *The Language of God*. Da mesma forma, a bióloga molecular Ursula Goodenough, em seu livro *As Profundezas Sagradas da Natureza (The Sacred Depths of Nature)*, afirma que "uma cosmologia funciona como uma cosmologia religiosa somente se ela ressoa só se faz o ouvinte sentir-se religioso. Assim, ela está levando os elementos da ciência que acha particularmente bonitos e inspiradores — induzindo emoções — e deriva da sua beleza e majestade o que ela chama de "naturalismo religioso." Aprende-se do livro que ela frequenta uma igreja presbiteriana e, portanto, participa de um ambiente eclesiástico clássico, mas propõe que a majestade da natureza liga todos os seres humanos e que é essa magia que ela descreve como ser religioso. Ideias e sentimentos semelhantes foram expressos por indivíduos tão díspares como Leibniz, Descartes e Bacon. O evolucionista do século XIX Henry Drummond defendeu a unidade do modelo eclesiástico e evolução, e em um livro de 1991, *Science and Religion*, John Hedley Brooke observa que "havia Henry Drummond, em cada geração que fez conexões entre sua teologia e sua ciência."

Como observado no Capítulo 1, uma das mais importantes contribuições de Galileu para o desenvolvimento do método científico e a abordagem empírica à causalidade foi a sua sugestão de que a abordagem empírica busca evitar as causas finais. Não é claro se isso era porque acreditava que só o eclesiástico poderia responder a essas perguntas, ou porque ele reconheceu que o progresso no empírico precisava colocar de lado questões de causa intencional. O que é claro é que grande parte do sucesso do empreendimento científico até hoje pode ser atribuído a essa percepção

Nos últimos anos, imagens do cérebro têm sido usadas para examinar os fenômenos biológicos que ocorrem no cérebro quando as pessoas têm o que eles ou os pesquisadores consideram uma experiência religiosa. Em uma revisão de trabalhos recentes sobre o tema da ciência e da religião, o médico — ensaísta Jerome Groopman critica esta e outras tentativas de explicar a religião em termos científicos: "O erro fundamental da neuroteologia [é uma] mistura de termos e métodos. . . . na tentativa de conferir a autoridade do primeiro sobre o segundo" o argumento de Groopman é semelhante ao que está sendo feito neste capítulo: as abordagens eclesiásticas e científicas descansam em diferentes pressupostos e usam diferentes lógicas. Ironicamente, observa Groopman, alguns daqueles que afirmam encontrar evidências de que as crenças religiosas são originárias de áreas específicas do cérebro, usam essas descobertas "científicas" para provar que um ser supremo existe. Ou seja, eles fazem a afirmação errônea de que a ocorrência de certos eventos elétricos ou alterações de fluxo sanguíneo no cérebro quando uma pessoa está experimentando o que ele ou ela relata como uma experiência espiritual prova que suas crenças são "reais", porque a atividade cerebral é equiparada à realidade. Outros usam a mesma evidência para mostrar que tais crenças são os resultados de tipos específicos de atividade cerebral e nada mais, isto é, as ideias geradas por cérebros que não têm base na realidade. O erro aqui é que encontrar uma associação entre a atividade do cérebro e pensamentos relatados não pode provar ou refutar as crenças eclesiásticas. Não há nenhuma maneira de saber se a crença precedeu a atividade ou resultado dela, e, além disso, esses métodos não podem estabelecer a validade ou a falsidade das crenças. Sandage refletiu esse ponto de vista quando respondeu a uma pergunta sobre a evidência, dizendo: "Eu não acho que haja qualquer evidência. É a fé, não a razão. Se há prova, a fé não é necessária!" Este é o ponto feito por Meister Eckhart setecentos anos atrás.

Os cientistas evolucionistas e o ensaísta da história natural, Stephen Jay Gould também defendeu a ideia de que o científico e o religioso são distintos. Gould se referiu a eles como "Magistério sem sobreposição" ou "NOMA." Para ele, a ciência é o Magistério que considera que o universo é feito e por que ele funciona assim, ao passo que a religião é o Magistério que considera questões de sentido irrevogável e de valor moral, a distinção que se assemelha as ideias apresentadas no início deste capítulo.

Argumentos igualmente apaixonados, usando lógica empírica e empática foram oferecidos como prova de que o pensamento eclesiástico é falso e irrelevante. Tanto Richard Dawkins em *The God Delusion*, quanto Sam Harris em *O Fim da Fé: Religião, Terror e o Futuro da Razão (The End of Faith: Religion, Terror, and the Future of Reason)* usam uma variedade de argumentos para sustentar as crenças proclamadas nos títulos de seus livros. Estes incluem a incapacidade de provar muitas afirmações religiosas, a implausibilidade científica de muitas ideias religiosas, e os muitos danos que resultaram de fanatismo religioso ao longo dos séculos. Os escritos de Dawkins e de Harris são exemplos dos usos da retórica para apoiar ideias que seus defensores atribuem ao raciocínio empírico. Porém, sua abordagem contradiz o dito de Meister Eckhart, que um método não pode ser usado para denegrir ou manter a centralidade da religião na vida de muitas pessoas. Dawkins, Harris e outros que compartilham seus pontos de vista certamente discordariam, e não há nenhuma autoridade final para decidir a questão. Assim, fica-se com uma dependência sobre os métodos de retórica para convencer aqueles que possuem uma opinião contrária ou com a conclusão de que ambos estão certos, mas em contextos que exigem diferentes pressupostos e fontes de respostas.

O eclesiástico e o empático

Muitos outros estudiosos e pensadores buscaram vínculos entre o eclesiástico e o empático. Por exemplo, Karen Armstrong cita Petrarca (1304-1374) dizendo: "a teologia é, na verdade, poesia, poesia a respeito de Deus." Da mesma forma, quando William James liricamente sugere que as diferenças entre o empírico e o religioso estão "no terror e na beleza dos fenômenos", na "promessa" do amanhecer e do arco-íris, na "voz" dos trovões, na "gentileza" da chuva de verão, na "sublimidade" das estrelas, e não nas leis físicas que estes fenômenos seguem, ele está contando com imagens e ligações empáticas para defender seu ponto. Assim, para James, em contraste com Newton e Goodenough, a espiritualidade é mais do que admiração com a diversidade ou ordem ou a complexidade da natureza; é a busca pelos seres humanos para uma união emocional com uma força maior. James chamou isso de "sentimentos individualizados vivos." Para James, é o envolvimento emocional profundo na pesquisa, o que eu considero um fenômeno empático, ao invés do ganho intelectual que é a principal diferença entre a espiritualidade e o empírico.

Somerset Maugham maravilhosamente capta o desenvolvimento da dúvida e a dissolução da crença religiosa em seu romance semi-autobiográfico *Servidão Humana* (*Of Human Bondage*), Maugham retrata a luta entre uma perda de crença religiosa e de fé e as lutas para substituí-la com os valores provenientes de outras fontes. Se o leitor concorda ou não com o caminho percorrido pelo protagonista, Philip, a capacidade de Maugham de evocar a luta que Philip enfrenta na história, ele conta, ilustra e destaca os pontos fortes da abordagem empática.

Um exemplo do uso de um argumento empático para a existência de Deus e da causalidade religiosa pode ser encontrado em uma declaração que veio a ser conhecida como "Aposta de Pascal", após o ilustre matemático do século XVII Blaise Pascal, o qual argumentou que quase não havia consequências negativas de estar errado em aceitar a existência de Deus, mas que as consequências adversas de rejeitar a Deus eram muito significativas. Ele concluiu que a lógica favoreceu a aceitação da existência de Deus. Em minha opinião, este é um argumento empático retoricamente fraco quando comparado com aqueles oferecidos por Collins e Goodenough.

Raciocínio eclesiástico como uma lógica distinta

No reino espiritual/religioso, a verdade causal é descoberta por estudos ou meditações sobre os textos e ensinamentos que contêm conhecimento descoberto existentes. Em contraste, os métodos empáticos e empíricos concentram-se na descoberta de verdades desconhecidas, utilizando os métodos das disciplinas. Novos conhecimentos e novas aplicações para situações atuais podem ser adquiridos com o uso de qualquer um dos métodos, mas a identificação de novos conhecimentos não é um objetivo primário do eclesiástico. A busca de uma unidade com uma força maior ou forças maiores, o envolvimento emocional derivado do sentimento ligado a esta unidade, e a vivência da vida de uma maneira que segue os preceitos que o sistema de crença define o eclesiástico separado do empático e do empírico. A satisfação emocional que é derivada da descoberta no empático e na empírica pode ser poderosa e tem um impacto significativo sobre a vida de muitos, mas me parece ser de um reino diferente (não melhor ou pior).

Uma pesquisa publicada na notável revista científica *Nature* em 1997 ilustra alguns desses pontos. Esta pesquisa constatou que 40% dos cientistas americanos relataram uma crença em Deus, uma porcentagem muito maior do que a encontrada em cientistas europeus. Os autores do comentário manifestaram surpresa com esse percentual, provavelmente por ter entrado em conflito com as suas próprias crenças, mas estes números podem ser utilizados para reforçar qualquer ponto de vista que uma pessoa esteja tentando sustentar. Por um lado, muitos indivíduos que se consideram cientistas vêem a religião como um método poderoso e alternativo, mas não equivalente ao método do saber. Por outro lado, a maioria dos cientistas vê a religião tradicional abraâmica como periférica para suas vidas. A questão de saber se a religião e a ciência são distintas não foi perguntada diretamente, mas os resultados da pesquisa sugerem que quase todos os cientistas as discriminam.

Causalidade nas religiões hindu e abraâmica

Os parágrafos a seguir consideram muito brevemente a conceituação de causalidade em duas tradições religiosas formais, Hinduísmo e as religiões abraâmicas. Generalizando sobre estas ou qualquer ampla tradição, inevitavelmente são inspecionados muitos detalhes e conceitos específicos que afetam significativamente como a causalidade é vista dentro dessa tradição, mas uma breve discussão fornece uma ilustração do que foi discutido neste capítulo. Particularmente enfatiza as primeiras origens destes sistemas eclesiásticos em civilizações bastante diferentes, a sua persistência ao longo do tempo, bem como a presença de ideias que parecem surpreendentemente modernas.

A tradição hindu

O Hinduismo aproxima causalidade de um ponto de vista cíclico ou circular, ao invés de linear. Conceitua a História como inerentemente repetitiva e postula nem como um começo e nem como um fim dos tempos. Este padrão deriva do *dharma,* uma lei dada do universo. O resultado do dharma é que a causa e o efeito estão interligados. Por exemplo, o dharma conduz a ação humana e o seu resultado. No entanto, os seres humanos têm iniciativa e, portanto, a responsabilidade por suas ações, resultando em poder causal. Um exemplo da falta de um princípio é que os Vedas, os textos sagrados do Hinduísmo, não foram escritos nem por uma figura de Deus nem por um homem. Ao invés disso, eles só "existem". Para uma mente ocidental isto tem pouco ou nenhum significado, mas para o Hindu essa afirmação fala da intemporalidade das palavras dos Vedas.

Muitos hindus são vegetarianos, e os Vedas oferecem suporte para isso. As razões incluem a não violência para com as criaturas vivas e a crença de que, por causa do karma, os danos infligidos aos outros serão posteriormente experienciados pela pessoa que infligiu o mal. Este é um exemplo de um guia moral e comportamental que deriva deste sistema eclesiástico.

Como muitos sistemas espirituais e religiosos, principalmente aqueles que já existem há muito tempo, o Hinduísmo tem muitos caminhos variados ou seitas, e estes oferecem abordagens diferentes para o que parece ser questões muito básicas. Por exemplo, a escola Sankhyu abraça uma abordagem dualista que distingue a causalidade física e espiritual e entre a causalidade da mente e do corpo, enquanto a maioria dos outros que se consideram Hindus não faz tais distinções.

Esta variação entre as escolas do Hinduísmo e entre as múltiplas seitas de muitos sistemas de crença eclesiásticas parece contradizer a generalização feita anteriormente de que os sistemas espirituais/religiosos mudam relativamente pouco em relação à sua história. No entanto, muitos dos princípios centrais do Hinduísmo são intactos por vários milhares de anos, e as diferenças são tanto quantitativamente como qualitativamente menores do que as mudanças sofridas pelo o que agora é chamado de ciência em relação ao mesmo período de tempo.

Por outro lado, alguns aspectos do Hinduísmo parecem surpreendentemente modernos. Exemplos incluem ideias como a "reversibilidade" de tempo, a permutabilidade de causa e efeito, e a natureza relativista de tempo (dependendo do observador, ao invés de um padrão absoluto existente), todos lembram as ideias que são centrais para a teoria da relatividade e quântica mecânica. Muitos dos primeiros teóricos da mecânica quântica estavam cientes dessas semelhanças, e a imprensa popular abraçou essas ideias em livros como *A Dança do Mestre Wu Li* (*The Dancing Wu Li Masters*) e mais recentemente, *O Universo Elegante* (*The Elegant Universe*), de Brian Greene. Alguns escritores têm tomado as semelhanças entre estas tradições antigas e física moderna para ser uma indicação da união do eclesiástico e do empírico, uma visão discutida e rejeitada no início deste capítulo. Mais instrutivo, em minha opinião, é o fato de que algumas das próprias ideias que fazem a mecânica quântica e a teoria da relatividade parecerem contraditórias para muitos ocidentais são abraçadas por muitos milhões de hindus. Isso demonstra as limitações de confiar em "intuições" ou "evidências" como prova de crença sobre o mundo ou como razões para rejeitar outras construções, e enfatiza o valor de estudar ideias de outras culturas quando se pretende determinar o que é "natural", "óbvio", ou "necessariamente" verdadeiro.

A TRADIÇÃO ABRAÂMICA

As três grandes religiões do Ocidente e do Oriente Médio, o Judaísmo, o Cristianismo e o Islamismo, compartilham a crença em um único Deus, de quem deriva a tradição. Esse Deus é onisciente e em todos os lugares, onipresente e onipotente — e, nesse sentido, é a melhor fonte de causalidade. Desde que a causa final derive de uma fonte e de um ponto no tempo, a causalidade é um processo linear nas tradições abraâmicas.

Além de compartilhar a crença em um único Deus, de quem tudo emana, estas três religiões compartilham um fundador humano comum no profeta Abraão. O Islamismo traça suas origens ao seu filho Ismael; o Judaismo e o Cristianismo traçam sua linhagem por meio do seu outro filho, Isaac.

Existe uma grande variação não só entre estas três religiões, mas dentro das muitas seitas que se formaram dentro de cada uma delas. Por exemplo, algumas seitas compreendem que Deus é a fonte suprema de todas as ações; outras concebem Deus como o iniciador de um processo que tem operado por conta própria e, portanto, não está sob Seu controle desde o início dos tempos; este último considera Deus um observador mais passivo das ações da humanidade e do mundo, em oposição à causa de todos os eventos mundanos e comportamentos humanos. Estas são noções bem diferentes de causalidade, embora compartilhem uma crença básica em uma única fonte. Cada uma dessas tradições compartilha a crença de que um tempo virá quando o mal desaparecerá e um novo conjunto de princípios conduzirá as interações entre os povos do mundo. Uma ideia muito similar existe entre as tradições Hindus. Previsões como essas podem ser encontradas na ciência da cosmologia (o universo é agora considerado que esteja expandindo para sempre, ao invés de estar expandindo e contraindo periodicamente) e em muitas narrativas utópicas, mas na ciência a estrutura atual do universo é conceituada como resultante de forças naturais postas em movimento no início da época e não sob o controle dos seres humanos, enquanto que na narrativa, tradições políticas resultam das ações dos seres humanos, e não de um ser que tem o poder de trazer tal estado. No entanto, a existência de tais ideias semelhantes convence aqueles que procuram minimizar as diferenças entre estas abordagens para reconhecer que as diferenças são irrelevantes ou existem principalmente nas mentes daqueles que ignoram o óbvio. A fonte de qualquer crença, no entanto, está no reino da condenação ou da retórica narrativa e não é acessível a outros meios de provas.

A centralidade da lei é uma tradição que essas três religiões também compartilham. Todos reconhecem Moisés ou

Musa como tendo recebido um conjunto de regras de Deus e obtiveram proscrições detalhadas para os seus comportamentos. Aqui, novamente, há uma variação significativa, com alguns ensinamentos enfatizando paz e outras agressões, algumas seitas que proíbem a dança, outras a vendo como um comportamento que pode levar a um relacionamento mais íntimo com Deus. O que é compartilhada, porém, é a ideia central de que Deus é a fonte de um conjunto de leis básicas que todos os seres humanos devem seguir.

Em seu maravilhoso livro *A Ciência da Conjectura (The Science of Conjecture)*, James Franklin traça o desenvolvimento do conceito moderno de raciocínio probabilístico de tentativas de estudiosos judaicos por volta dos anos 100-200 para resolver questões causais quando os detalhes de uma situação tornaram difíceis de decidir a aplicação dessas leis. (Como é observado no Capítulo 3, o Roman Digest, outra fonte precoce de direito comum inglês, teve uma abordagem semelhante e surgiu quase ao mesmo tempo). Estas opiniões foram coletadas em obras chamadas de comentários ou Mishná e do Talmud, e são uma fonte da tradição da lei comum de confiar em precedentes. Na apresentação do Talmud de uma abordagem de causalidade que identifica graus crescentes de responsabilidade causal pode ser rastreada a necessidade de resolver as divergências éticas e legais muito antes da probabilidade ser desenvolvida como uma abordagem matemática no século XVII.

Conclusão

A busca pela causa final tem raízes antigas e parece ter sido parte da psique humana, pelo menos até onde existem registros humanos permanentes. Muitas culturas e grupos de pessoas passaram a acreditar que uma única entidade, grupo ou essência, muitas vezes intangível, mas cognoscível por meio do estudo e da experiência, trouxe o universo físico em que vivemos e forneceu orientações sobre como a vida deve ser vivida. Essa ideia, expressa no Rig Veda, tábuas sumérias, mitos babilônicos, e o Gênesis, continua sendo uma crença básica e essencial de grande parte da população do mundo hoje. Embora existam muitas variações sobre este tema e outros modelos de pensamento espiritual que seguem padrões diferentes, esta ideia pode ser datada dos primeiros escritos humanos e mantém grande poder causal hoje para muitas pessoas, demonstrando a centralidade da ideia de causalidade ao pensamento humano e a probabilidade de que esta forma de raciocínio causal continuará sendo amplamente difundida e irrefutável para o futuro. Alguns continuarão a vê-la como a principal fonte de conhecimento causal, outros como uma das várias fontes, e ainda outros como uma abordagem ultrapassada e até mesmo destrutiva. A visão aqui apresentada é que a espiritualidade/religião não pode ser poderosamente e utilmente entendida como moderna, como um modelo que complementa as abordagens empáticas e empíricas. Esta tese pode ser debatida, mas, sem um árbitro final da verdade, temos apenas as ferramentas da retórica para convencer os outros da verdade suprema das nossas ideias.

O teólogo Meister Eckhart chegou a uma conclusão semelhante séculos antes do que hoje reconhecemos como o surgimento do método científico. Sua afirmação, citada no início deste capítulo, que nem a ciência nem a lógica podem abordar as questões levantadas por aqueles que procuram saber o propósito, parece inatacável. Esta questão pode ser rejeitada como irrelevante, irrespondível, ou sem sentido, mas o fato de que as crenças intencionais têm surgido de forma independente, muitas vezes ao longo da história humana, a sua persistência em muitos, se não em todas as culturas ao longo da história, bem como a forte influência que tais crenças continuam a ter hoje em todo o mundo, defendem que seja uma abordagem distinta à causalidade. Aristóteles fez um argumento semelhante há 2.500 anos, quando identificou causalidade intencional como uma abordagem distinta à construção.

11

BUSCANDO O PORQUÊ DAS COISAS:

O Modelo Aplicado

A promessa de inevitabilidade é tão atraente porque diz que não precisamos saber as regras detalhadas.

—DUNCAN WATTS

Em retrospecto, podemos dar sentido à vida, mas a vida deve ser vivida para frente.

—SØREN KIERKEGARD

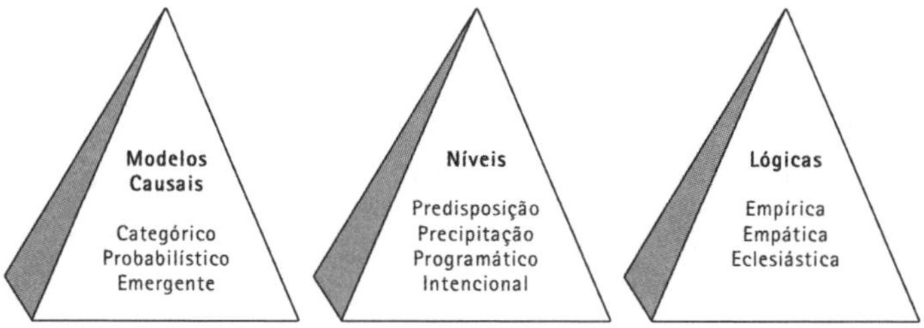

Os capítulos de 1 a 10 estabeleceram um modelo conceitual para abordar questões de causalidade, e usaram exemplos para ilustrar e esclarecer essas ideias. Neste capítulo, a ênfase será invertida. Seis questões específicas — o surgimento do HIV/AIDS como uma doença epidêmica em todo o mundo, causalidade na lei dos

EUA, evolução como um conceito causal, a doença de Alzheimer, a agressão humana e, a etiologia da depressão — serão usadas para discutir e ilustrar a utilidade e limitações do modelo de três facetas.

HIV/AIDS

Em 1981, os médicos em Los Angeles relataram uma doença misteriosa que havia afligido cinco jovens do sexo masculino. Todos eram homossexuais e saudáveis até que desenvolveram uma doença progressiva e debilitante, associada às doenças infecciosas incomuns, um conjunto de circunstâncias sugerindo que os seus sistemas imunológicos não estavam funcionando ou estavam suprimidos. A doença foi identificada como "deficiência imunológica relacionada aos gays", ou GRIDS (*gay-related immune deficiency*). Outros médicos de base urbana rapidamente relataram cuidar de indivíduos com semelhanças surpreendentes: a maioria havia sido previamente saudável, a maioria era do sexo masculino, relataram terem parceiros do mesmo sexo, todos sofriam de infecções debilitantes, e muitos haviam morrido. A maioria dos indivíduos com o transtorno que não relataram terem parceiros do mesmo sexo, havia usado substâncias ilícitas que foram injetadas ou receberam produtos derivados do sangue, como parte de seus cuidados médicos. A doença foi renomeada como "Síndrome de Imunodeficiência Adquirida" (AIDS) nos países em que a língua inglesa é falada.

As características clínicas dos pacientes e o fato de que a maioria tinha parceiros do mesmo sexo, injetado drogas ilícitas e, portanto, provavelmente expostos a agulhas usadas por outros, ou havia recebido transfusões de sangue, apontaram para uma doença causada por um agente infeccioso que se espalha por meio do contato com fluidos corporais, tais como sêmen e sangue. A singularidade dos sintomas e estudos de laboratório sugeriram que esta era uma doença "nova", ou seja, uma doença desconhecida dos médicos modernos. Os únicos tratamentos disponíveis eram aqueles que atacavam as doenças infecciosas ou cânceres que ocorriam como resultado de um sistema imune ineficaz. A maioria dos indivíduos tinha surtos repetitivos de doenças infecciosas comuns e raras, muitos desenvolveram demência, e muitos morreram em um estado debilitado, caquético. A doença foi inumerável e devastadora, e no momento em que se tornou amplamente reconhecida, ela havia se espalhado por continentes e mudou-se para áreas mais rurais. Em alguns anos, a doença tornou-se uma epidemia em todo o mundo.

Em 1983, um grupo científico liderado por Luc Montagnier, no Instituto Pasteur em Paris, relatou que indivíduos com AIDS foram infectados com um vírus até então desconhecido, que não estava presente em indivíduos sem AIDS. Chamaram-o de LAV (linfadenopatia vírus associado). No ano seguinte, Robert Gallo e colaboradores do Instituto Nacional do Câncer, em Washington relataram o isolamento de um vírus que chamaram de HTLV-III. Esse vírus logo se mostrou idêntico e presente em todos os indivíduos com AIDS (passo 1 em postulados de Koch, veja Capítulo 1). Cada um dos grupos de pesquisa alegava a descoberta da causa da AIDS, e o vírus foi renomeado para HIV (vírus da imunodeficiência humana) como uma solução parcial para esta controvérsia de nomes.

Os cientistas que estudavam o vírus identificaram como um retrovírus, um vírus cujo RNA direcionou a formação do DNA. Drogas previamente desenvolvidas para tratar tais vírus foram identificadas como parcialmente eficazes, mas a resistência a elas desenvolveu-se muito rapidamente. Durante a próxima década, os cientistas identificaram muitas características da biologia do vírus e por meio deste conhecimento produziram terapias farmacológicas mais eficazes. Finalmente, um regime complexo de várias drogas, chamado de HAART (terapia antirretroviral altamente ativa) mostrou prejudicar drasticamente a capacidade do vírus de se reproduzir e, assim, mitigar drasticamente seus efeitos adversos à saúde, impedindo a sua propagação por todo o corpo.

No entanto, estas drogas são incapazes de eliminar o vírus do corpo, pois o vírus é capaz de se "esconder" nas células. O HAART mudou radicalmente o curso do HIV/AIDS, como a doença agora é chamada, pois o sistema imunológico intacto é capaz de prevenir a maioria das infecções debilitantes que anteriormente caracterizava a doença. Tem, portanto, permitido que muitos indivíduos se mantenham saudáveis, desde que possam pagar e estejam dispostos a tomar os medicamentos.

No entanto, mesmo antes do agente causador da doença ser descoberto, ficou claro que muitos casos da doença poderiam ser evitados por meio da interrupção da partilha de fluidos corporais, com o uso de preservativos e agulhas limpas e pela triagem de doadores de sangue com fatores de risco. Alguns críticos afirmam que esta estratégia não foi disseminada rápido o suficiente, mas ainda hoje, com a ampla divulgação de como a doença é transmitida, tais medidas preventivas ainda são ignoradas.

A descoberta do vírus também levou ao desenvolvimento de um teste para detectar a sua presença no sangue. Como resultado, todo o sangue doado poderia ser rastreado, tornando o fornecimento de sangue ao banco de sangue uma ação mais segura. (Mais uma vez, a falta de disseminação rápida em vários países levou a infecções em pessoas que sofrem de hemofilia, necessitam de transfusões de sangue em um fator que promove a coagulação, e outros que recebem transfusões de sangue.). Hoje, o HIV/AIDS existe em todo o mundo. O número de novos casos tem diminuído em muitos lugares, mas a sua propagação não foi eliminada. Em alguns países em desenvolvimento, o tratamento ainda não está amplamente disponível ou acessível, e em países onde está, novos casos continuam ocorrendo, porque as estratégias de prevenção têm sido mal implementadas ou não têm como alvo as causas predisponentes específicas que são predominantes na área.

O desenvolvimento de drogas antirretrovirais mudou drasticamente a doença, passou de uma doença inevitavelmente fatal para aquela que pode ser controlada, mas ainda não curada. O tratamento de indivíduos expostos ao vírus dentro de 48 horas pode evitar a infecção, e o tratamento de mulheres grávidas infectadas com o vírus no momento do parto pode evitar a transmissão do vírus ao seu filho. Esses tremendos avanços surgiram por meio da pesquisa empírica que dependia do conhecimento de que o vírus é a causa precipitadora da doença.

No entanto, nem o conhecimento de como a doença se espalha, nem as terapias eficazes desenvolvidas na última década foram bem sucedidas para impedir a propagação da doença em todos os cantos da terra ou levaram à diminuição das taxas de novos casos em muitas partes do mundo. Claramente, a transmissão deve ser interrompida se a epidemia for interrompida, mas é necessária uma compreensão dos comportamentos dos indivíduos e grupos de indivíduos para fazer isso. Por exemplo, a circuncisão masculina está associada a um menor risco de propagação do vírus, e ter múltiplos parceiros sexuais está associado a um risco mais elevado. A mudança dos padrões desses fatores de risco é um desafio significativo.

O Modelo Aplicado das Três Facetas

A causa *precipitadora* do HIV/AIDS, o vírus HIV, foi descoberta somente três anos após a doença ser identificada pela primeira vez. Sem o vírus, a doença não ocorre, e quando o vírus está presente em um ser humano, o sistema imunológico é quase sempre suprimido ou fica suprimido ao longo do tempo. Estes fatos preenchem o primeiro dos critérios de Koch para a causalidade, ligando um agente patogênico a uma doença. Uma vez que nenhum outro fator (de drogas, comportamento, genética, agente infeccioso) foi encontrado para ser universalmente associado com a doença, há um acordo universal entre os especialistas de que o vírus é a causa da AIDS. Aqueles poucos indivíduos que alegaram o contrário não apresentaram nenhuma evidência para apoiar a sua afirmação. Tratamentos têm sido desenvolvidos que podem diminuir significativamente a quantidade de vírus no sangue de um indivíduo e, presumivelmente, ao longo do corpo. Isto preenche parcialmente o segundo dos critérios de Koch, o qual afirma que a remoção do agente agressor resolve os sintomas.

Muitos cientistas estão tentando desenvolver uma vacina que impediria a suscetibilidade ao vírus e evitaria que a doença ocorresse. Alguns especialistas acreditam que a vacinação poderia ser tão bem sucedida como o programa de vacinação contra a varíola e levaria à eliminação em seres humanos. No entanto, a dificuldade de erradicar outras doenças virais, como o sarampo e a incapacidade de eliminar outras doenças sexualmente transmissíveis, como sífilis e gonorreia, para as quais os tratamentos eficazes já estão disponíveis há décadas, indicam as grandes dificuldades que teriam que ser superadas para que isso fosse alcançado, ainda que os desafios biológicos do desenvolvimento de uma vacina fossem superados. Compreender aspectos originais da complexa teia causal de cada doença será, portanto, necessário para termos ainda mais avanços na prevenção e tratamento.

Foram identificadas causas *predisponentes* do HIV/AIDS, mesmo antes de o vírus ser isolado: comportamentos e ações em que os fluidos corporais foram compartilhados entre os indivíduos — seja vaginal, anal, ou sexo oral; o uso de uma agulha por mais de uma pessoa; a injeção de um fluido contaminado ou transplante de uma parte do corpo infectada por médicos; e o parto normal de uma criança de uma mãe infectada. Estas ações aumentam a probabilidade de que a doença se espalhará de um indivíduo para outro, mas essas não levarão a doença, a menos que o vírus esteja presente. Desde que a sua interrupção poderia evitar o vírus e, assim, a propagação da doença, essas ações são partes essenciais da cadeia causal.

Um aspecto extraordinário do HIV/AIDS é a rapidez com que se espalhou pelo mundo. Fatores que contribuem para isso contaram com a pronta disponibilidade de viagens aéreas por causa de seu baixo custo e do acesso universal, o uso predominante de drogas injetáveis, ambientes sociais e mudança de atitudes que têm aumentado o número médio de parceiros sexuais que se tem, o uso extensivo de hemoderivados por profissionais da área médica, bem como o fracasso dos médicos de seguirem precauções conhecidas para evitar a propagação da infecção, como o uso de luvas e o uso único de agulhas e seringas para injeção. Embora cada um desses fatores tenha contribuido para a disseminação da epidemia de HIV/AIDS em todo o mundo, a doença provavelmente se estabeleceria sem eles, apenas mais lentamente. Seus papéis como facilitadores são o que os tornam causas predisponentes.

O estigma sobre a doença foi e continua sendo outro contribuinte para a disseminação desenfreada do vírus HIV, uma vez que impediu alguns indivíduos com sintomas de procurar cuidados ou mencionar que estavam doentes aos parceiros sexuais, médicos ou outros. Alguns afirmam que uma resposta lenta pela saúde pública e autoridades também contribuiram para sua disseminação rápida. Esses fatores culturais foram e continuam sendo causas programáticas. Eles são uma parte do tecido do ambiente no qual o vírus tornou-se estabelecido e fomentou sua propagação, aumentando a probabilidade de que a precipitação e causas predisponentes pudesssem operar. As redes sociais que consistem de indivíduos que compartilham certos padrões de comportamento também contribuíram para a propagação do vírus. No Ocidente, a doença atacou primeiro os homens com parceiros do mesmo sexo, pois em algumas cidades formaram grupos altamente interativos. Da mesma forma, aqueles que partilham agulhas são suscetíveis de interagir uns com os outros e ainda propagar o vírus. Conforme pesquisadores, como Barabási mostrou, alguns indivíduos altamente conectados ("hubs"— pontos centrais) podem ter grandes efeitos sobre toda uma rede. Alguns indivíduos com muitos parceiros sexuais sejam eles indivíduos opostos ou do mesmo sexo; um único indivíduo infectado cujos componentes sanguíneos foram misturados com os de outros para fornecer um tratamento dado a muitas pessoas com hemofilia, ou uma única garrafa de soro fisiológico que foi contaminada por uma agulha que havia sido usada várias vezes por profissionais médicos ou usuários de substâncias, podem espalhar o vírus para muitos outros, cada um dos quais pode, em seguida, passá-lo para outros. Entendendo que "locais" altamente conectados desempenham um papel na disseminação da doença, fornece uma compreensão de causa que difere dos fatores precipitantes e predisponentes discutidos anteriormente.

A lógica *empática* torna plausíveis as contribuições à doença que se espalha por fácil acesso ao transporte aéreo, a mudança de atitudes que aumentaram a partilha de agulhas usadas para injetar drogas, que influenciam o humor e o comportamento, e as mudanças nos hábitos sexuais. Mesmo hoje em dia, apesar do conhecimento geral de como a doença se espalha e como ela pode ser prevenida, novas infecções continuam ocorrendo. Alguns dos contribuintes para este fato angustiante não são passíveis de testes empíricos, mas são altamente plausíveis. Estes incluem fatores específicos da idade de desenvolvimento (tais como sentimentos de invulnerabilidade e rebelião), traços de personalidade (alguns indivíduos são, por natureza, mais propensos a assumir riscos quando resultados adversos são possíveis e conhecidos), a rejeição por parte de alguns governos e indivíduos de medidas de saúde pública como a distribuição e uso de preservativos, a falta de medicamentos para as mulheres grávidas HIV — positivas no momento do parto, por causa do custo e falta de ação, o poder do desejo sexual, bem como a natureza viciante de algumas drogas injetáveis que impulsiona alguns indivíduos a assumirem riscos. Esses fatores são contribuintes altamente plausíveis para o estabelecimento e propagação da epidemia, e seus papéis parecem indiscutíveis para mim. Mas, enquanto há algumas evidências concretas apoiando essas alegações, por exemplo, uma associação entre o uso de drogas injetáveis e a aquisição do vírus, a hipótese de que isso pode ser atribuído à mudança de atitudes e variáveis socioeconômicas depende principalmente do poder narrativo da alegação.

De onde é que a doença veio? A semelhança entre o vírus do HIV e um vírus encontrado em primatas não humanos africanos, o vírus da imunodeficiência símia (SIV), e a evidência de que os primeiros casos surgiram na África na década de 1950 sugerem que o vírus foi transmitido de macacos para seres humanos. Uma teoria plausível é que os caçadores de macacos ao lidar com a carne foram infectados por meio de cortes ou feridas abertas em suas mãos, e o vírus teve mutações para uma forma que pode infectar seres humanos. Esta narrativa parece muito plausível e reúne o que se sabe sobre os vírus SIV e HIV, o fato de que os primeiros casos provavelmente ocorreram na África Sub-saariana, que o vírus é transmitido pelo sangue, e alguma evidência de que houve casos em 1950. O aparecimento "repentino" da doença e sua disseminação explosiva no início de 1980 podem ser entendidos como a concatenação desses diversos fatores. Nenhuma causa predisponente ou precipitante explica porque a epidemia ocorreu ou por que isso aconteceu quando aconteceu, mas quando considerados em conjunto, emerge uma narrativa plausível, coerente, abrangente e poderosa. Além disso, outros fatores têm sido sugeridos que não são aceitos universalmente ou amplamente. Por exemplo, Craig Timberg e David Halperin sugerirem em Tinderbox: Como o Ocidente Provocou a Epidemia da AIDS e Como o Mundo Pode Finalmente Superá-la, que o sistema colonial e seus remanescentes contribuíram para o surgimento da doença.

O HIV/AIDS também ilustra a coexistência de vários modelos causais, cada qual acrescenta poder explicativo. A natureza causadora do vírus HIV é *categórica*. Sem o vírus, a doença não pode estar presente; quando o vírus está presente em um indivíduo, a probabilidade de que a pessoa desenvolverá a doença por HIV/AIDS, a menos que um tratamento antiviral seja instituído é muito alta. Além disso, o tratamento da doença com tratamentos específicos interrompe sua progressão implacável e tem reduzido drasticamente as taxas de incapacidade grave e morte. Estes dois fatos preenchem dois dos postulados de Koch. A exigência de que o vírus para ser espalhado pelo compartilhamento de fluido corporal também é categórica.

Muitos dos fatores predisponentes do HIV/AIDS são *dimensionais*. Quanto mais parceiros sexuais um indivíduo tem, maior a probabilidade de exposição ao vírus e maior a probabilidade de desenvolver o HIV/AIDS. Muitos dos comportamentos de risco são dimensionalmente distribuídos na população. Por exemplo, o traço da personalidade de assumir riscos é dimensionalmente distribuído na população. A pontuação mais elevada nesta característica está associada a uma maior probabilidade de desenvolver transtorno de uso de substância, ter relações sexuais desprotegidas, e a rejeição a outros procedimentos conhecidos que reduzem o risco, todos os comportamentos que aumentam a probabilidade de exposição ao vírus. Estudos epidemiológicos também têm demonstrado que a propagação do HIV/AIDS pode ser modelada por meio da compreensão dos padrões de interação social, de grupos de alto risco de indivíduos, tais como homens com parceiros sexuais do mesmo sexo, homens que recorrem às prostitutas frequentemente e usuários de drogas intravenosas. Estes padrões de interação ajudam a explicar o crescimento explosivo não linear da epidemia e a identificar alvos ("hubs") para a prevenção e descoberta precoce de casos.

Apesar da discussão acima, é razoável perguntar se o modelo de três facetas melhora a compreensão da doença e, mais importante, se melhora os esforços para prevenir e possivelmente eliminar a doença. Claramente, até terapias que eliminam o vírus matando-o ou o impedindo de tornar-se estabelecido por meio da indução de uma resposta imune (uma vacina) — ou seja, atingir a causa categórica — estão disponíveis, a doença continuará a se espalhar, a *menos* que haja uma aplicação universal de estratégias que visem as causas predisponentes — uso de agulhas em conjunto, relações sexuais desprotegidas entre os indivíduos com múltiplos parceiros sexuais, o não fornecimento de tratamento antiviral para as mulheres com HIV positivo na hora do parto, e as práticas de profissionais da área médica que expõem várias pessoas ao sangue e a produtos de sangue. A aplicação do modelo de três facetas torna claro que a eliminação desta praga exigirá tanto o desenvolvimento de terapias biológicas melhores que visam o vírus causal *quanto* a implementação de estratégias eficazes para eliminar ou pelo menos diminuir em grande escala os fatores individuais e de rede que predispõem à exposição ao vírus. A incapacidade de eliminar a sífilis e a gonorreia, apesar da disponibilidade de tratamentos eficazes por mais de sessenta anos sugere que o desenvolvimento de uma droga que elimine o vírus do corpo não será suscetível para impedir a disseminação da doença por conta própria. O desenvolvimento de estratégias de saúde pública pode e têm reduzido as taxas de novos casos, mas o vírus continua a se espalhar. A incapacidade de eliminar outras doenças sexualmente transmissíveis e conter a onda de distúrbios de abuso de substâncias, apesar de décadas de tentativas sugere que o HIV/AIDS será difícil, senão impossível de se eliminar. O desenvolvimento de uma vacina que pode prevenir a doença seria, sem dúvida, um grande passo a frente, mas a compreensão de que muitas das predisposições para o desenvolvimento da doença estão no domínio do comportamento humano deixa claro que nenhuma estratégia será eficaz. Os defensores de cada uma dessas abordagens, muitas vezes pintam sua abordagem como o caminho a seguir. O modelo de três facetas sugere que o progresso no sentido de eliminar ou pelo menos diminuir o sofrimento causado pelo HIV/AIDS exigirá melhores entendimentos das causas categóricas, predisponente, e não lineares e para o desenvolvimento de estratégias que visam fatores em cada uma dessas categorias. Assim, o modelo de três facetas enfatiza a necessidade de esforços contínuos em várias frentes e fornece um quadro em que tal estratégia pode ser explicada e orientada. A complexidade do modelo de três facetas é um desafio, mas permite uma maneira de combater aqueles que repudiam estratégias de saúde pública, desacreditam na importância da biologia da doença, ou acreditam que os preservativos, programas que incentivam a monogamia ou parceiros sexuais individuais, ou medicamentos por si próprios são a resposta para parar a epidemia. Qualquer um destes está condenado ao fracasso, porque é apenas um aspecto de uma cadeia causal complexa.

O modelo de três facetas também ajuda a explicar porque tem sido difícil fazer progressos contra algumas causas predisponentes e de rede e porque a educação por si só não fez com que tais comportamentos predisponentes parassem de acontecer. A concepção de intervenções de saúde pública deve reconhecer que uma abordagem única não pode eliminar ou mitigar a propagação do vírus e que qualquer esforço para atacar os fatores predisponentes terá que enfrentar muitos desafios. Além disso, apesar de um grande esforço estar sendo colocado no desenvolvimento de uma vacina e em medicamentos que podem matar o vírus, a dificuldade encontrada até agora em abordar as causas predisponentes sugere que o progresso à eliminação da doença será bloqueado a menos que as questões predisponentes dimensionais e narrativas sejam abordadas.

As limitações da abordagem de três facetas à causalidade também são ilustradas pelo exemplo do HIV/AIDS. Alguns funcionários públicos e indivíduos têm crenças que não são influenciados por dados que são empíricos ou narrativos que são empáticos. Aqueles que vêem a doença como um castigo, como uma praga introduzida por alguns grupos para infligir debilidade e morte sobre os outros, ou como uma doença pela qual a responsabilidade individual para o comportamento não tem parte, pois ela é causada por um vírus, não serão convencidos e provavelmente não passíveis até mesmo para discutir as questões a partir de um ponto de vista tão complexo.

A LEI

O conceito de lei abrange duas ideias principais: (1) grupos de pessoas precisam de regras para definir a conduta aceitável para esse grupo, e (2) as regras e procedimentos utilizados pelas unidades governamentais para determinar a responsabilidade por eventos ou ações, resolver disputas, e determinar o tipo e a extensão da punição a ser dispensada, uma vez que a responsabilidade foi estabelecida, deve ser explícita. Leis formais já existem há pelo menos quatro milênios, quando os sumérios, um grupo que habita o que é hoje o sul do Iraque, as esculpiram em pedras. Centenas de sistemas muito diferentes de lei foram estabelecidos pelas unidades que regem desde então, mas a determinação de causalidade é uma característica central de todos eles. O sistema de direito nos Estados Unidos baseia-se no sistema inglês que estava em vigor nas colônias antes da América se tornar um país independente (exceto em Louisiana, cujas leis derivam do Código de Napoleão).

O pressuposto essencial do sistema legal americano é que os indivíduos e as entidades de grupos (empresas, governos, organizações) atuem como agentes com livre arbítrio e, portanto, assumam a responsabilidade por suas ações. Dividem-se os erros em duas grandes categorias: penal e civil.

No direito penal, a definição de um ato ilícito é identificada nas leis legislativamente aprovadas. Atos ilegais variam de atravessar a rua em um lugar ou tempo impróprio (distraído) a matar com intenção. Vários princípios gerais subjazem esta abordagem de conduta criminosa. Em primeiro lugar, é a sociedade, por meio do Poder Legislativo, que identifica os atos que considera ilegal. Em segundo lugar, uma vez que a lei escrita não pode abordar as nuances de cada circunstância, os casos anteriores (precedentes) são invocados, se ocorrer algum problema durante um processo judicial que não está diretamente abordado na lei ou sobre os quais há desacordo.

Quando um veredito é alcançado em um processo judicial criminal, ele deve produzir uma decisão binária (categórica) de culpado ou inocente. No entanto, a certeza absoluta sobre a responsabilidade causal não é necessária. Pelo contrário, a causalidade deve ser mostrada por ter sido estabelecida "além de uma dúvida razoável", um padrão probabilístico que é o equivalente a "altamente provável." Embora os estudiosos e os tribunais judiciais resistam fortemente em colocar um número real a essa linguagem probabilística, é geralmente reconhecida por estar na gama do padrão mais comumente utilizado em ciência — 95 % probabilidade. Na ciência, isso significa que a probabilidade de que os resultados não são atribuíveis ao acaso são de 19 de cada 20 (95 %) e que a probabilidade da constatação de ocorrer por acaso é de 1 de cada 20, ou 5 %.

As tensões discutidas no Capítulo 2 entre a categórica (binária) e a dimensional (contínua) são ilustradas nesta dupla abordagem: a sociedade (como expresso por meio de suas organizações não governamentais) tem uma necessidade de punir os autores de atos que ela definiu como ilegais. Isso requer um sistema legal que determine a inocência ou a culpa em uma determinação de "sim/não". Ainda personalizado, formalizado como precedentes que datam centenas de anos atrás, reconheceu-se que a exigência de 100% de certeza é impossível e, portanto, impraticável; no mundo real de tomada de decisão, pode-se encontrar quase sempre algum fato ou informação que mina a capacidade de ser absoluta. Mesmo quando uma pessoa admite a culpa, há a possibilidade de que a confissão foi coagida. Nos Estados Unidos, a preocupação com essa possibilidade é ainda mais elevada ao nível de uma proteção constitucional contra ser obrigado a testemunhar contra si mesmo. A dúvida pode existir mesmo em face de evidências muito fortes. Por exemplo, mesmo se a evidência física, por exemplo, o DNA que só poderia ter vindo do suposto autor, a possibilidade de que ele foi colocado lá por alguém sempre pode ser levantada. Apesar dessas objeções humanas que prova absoluta ou garantia não são posssíveis, a sociedade determinou que um método para determinar a responsabilidade por ações ilegais é necessário, e o sistema legal é o resultado. Começando com os autores da Constituição dos EUA, os legisladores norte-americanos, juristas e estudiosos do direito têm tentado construir, por meio de princípios legais estabelecidos e leis específicas, mecanismos para aumentar a probabilidade de decisões precisas e diminuir a probabilidade dos incorretos.

As características centrais do direito penal relevantes à discussão de causalidade repousam em várias suposições: a verdade existe e pode ser determinada; certeza absoluta é um padrão muito alto para determinar a causa; abordagens podem ser incorporadas ao sistema legal que aumentam a probabilidade de um veredito correto; o sucesso do sistema exige que a população e os especialistas concordem sobre os princípios básicos do sistema; decisões erradas podem ser feitas e, portanto, um sistema de recursos é necessário para reconsiderar as decisões; e uma decisão sim/não deve ser a última.

Nos Estados Unidos, um segundo elemento do sistema legal, direito civil, aborda os erros que ocorrem da negligência. Isso é definido como uma falha para seguir os padrões de conduta estabelecidos na comunidade. A alegação de delito é instituída por um indivíduo, e não pelo Estado. Ele aborda questões como saber se uma pessoa tem prejudicado outra fazendo algo (cavar um buraco sem cercá-lo com uma barreira, por exemplo) ou se uma empresa fabricou um produto defeituoso e se este produto causou um dano.

A característica central do direito civil é que as partes responsáveis por resultados adversos são responsáveis por reparar os danos causados, muitas vezes, fazendo um pagamento monetário para o ofendido. Do ponto de vista da causalidade, uma grande diferença entre responsabilidade civil e direito penal nos Estados Unidos é que o grau de certeza necessário para decidir um caso de delito é "uma preponderância de provas", que significa "mais provável que não." Mais uma vez, juristas rejeitam a aplicação de um valor numérico a essa frase, mas essencialmente significa que a probabilidade de verdade é superior a 50%. Isto é muito menos rigoroso do que o padrão "além de uma dúvida razoável" para o processo penal. A clara diferença entre os dois padrões se refere a diferenças percebidas na natureza da transgressão. Do ponto de vista do interesse no raciocínio causal, o ponto chave é que os Estados Unidos desenvolveu dois padrões legais diferentes para o estabelecimento de causalidade com base em uma diferença percebida na força da evidência necessária para estabelecer causalidade.

Esta diferença entre o direito penal e o direito civil estende-se a questões processuais importantes. No processo penal, os réus não podem ser obrigados a testemunhar contra si, uma proteção contra a autoincriminação que é concedida na Declaração de Direitos da Constituição dos EUA. Em casos de responsabilidade civil, ao contrário, os réus podem ser obrigados a entregar todos os materiais relevantes e a testemunhar, mesmo que uma resposta verdadeira possa prejudicá-los.

Nem todos os casos de delito são decididos com uma decisão de sim/não. Ambos os lados podem concordar com um apelo em que uma multa seja paga ou alguma outra medida tomada para resolver o problema, mas neste caso, nenhuma admissão de responsabilidade é feita. Aqui, a questão da causalidade é contornada, mas, no entanto, a reparação é fornecida. Isso ilustra o fato de que a lei tem o duplo propósito de estabelecer causalidade e estabelecer um castigo ou sanção adequada.

Vários outros aspectos da lei dos EUA expressam uma abordagem mais gradual a responsabilidade causal e a tomada de decisão. Atos que foram premeditados são tratados com mais rigor no sistema penal do que aqueles julgados como tendo ocorrido no momento. Um exemplo é a diferença entre homicídio qualificado e homicídio culposo. Em casos de delito, atos que são considerados particularmente notórios ou repetitivos podem resultar em punições mais onerosas, por exemplo, um crime triplamente qualificado, comparado com aquele que não é. Assim, a punição pode ser classificada de acordo com as circunstâncias que a precederam, que contribuíram para isso, ou que a rodearam. Os juízes e os jurados podem decidir as atenuantes ou circunstâncias atenuantes que podem diminuir a responsabilidade pela causa. Debates atuais sobre se a história prévia de abuso físico ou emocional deve temperar a responsabilidade de uma pessoa que prejudica o cônjuge, pai ou ex-supervisor e sobre se as pessoas com deficiência mental (agora conhecidas como deficiência intelectual) devem receber a mesma sentença de uma pessoa cognitivamente normal, refletem a tensão que resulta de um modelo em que a causalidade é reconhecida como uma construção tridimensional.

Outro exemplo de uma abordagem gradual para tomada de decisão é a utilização de painéis de juízes para tomar decisões. Estes painéis são geralmente compostos por um número ímpar de indivíduos que "votam" sobre os resultados. A decisão requer uma maioria (empate deixa as decisões anteriores prevalecerem). Muitas opiniões absolutas da Suprema Corte nos últimos anos resultaram de 5-4 votos.

Para resumir, a causalidade no sentido jurídico é definida pela cultura. Nos Estados Unidos, as determinações de responsabilidade causal contam com princípios e procedimentos estabelecidos na Constituição dos EUA, e suas alterações, por meio do processo legislativo de aprovação de leis em várias jurisdições, e pelo acúmulo de casos precedentes que esclarecem questões não explicitamente dirigidas legislativamente ou na Constituição. Com o tempo, os atos considerados como certos e errados podem mudar, como as definições de culpabilidade causal também podem. Isso pode acontecer por meio de alterações legislativas explícitas à Constituição e à lei ou por meio da mudança de interpretação da Constituição e dos atos legislados. Mesmo que tais mudanças geralmente ocorram lentamente, a causalidade, no sentido legal é uma construção de fluido que tem e continuará mudando ao longo do tempo.

O Modelo Aplicado das Três Facetas

Para os casos que chegam a julgamento, a decisão preliminar a ser feita por um juiz ou júri é se o acusado foi a causa *precipitante* do evento em questão. Eles devem chegar a um sim ou não categórico. No entanto, se o réu é culpado, a consideração é também dada a *predisposição* das circunstâncias na definição do crime e sua punição. Por exemplo, as diferenças entre assassinato em primeiro grau, assassinato em segundo grau, e homicídio incluem se houve premeditação e se houve intenção de matar. Estas são questões dimensionais, pois definem uma variação na gravidade do crime. Outros exemplos de elementos tridimensionais são se atenuantes prévias aos elementos estavam presentes que limitaram a responsabilidade (uma educação abusiva, por exemplo) e se o acusado havia limitado a capacidade cognitiva e, portanto, não poderia acomodar totalmente a sua conduta à lei. Em direito penal, prevê-se quanto à perversidade do crime e se houve brechas repetidas ou isoladas na norma.

Causa *programática* operando no contexto jurídico inclue circunstâncias atenuantes ambientais ou sociais e atribuição de responsabilidade por um resultado adverso para os grupos, coleções de indivíduos ou entidades legalmente definidas como corporações ao invés de indivíduos. Causa *intencional* relaciona-se com a intenção do autor (por exemplo, a morte não intencional é chamada de "homicídio culposo", a morte intencionada é chamada de "assassinato"), e isso pode afetar diretamente a decisão de responsabilidade (se uma pessoa é acusada de um homicídio e um júri decide que a morte não foi intencional, a pessoa pode ser considerada "inocente", mesmo que se foi concluído que o indivíduo causou a morte).

Lógica *categórica* é necessária em todos os casos em que a determinação legal final é feita uma vez que uma decisão de causal ou não causal é um resultado necessário, mesmo quando as circunstâncias atenuantes estão presentes. Decisões categóricas incluem culpado/inocente, responsável/não responsável e responsabilizado/não responsabilizado. Vale ressaltar que a lei se baseia na premissa de que causas existem e que indivíduos e organizações podem ser identificados como agentes causais. Como observado no Capítulo 1, este é um pressuposto necessário para examinar o conceito de causalidade. A lei fornece um exemplo de um sistema de conjunto construído sobre esta hipótese, e diversos exemplos de como lógicas causais são aplicadas em uma variedade de situações. Lógica *dimensional* e *não linear* é aplicada em muitas circunstâncias também. Isso vai desde a questão da gravidade do ato (de assassinato de primeiro ou segundo grau, homicídio doloso, homicídio culposo) a determinação das circunstâncias atenuantes que reduzem, mas não abolem a pena, ao grau de confiança com o qual a evidência é necessária para apoiar uma decisão ("além de uma dúvida razoável" ser a de mais alto nível, um "grau razoável de certeza" ser um nível médio, a uma "preponderância de provas" ser um padrão mais baixo). O aspecto *não linear*, também inclui o reconhecimento de que algumas evidências podem suportar um papel causal, mas se a limiar não for atingida, a conclusão de inocente é o resultado apropriado. Curiosamente, Leibniz, um dos desenvolvedores do cálculo, citou o direito como uma importante fonte de suas ideias sobre probabilidade e verossimilhança.

A evidência é idealmente *empírica*, isto é, de tal tipo e qualidade que qualquer júri ou juiz chegaria à mesma conclusão. No entanto, as ligações entre os elementos de prova e a inclusão de conceitos como motivação é *empático*, assim como é no campo das ciências e nos campos narrativos. Nos Estados Unidos, o raciocínio eclesiástico não deve entrar na deliberação. A questão da qualidade da evidência será sempre um desafio. Um dos motivos é a afirmação de Humean que garantia absoluta não é possível. Além disso, porém, os seres humanos são falíveis, e as provas que evidenciam são dependentes de características que não podem ser garantidas, como a honestidade, a abertura às interpretações alternativas, e uma falta de preconceitos conscientes ou inconscientes.

Dois eventos nos últimos anos ilustram os desafios que a validade da evidência empírica vivencia. Em primeiro lugar, tem havido centenas de reversões de vereditos desde que "impressão digital" DNA, uma técnica que pode determinar de forma confiável se o DNA em um pedaço de evidência é do suspeito ou de outra pessoa, tornou-se disponível. Em segundo lugar, foi demonstrado que o uso de fotografias para identificar supostos autores, muitas vezes, identifica incorretamente um suspeito. A falibilidade potencial de evidência coloca pressão sobre o sistema para redefinir e analisar continuamente a adequação da evidência empírica que liga um suspeito a um crime. Com algumas resslavas, como citação de múltiplas linhas de evidência, relembra a abordagem sugerida por Bradford Hill, será sempre necessário para o sistema atingir o seu objetivo declarado de resultados precisos.

Hereditariedade e evolução como construções causais

Pode se dizer que a hereditariedade tem uma causa? Esta é uma grande questão, no campeonato do "Por que o universo é estruturado da maneira que é?" Genética, o estudo da hereditariedade, teve suas origens científicas no trabalho de um monge bávaro, Gregor Mendel, na década de 1860, embora os seres humanos tenham modificado as propriedades genéticas das plantações e dos animais por milênios pelo cruzamento de gados e plantas com características desejáveis e produzindo descendentes que eram mais propensos a terem as características desejáveis. Os experimentos de Mendel demonstraram dois fatos agora ensinados a todos os estudantes de ciências do ensino médio: primeiro, a hereditariedade resulta da passagem de uma geração para a próxima de unidades de informação genética (mais tarde nomeadas genes) e, segundo, que cada um dos pais contribui com uma única cópia de cada gene para seus filhos e que é o par de genes contribuído por cada um dos pais que determina a composição da hereditariedade da prole. Experimentos de Mendel com ervilhas demonstraram que as unidades da hereditariedade operam em um dos dois modos. No modo dominante, um único gene de um dos pais determina a característica ou o traço na prole, independentemente do gene que é herdado do outro progenitor. No modo recessivo, duas cópias idênticas do gene são necessárias para a característica a ser expressa. O poder desta descoberta não foi apreciado até o início do século XX, e por quase todo o século, este modelo de herança mendeliana dirigiu o campo da genética.

No entanto, na década de 1990, ficou claro que muitas doenças e características dos organismos não seguem o modo de herança mendeliana. Em alguns casos, múltiplos genes interagem para provocar uma característica ou doença, mas em outras circunstâncias, o mecanismo pelo qual os genes influenciam a herança ou é muito mais complicado, ou ainda não compreendido. Por exemplo, muitas doenças comuns — diabetes, pressão alta, e depressão, entre outras — são conhecidas por serem influenciadas por vários genes, nenhum dos quais contribui para a causalidade em mais do que uma pequena porcentagem dos casos. É provável que distúrbios como esses, os quais no passado foram considerados como doenças individuais, passarão a ser grupos de transtornos com muitas causas genéticas diferentes.

Enquanto o conhecimento sobre a genética acumulou-se ao longo do século XX, como pesquisadores desenvolveram as ferramentas da biologia molecular, a taxa acelerou drasticamente na última metade do século. A história desta conquista é fascinante e tem várias lições gerais aplicáveis à busca da causalidade.

Cromossomos foram propostos como a fonte da hereditariedade no final do século XIX. O ácido desoxirribonucléico

(DNA) foi descoberto por Johann Miescher, em 1874, e setenta anos mais tarde, em 1944, Avery e McCloud identificaram o DNA como o transportador da hereditariedade. Em 1953, James Watson e Francis Crick descobriram que o DNA é composto por duas vertentes que se torcem ao redor uma da outra em uma forma chamada de "hélice duplo", e que cada fio é composto de sequências repetidas de apenas quatro produtos químicos chamados nucleotídeos: citosina, guanina, adenosina, e timina. Os dois fios se alinham de tal modo que a adenosina nucleótidos e a timina estão sempre opostas ou emparelhadas um com a outra, como a guanina e a citosina. Dentro de uma década, foi demonstrado que as sequências únicas de três destes nucleótidos orientam a formação de cada um dos vinte aminoácidos observados em organismos vivos. Estes aminoácidos são então ligados em conjunto para construir as proteínas que são a base de toda a vida. Por exemplo, a série de citosina ("C"), adenosina ("A"), e a guanina ("G") ou CAG instrui a maquinaria celular para fazer o aminoácido glutamato.

O modelo de Crick e de Watson explicou os mecanismos de muitos aspectos da hereditariedade, que anteriormente havia sido inferido a partir de experiência e observação. Por exemplo, o modelo de Mendel exigiu que cada um dos pais contribuisse com uma de suas unidades de hereditariedade emparelhados (genes) a sua prole. O modelo de Watson-Crick propôs que isso ocorreu quando os fios emparelhados da hélice desenrolam durante um processo de meiose, de modo que apenas um dos seus genes emparelhados está contido em um ovo ou esperma. É o reagrupamento destes no momento da fertilização que leva ao emparelhamento dos genes.

Quase cinquenta anos após a publicação do Watson e Crick, dois grupos de cientistas anunciaram que haviam sido capazes de colocar em sequência correta os três bilhões de nucleotídeos dos vinte e três cromossomos humanos, conhecidos em sua totalidade, como o genoma humano. Este seqüenciamento foi saudado como uma das grandes conquistas da ciência, pois exigia a reunião na ordem exata dos muitos milhões de pequenos pedaços de vinte e três cromossomos que os pesquisadores haviam produzido. Estes pequenos pedaços eram necessários que fossem de um tamanho manejável, para que pudessem ser sequenciados por diferentes máquinas e grupos de indivíduos que trabalham simultaneamente. Era notável o orgulho e a emoção dos cientistas envolvidos e das comunidades científicas e leigas em geral, quando uma versão preliminar da final foi anunciada em 2001, mas várias perguntas surpreendentes rapidamente emergiram. Em primeiro lugar, a própria definição de um gene entrou em questão, pois se descobriu que as cordas de nucleotídeos que pareciam funcionar como genes individuais gerando proteínas individuais, por vezes, faziam mais do que isso. Por exemplo, algumas cadeias de nucleótidos dirigidas à produção de várias proteínas diferentes, cada uma com um comprimento diferente, mas que partilham partes idênticas da sequência de aminoácidos. Enquanto esse processo foi conhecido antes do sequenciamento ser concluído, frequência e complexidade do processo minou a simples ideia do gene como unidade básica pela qual a informação é passada para a próxima geração. Atualmente, várias definições do gene surgiram, cada qual se destacando em um aspecto diferente do processo genético: (1) a unidade que dirige a produção de uma única proteína, (2) a unidade que resulta na produção de uma característica identificável chamada um "fenótipo" de um organismo, e (3) a unidade que dirige a produção de um RNA específico (ácido ribonucleico) proteína que forma o molde pelo qual uma proteína específica é produzida.

Esta surpreendente virada de eventos demonstra que a contínua acumulação de conhecimento, muitas vezes derruba ou requer uma modificação do que havia sido universalmente aceito como "verdade" natural. O conceito de gene era ao mesmo tempo simples e elegante, e foi apoiado por cem anos de pesquisa em plantas e animais. Genes específicos foram identificados como a causa da cor dos olhos na mosca de fruta e o determinante de quantas pernas tem um inseto. No entanto, muitas outras características que não seguiram um modelo tão simples agora parecem ter outras explicações ou pelo menos ter uma gênese muito mais complexa. Nossa compreensão da causalidade é, por vezes, simplificada pela descoberta dos mecanismos por meio dos quais a natureza opera, mas nem sempre.

Ao longo da última década, estas e muitas outras descobertas têm desafiado a noção de que a porção do genoma que codifica a produção de proteínas é o único determinante de hereditariedade. Partes da sequência de nucleotídeos contêm instruções para iniciar ou parar a produção de proteínas, e estes também estão sujeitos a variação e controle. Outras partes do genoma têm sequências que parecem não ter nenhuma função. Elas foram previamente referidas como "DNA lixo", mas estas "regiões não codificadoras" são agora conhecidas para regular a quantidade de um produto de gene que é produzido, entre outras ações. Talvez ainda mais surpreendente, agora está claro que os genes podem ser *modificados* por muito tempo após a conclusão da reprodução, mesmo na idade adulta. Estes mecanismos *epigenéticos* são influenciados por eventos ambientais e pela disponibilidade de determinados produtos químicos em momentos específicos no tempo de vida do organismo. Esta é uma descoberta revolucionária que contradiz o ditado secular que eventos ambientais não provocam alterações no genoma que podem ser passadas aos descendentes. A alegação de que o ambiente pode mudar genes foi depreciada ao longo da última metade do século XX como política ("Lysenkoism", em homenagem ao cientista comunista Russo que a propôs), e não científica, mas agora é aceita, pois a evidência experimental tem demonstrado a sua ocorrência.

Outro desafio à doutrina aceita há muito tempo, tem sido a descoberta durante a última década que pequenas moléculas de RNA desempenham um papel na direção da função do gene. Assim, o DNA não é o único fornecedor de hereditariedade, uma modificação dos modelos de Avery-McCloud e Watson-Crick.

Outro aspecto de sequenciamento de nucleotídeos que vale a pena mencionar: a ordem linear de pares de bases direciona, via mensageiro RNA, não só a sequência de aminoácidos de proteínas, mas também informações sobre como essa proteína se dobrará. Esta dobragem é crucial para a função da proteína e reflete o fato de que as proteínas são estruturas tridimensionais. Este nível "elevado" de informações influencia não só se a proteína é funcional, mas também o grau ou a quantidade da sua função. Assim, o genoma contém informações que são tanto categóricas quanto dimensionais.

A discussão anterior foi focada sobre a base molecular da hereditariedade. Uma história igualmente fascinante pode ser dita sobre a descoberta de conhecimento em níveis macroscópicos das populações e do tempo. Darwin e Wallace começaram a revolução moderna na hereditariedade, alegando que seus estudos da variação entre organismos individuais levam inexoravelmente à conclusão de que as formas de vida atuais desenvolveram ou evoluíram ao longo de muitos milhões de anos. Darwin reconheceu que os agricultores e criadores haviam demonstrado ao longo de muitos séculos que se criação seletiva pode resultar na modificação dos traços de uma espécie existente ou, como na criação de cães, variando drasticamente a prole. O radical foi que Darwin e Wallace propuseram que a grande variedade de formas de vida atual emergiu gradualmente ao longo de muitos milhões de anos a partir de formas de vida muito simples e que um princípio orientador da seleção natural, ou "sobrevivência do mais apto", como um dos contemporâneos de Darwin, Herbert Spencer, o chamava, estava dirigindo este processo. No entanto, nem Darwin nem Wallace propuseram um mecanismo pelo qual isto ocorreu.

Na década de 1950, Ernst Mayr, com base no seu próprio trabalho e no de outros, foi proposta uma "grande síntese" da genética mendeliana e darwinisma. Ele propôs que três elementos são necessários para a evolução — aleatoriedade (a chance de introdução de mudança ao nível molecular e cromossômico, por exemplo, por mutação), variação (essas alterações resultam em expressão ou fenótipos biológicos diferentes) e seleção (maior probabilidade de sobrevivência em ambientes específicos). Inerente a este modelo está a sugestão de Mayr, que esses elementos atuam ao nível do organismo, não só ao nível molecular. Hoje, a evolução é amplamente embora não universalmente aceita como um dos grandes avanços intelectuais de todos os tempos.

Como tal mecanismo pode ter entrado no lugar? E como pode ser provado que a evolução, isto é, o desenvolvimento ou o aparecimento de novas espécies a partir de existentes, de fato ocorreu ao longo de centenas de milhões de anos? Estas são grandes questões causais cujas respostas devem ser abordadas por qualquer esquema que se esforça para colocar a estrutura em torno da causalidade.

Alguns fatos são incontestáveis. A Terra tem muitos milhares de milhões de anos de idade, e tem sofrido mudança geológica desde a sua origem. Rochas de idades muito diferentes contêm diferentes fósseis cujas idades podem ser estimadas. Esses fatos demonstram claramente que tanto formas de vida mudaram drasticamente ao longo do tempo, quanto que a maioria das formas de vida que existiram durante a história da Terra foi extinta. O registro fóssil mostra, ainda, que as formas de vida mais antigas são menos complexas do que as posteriores e que semelhanças podem ser encontradas na estrutura por meio de fósseis de espécies muito diferentes. O registro fóssil também demonstra claramente que os fósseis reconhecíveis como semelhante ao *Homo sapiens* estão presentes há vários milhões de anos, no máximo, e menos de cem mil anos, se alguém for muito perto do esqueleto dos seres humanos atuais. É claro que as formas de vida têm mudado ao longo do tempo. Mas o que tem impulsionado ou feito com que isso aconteça, e como é que isso pode ser provado?

No nível molecular, o modelo de Watson e Crick forneceu um mecanismo pelo qual a variação poderia ocorrer, uma vez que uma mudança de um único par de bases pudesse levar à produção de um aminoácido diferente e, por conseguinte, uma proteína diferente. Pesquisas posteriores, particularmente o sequenciamento de genomas de muitos organismos, demonstraram muitos outros mecanismos potenciais pelos quais a variação no genoma ocorreu. Estes incluem certos pedaços do genoma que têm duplicado, triplicado, ou multiplicado muitas vezes mais. Outras partes do genoma são compostas de sequências que mudaram de direção, e ainda outros se mudaram em *bloco* de uma parte do genoma à outra. Mudança aleatória pode ocorrer como resultado do acaso, por exemplo, a radiação cósmica atingindo uma molécula de DNA, mas os mecanismos que incentivam a mutação rápida também são incorporados ao maquinário genético de alguns organismos, como ilustra o exemplo da propensão do vírus da gripe à produção de variação genética.

O terceiro elemento da grande síntese, a pressão seletiva, tem sido demonstrado como resultado de alterações no ambiente. Muitas variantes não podem e não sobrevivem, mas uma vez que uma espécie se estabelece, qualquer mudança aleatória permaneceria rara a menos que a mudança aumente a probabilidade de sobrevivência na idade reprodutiva. A mudança ambiental também poderia introduzir circunstâncias que diminuem a probabilidade de sobrevivência até a idade de reprodução, diminuindo assim a probabilidade de sobrevivência ou adequação de um organismo. Por exemplo, as mutações continuam a ser uma das principais causas de morte no útero em humanos, e o aumento da probabilidade do vírus se espalhar pela reprodução mais eficiente tem caracterizado as grandes epidemias de gripe do século passado. Um bom exemplo de mudança intra-espécies das características sobre a extensão de uma ou duas gerações é o trabalho de Peter e Mary Grant nas Ilhas Galápagos. Eles descobriram que as mudanças no tamanho e na estrutura do bico dos tentilhões de Darwin, paralelas às mudanças climáticas que, por sua vez afetaram a disponibilidade de diferentes tipos e tamanhos de sementes, sua fonte de alimento primária.

Outros exemplos de mudança dentro das espécies ao longo do tempo foram mencionados nos capítulos anteriores. Além da capacidade dramática do vírus da gripe de se transformar em formas mais virulentas, os exemplos da capacidade quase universal de bactérias de desenvolver resistência aos medicamentos antibióticos e de alguns tipos de cânceres de desenvolverem resistência a tratamentos anticancerígenos com o desenvolvimento de mecanismos de superar as drogas, demonstra que a seleção natural acontece sob a pressão da mudança ambiental, neste caso, a introdução de medicamentos pelo homem.

No entanto, a grande questão não resolvida é como novas espécies se desenvolvem. Duas teorias concorrentes se desenvolveram, uma delas postula variação acumulada gradual e a outra, chamada equilíbrio pontuado, a qual defende a mudança dramática relativamente súbita que ocorre depois de muitos milênios de estabilidade. Pode-se encontrar evidência fóssil para ambas as teorias, mas a evidência ainda é bastante fraca. Por um lado, o registro fóssil até o momento não mostra as mudanças graduais ao longo do tempo que a teoria gradualista exige. Por outro lado, a falta de mudança gradual que tem sido oferecida como evidência para a teoria do equilíbrio pontuado pode refletir apenas uma incapacidade de detectar a mudança gradual, pois o registro fóssil é muito escasso. Alguns céticos até usaram a relativa escassez de formas intermediárias como evidência de que não foi comprovado que a evolução ocorreu. Durante os últimos vinte e cinco anos, muitas novas formas de vida fósseis que podem ser consideradas intermediárias foram descobertas. Por exemplo, a evolução proposta de aves de dinossauros foi originalmente prevista com base em semelhanças na estrutura óssea. A descoberta de prova inequívoca de várias espécies de dinossauros com penas forneceu algumas evidências de confirmação. No entanto, os céticos respondem, devem-se ver muito mais intermediários se de fato os pássaros evoluíram dos dinossauros. Uma demonstração convincente final ainda não ocorreu, em minha opinião, mas a descoberta contínua de mais compósitos de dinossauro-pássaro intermediários sugere que um registro preenchido de mudança gradual *pode* surgir em um futuro próximo. Continua bem possível que tanto a teoria gradualista quanto a do equilíbrio pontuado estejam corretas e que os eventos específicos ambientais dramáticos dirijam alguma evolução e que a acumulação gradual de mudança explique a mudança em outras espécies.

Genética e hereditariedade, assim, fornecem ilustrações úteis de muitos dos desafios para se aproximar da causalidade que surgiram ao longo deste livro. Em primeiro lugar, as soluções que parecem ser as mais simples, neste caso, conceituando genes como vagões alinhados em um trem cromossômico em um padrão especificado, não são necessariamente corretos. Uma sequência específica de pares de bases pode codificar uma única proteína em um tecido ou em um momento específico na sequência do desenvolvimento, mas em outras vezes é parte da instrução produzir uma proteína diferente. Da mesma forma, questões que antes pareciam simples, por exemplo, se o diabetes é causado pelo ambiente ou mecanismos genéticos inatos, acabaram por ter respostas complexas. Muitas doenças antes consideradas entidades únicas, agora são conhecidas por serem influenciadas por muitos genes. Para o diabetes, a depressão, o autismo, a doença de Alzheimer, e doença de Parkinson, muito mais do que dez genes distintos foram identificados, os quais contribuem para o seu desenvolvimento. Assim como essse fator de que os genes influenciam o desenvolvimento de cada doença ainda está sendo trabalhado, por outro lado, é claro que o ambiente desempenha um papel importante em cada uma delas. Talvez ainda mais intrigante, no diabetes, pois essa interação do ambiente do gene não precisa ser permanente.

Assim, algumas pessoas com uma predisposição genética para o diabetes que ficam acima do peso e desenvolvem o diabetes pode ter uma resolução da doença e voltar ao controle normal de açúcar no sangue, se perderem o excesso de peso. Será que elas ainda têm a "doença" quando as manifestações da doença somem?

Assim, a ideia de que a simplicidade é beleza e, portanto, suscetível de ser certa, precisa ser moderada. À medida que o sequenciamento do genoma e a revolução ainda em desenvolvimento na compreensão dos mecanismos genéticos demonstram, muitos aspectos da hereditariedade (natureza) não seguem uma ideia reducionista de elementos de hereditariedade individuais. A ênfase de Mayr da ideia de que a evolução atua sobre os organismos, não apenas em moléculas, sugere que os conceitos de causalidade de predisposição, precipitação e programática terão que ser empregados para aumentar a nossa compreensão da evolução. Os dados empíricos, às vezes, demonstram que respostas simples estão corretas, mas em outras vezes revelam o contrário. A lei de Occam está frequentemente correta, mas também muitas vezes errada.

Conclusão, a genética ilustra bem como qualquer tema discutido neste livro como respostas a perguntas sobre os mecanismos causais podem mudar ao longo do tempo quando um novo conhecimento é aprendido. Fazer perguntas que são responsáveis por métodos atuais é uma estratégia produtiva, mas há sempre a possibilidade de que mais informações surgirão no futuro, que alteram essa explicação. As ideias de Hume, Heisenberg e

Gödel se aplicam a biologia porque a certeza absoluta deve ser temperada pela valorização de que os ganhos futuros em conhecimento tendem a explicar os fenômenos em um nível mais básico ou de um ponto de vista diferente.

Em um nível ainda mais amplo, o desenvolvimento histórico das ideias e teorias no campo da genética e da hereditariedade sugere que é um erro fazer distinções absolutas entre o empírico e o empático. Em *Na Origem das Espécies (On the Origin of Species)* de Darwin, reuniu muitas observações que fizeram suas ideias plausíveis e sua teoria coerente e abrangente, mas ele ofereceu apenas a descrição. Ele não pôde sugerir mecanismos biológicos plausíveis pelos quais a seleção natural poderia operar e nem pôde sugerir testes científicos para apoiar ou refutar seus conceitos. Embora os dados paleontológicos que se acumularam reforçem a ideia de que as mudanças que ocorrem ao longo do tempo têm contribuído para a evolução, a descoberta de muitos mecanismos pelos quais a mudança pode existir, ainda não levou a uma prova abrangente do surgimento de novas espécies. O surgimento em nossa vida de novos organismos, tais como o vírus HIV dá mais apoio para a teoria da evolução, mas ainda hoje é a tecelagem de muitos segmentos diferentes de evidências em uma narrativa coerente que agrega o maior apoio ao darwinismo.

Modelo Aplicado das Três Facetas

Os genes e hereditariedade podem ser *predisponentes*, como no exemplo do diabetes, ou de *precipitação*, como nas doenças hereditárias em um padrão dominante mendeliano. Muitas funções normais dos organismos vivos são realizadas por redes de genes ligadas sequencialmente pela produção de uma proteína que, em seguida, leva a um evento em outro gene para aumentar ou diminuir a atividade. Estes sistemas *programáticos* provavelmente baseiam-se muito na biologia normal e, quando incomodados, doença. A expressão "seleção natural" sugere um propósito para genéticas — um mecanismo que aumenta a probabilidade de que a descendência de um organismo sobreviverá e, portanto, aumenta a frequência dos genes daquele organismo. Isso reflete a causa *intencional*, e até mesmo os defensores ferrenhos do darwinismo, como Richard Dawkins parece ter dificuldade em evitá-la. Se alguém, em última instância rejeitar ou aceitar a causa intencional como análises significativas, pensativas desta questão por escritores como Michael Ruse em *Darwin e Design* e J. Fodor e M. Piattelli-Palmarini em *Onde Darwin Errou (What Darwin Got Wrong)* pode ajudar a identificar onde os dados empíricos são necessários para colmatar lacunas restantes de conhecimento.

O modelo mendeliano continua a ser útil e é um exemplo da lógica *categórica*. Antigamente, acreditava-se que muitas doenças eram causadas por alterações em um único gene e por operarem de forma categórica. No entanto, muitos produtos de genes podem ser produzidos em quantidades graduadas, e muitas características que são influenciadas por muitos genes, tais como a altura, a cor da pele, e a capacidade intelectual são dimensionalmente distribuídos na população, como discutido no Capítulo 4. Muitos sistemas sob controle genético operam de uma forma não linear de acordo com as características descritas no Capítulo 5. Por exemplo, o sistema circadiano de vinte e quatro horas parece resultar da acumulação de produtos de genes e de pequenas moléculas RNA que influenciam o funcionamento ou o não funcionamento dos sistemas não lineares, incluindo a produção de cortisol, variações diurnas na temperatura do corpo, e do ciclo dormir/acordar.

A ciência *empírica* tem impulsionado o dramático acúmulo de conhecimento sobre os mecanismos pelos quais a hereditariedade exerce controle e influência sobre grande parte da vida.

Quaisquer dos mecanismos biológicos que são invocados para explicar a importância dos relacionamentos dentro das famílias de indivíduos relacionados (seja geneticamente ou por adoção), eu diria que o poder da família, tribal, e os laços étnicos residem tanto no significado dessas relações, como em qualquer esteio biológico que pode ser hipotético ou extrapolado a partir de experimentos com animais não humanos. Com vista para o poder *empático* de tais relações, seria um grave erro para quem deseja governar, dirigir grupos de pessoas (sejam amigos, trabalhadores, ou parentes), ou aprender as lições da história.

Doença de Alzheimer

Em 1901, uma mulher de 51 anos de idade foi levada ao principal hospital psiquiátrico em Frankfurt, na Alemanha, pelo seu marido, o qual relatou vários problemas. Durante alguns meses, ela estava acusando seu marido de ter um caso, algo que ele negou veementemente. Ela também parecia estar muito esquecida e tendo dificuldade em encontrar o seu caminho em lugares familiares. Ela foi internada no hospital e diagnosticada como tendo demência, uma síndrome caracterizada por declínios em múltiplos aspectos da cognição. Ela permaneceu internada até sua morte cinco anos depois, aos 56 anos de idade. Durante sua internação, ela tinha sono perturbado, era fisicamente agressiva, e reduziu drasticamente sua capacidade de cuidar de si mesma. Uma autópsia foi realizada, e Alois Alzheimer, um dos neurocientistas (um termo que foi inventado setenta e cinco anos depois), examinou o tecido cerebral sob o microscópio. Ele identificou duas estruturas microscópicas anormais distintas, hoje chamadas de placas neuríticas e novelos neurofibrilares, espalhados por todo o cérebro. Ele descreveu-os como "Doença Peculiar do Córtex Cerebral", quando apresentou os resultados em um encontro científico no final de 1906 e concluiu que, por ela ser jovem, esta foi provavelmente uma forma rara de demência "pré-senil".

Em 1967, o psiquiatra britânico Martin Roth e seus colegas demonstraram que placas e novelos era a anormalidade predominante nos cérebros de idosos que morrem com demência senil típica e que os indivíduos mais velhos com cognição normal tinham poucas ou nenhuma placa ou novelo no cérebro quando morreram. Hoje, a doença de Alzheimer é reconhecida como sendo a causa mais comum de demência em idade avançada e é um grande problema de saúde pública.

Até o momento, nenhuma causa da doença de Alzheimer foi identificada. Muitos fatos são conhecidos, e estes promoveram vários mecanismos causais hipotéticos que são amplamente defendidos. Cerca de 2% (alguns estimam mais) dos casos de doença de Alzheimer são atribuíveis a anomalias genéticas que são herdadas de forma autossômica dominante e localizadas nos cromossomos 1, 14 e 21. Estes são genes causais de *precipitação*, pois todas as pessoas com o gene desenvolverão a doença se viverem o tempo suficiente. Cada um destes genes é conhecido por estar envolvido na produção ou na destruição de uma proteína, a proteína precursora beta-amilóide, a qual está localizada na membrana celular de cada neurônio, as células do cérebro que produzem e transmitem informações.

Um número de fatores de risco *predisponentes* foi identificado. O mais potente é a idade mais velha. De fato, aos 90 anos de idade, o risco de ter a doença de Alzheimer é de 30 a 50%. Essa taxa continua a aumentar, de modo que aos 95 anos, a maior idade para a qual existe informação confiável, o risco de desenvolver a doença de Alzheimer é de 15 a 27% por ano! Outros fatores de risco incluem: ter um histórico familiar de demência, traumatismo craniano com perda de consciência em qualquer momento da vida, menos educação, pressão arterial elevada na meia idade, um passado histórico de depressão, e ser do sexo feminino. O risco genético mais poderoso e mais bem estudado de predisposição é um gene normal no cromossomo 19 chamado *APOE*, o qual direciona as produções de uma proteína que transporta moléculas lipídicas no sangue. Este gene vem em três formas, rotuladas ε 2, ε 3, e ε 4. Estas são formas ou alelos genéticos "normais", mas herdar uma única cópia do alelo ε 4 aumenta o risco de desenvolver a doença de Alzheimer, aproximadamente em três vezes. Herdar uma cópia do alelo ε 2 diminui o risco. Desde que herdamos uma cópia de cada gene de cada um dos pais, há dois alelos de cada gene. Para as pessoas que são ε 4 / ε 4, o risco de desenvolver a doença de Alzheimer é de doze a quinze vezes maior do que alguém que não tem ε 4. No entanto, os indivíduos que são ε 4/ ε 4 não têm 100% de risco, uma vez que um número de indivíduos com idade superior a cem que são ε 4/ ε 4 não têm a doença de Alzheimer.

Há boas evidências de que as placas e novelos se formam no cérebro de dez a quinze anos antes do primeiro sintoma da doença, mas em muitos indivíduos o início da doença pode ser datado de um período de seis meses a um ano. Isto é um padrão de causalidade *programática* não linear, o que sugere que o cruzamento de um limiar de morte celular ou o envolvimento do sistema do cérebro é necessário para "disparar" o aparecimento de sintomas clínicos.

Os estudos *empíricos* descobriram que as lesões em placas consistem em fragmentos da proteína percursora da beta-amilóide. Este fragmento é conhecido como "beta-amilóide." Atualmente, a teoria causativa mais realizada postula que uma forma em particular da proteína beta amilóide é tóxica para os neurônios e os matam. A hipótese é que este provoca uma "cascata" de morte celular, uma vez que o lançamento de um fragmento tóxico mata uma célula que, em seguida, libera mais fragmentos e mata mais células e assim por diante, até que um número significativo de células morre. No final, um número de células morrem, quantidade suficiente para prejudicar a função cerebral. A lesão consiste de uma proteína diferente, a proteína Tau. Uma teoria alternativa propõe a proteína Tau, como o agente causador. No entanto, pela razão que as placas formam pela primeira vez em muitos indivíduos e porque as três formas genéticas autossômicas dominantes influenciam a produção e degradação da proteína beta-amilóide, a hipótese amilóide tem a maioria dos adeptos. Há ainda a outra hipótese de que há um evento causal desconhecido anterior que leva à destruição das células e, em seguida, a liberação da beta amilóide.

Como a maioria das doenças, existe um padrão típico de desenvolvimento dos sintomas da doença de Alzheimer, apesar de existirem muitas exceções. O caso médio da apresentação da doença a um centro clínico dura cerca de dez anos e, em muitos indivíduos os sintomas progridem em três etapas, cada uma com duração de três anos. Durante a primeira fase, os sintomas de memória é o problema mais perceptível. Durante a segunda fase, problemas com a linguagem, fazendo atividades diárias, como vestir-se, e problemas para perceber com precisão o desenvolvimento do mundo. Durante a fase final dos três anos, deficiências físicas de locomoção, deglutição e continência emergem.

Não é de surpreender que, a localização das lesões em placas e novelos no interior do cérebro atinjam as funções regidas por essa localização. As primeiras células que morrem na doença de Alzheimer estão nos centros do olfato e da memória, explicando o porquê a perda de memória é um sintoma predominante durante os três primeiros anos da doença. A doença se espalha lentamente ao longo do tempo, e no estágio intermediário, placas e novelos tornam-se comuns nas áreas do cérebro que controlam a fala, o fazer das atividades cotidianas, e da percepção visual. Assim, os estudos empíricos ajudam a explicar o padrão de desenvolvimento dos sintomas. As especificidades de sintomas individuais, por exemplo, o fato de que a memória para novas informações pode ser severamente prejudicada, mas velhas lembranças, de muito tempo atrás, podem ser recuperadas facilmente, ilustra a organização *programática* do cérebro: a memória não é apenas uma função do cérebro, mas o resultado de várias estruturas do cérebro que estão ligadas e organizadas em um todo funcional. O mecanismo pelo qual a doença propaga-se por todo o cérebro permanece desconhecido.

Muitas pessoas que têm a doença de Alzheimer não têm conhecimento de seus problemas, enquanto a falta de consciência é menos comum em outras doenças que causam demência. Isto sugere que esta falta de consciência da doença está relacionada à morte de células específicas na doença de Alzheimer, mas essa afirmação empírica não pode ser provada; alguns indivíduos invocam um mecanismo *empático* de "negação" psicológica para explicar esta falta de consciência, uma afirmação que não pode ser refutada. Pessoalmente, cito a baixa frequência de desconhecimento em outras demências como prova contra essa afirmação.

Um caso mais forte para o raciocínio causal empático baseia-se na observação de que muitos membros da família e cuidadores de pessoas com doença de Alzheimer experienciam angústia, frustração e isolamento social. Este é empaticamente compreensível dada a função em declínio e outros sintomas que estão ocorrendo na pessoa com a doença; a fadiga, estresse financeiro, e dificuldade em manter relações sociais que estão associadas com o cuidado; e o declínio progressivo da pessoa com a doença. Enquanto tal angústia pode levar cuidadores e familiares a perguntar "por que", questões que implicam uma causa in*tencional*, a universalidade da doença (está presente em todas as culturas e ocorre a uma taxa semelhante dependente da idade em todas as regiões geográficas) suporta a primazia do modelo empírico e dos níveis predisponente, de precipitação, e dos programáticos de análises para explicar a doença.

O tratamento também pode ser organizado de acordo com o modelo de três facetas. Compreender os mecanismos das causas predisponentes e precipitantes provavelmente levará a várias estratégias de tratamento. Devido a idade ser um fator de risco muito forte, mas não modificável, visando outros fatores de risco *predisponentes* e diminuindo ou retardando a sua contribuição para o risco, poderia retardar o aparecimento da doença. Ron Brookmeyer e Claudia Kawas estimaram que um atraso de cinco anos poderia evitar até 50% dos casos. A compreensão de como os genes *APOE* ou as proteínas que eles produzem (ε 2, ε 3 e ε 4) exercem a sua influência também podem levar ao atraso das estratégias. (Recente evidência sugere que eles podem fazê-lo por influenciar o metabolismo da proteína precursora da amilóide). Compreendendo a função dos três genes de *precipitação* nos cromossomas 1, 14, e 21 já levou ao desenvolvimento de um grande número de drogas que potencialmente muda como a proteína precursora beta amilóide é metabolizada ou decomposta no cérebro e como os fragmentos de beta amilóides são removidos do cérebro, mas, até agora, não têm conduzido à melhorias nos ensaios clínicos aleatórios.

Os cuidadores podem ser ajudados com informações e apoio emocional. Isso faz sentido empaticamente, mas os dados empíricos também mostram esses benefícios. Além disso, estudos realizados, como aqueles realizados pela psicóloga Linda Teri, mostram que a melhora do conhecimento do cuidador e do seu estado emocional podem beneficiar diretamente tanto o cuidador, quanto a pessoa com a doença, uma ilustração da natureza programática dos efeitos da doença e do seu tratamento. Estudos também mostram que as crenças espirituais e religiosas podem diminuir o impacto adverso de cuidar de uma pessoa com doença de Alzheimer. Assim, tanto a lógica *empática* quanto a *eclesiástica* podem ajudar cuidadores e muitas das pessoas com a doença, mas o sucesso destas intervenções provavelmente depende das crenças dos indivíduos, origem social e étnica, forças pessoais e vulnerabilidades, e os seus recursos sociais e econômicos. Estas são as ligações que o raciocínio *empático* é o melhor para identificar.

Identificação das muitas causas dos conflitos e agressões humanas: Os Métodos das Ciências Sociais

A agressão foi durante muito tempo uma característica da condição humana e é um dos grandes desafios do nosso tempo. Definida aqui como ofensas a outros, ela assume muitas formas, de assalto, guerra, genocídio ao abuso físico, abuso sexual e bullying. Perguntas sobre as origens do comportamento agressivo e antídotos para a sua ocorrência têm interessado muitos dos grandes pensadores do passado. Em um nível simples, duas narrativas contrastantes emergem desses escritos: humanos intrinsecamente bons e os seres humanos intrinsecamente agressivos. Jean-Jacques Rousseau (1712-1778), por exemplo, descreveu os seres humanos como tendo nascido em um estado primitivo de tranquilidade, os quais são sufocados e distorcidos pelas imposições da sociedade organizada. Thomas Hobbes (1588-1679), ao contrário, viu a humanidade como inerentemente agressiva e, portanto, há a necessidade de instituições para contrariar essa tendência. Em sua opinião, foi o reconhecimento por parte de alguns grupos desta necessidade que levou à formação do governo.

Em 18 de maio de 2012, a principal questão da revista científica americana, Science, publicou vinte e quatro notícias, revisão e artigos de política pública, examinando o conflito humano de muitas perspectivas. Estes artigos, a maioria dos quais foram escritos por cientistas sociais de disciplinas, incluindo sociologia, arqueologia, antropologia, psicologia social, economia e ciência política, fornecem uma gama de exemplos de como os estudiosos atuais identificam as diversas causas de agressão humana. Eles serão usados como fonte primária para examinar os estudiosos métodos, principalmente cientistas sociais, utilização para desvendar as relações causais de uma questão complexa, e como o modelo de três facetas pode fornecer um quadro pelo qual um conjunto múltiplo de informações pode ser considerado como um todo.

Faceta 3: lógica ou métodos

Os dados *empíricos* apoiam a afirmação de que os seres humanos têm tendências inatas para agir de forma agressiva uns com os outros. A violência tem sido identificada na grande maioria, se não em todas as culturas, e tem sido estudada, e evidências paleontológicas sugerem que o comportamento agressivo para com os outros seres humanos está presente no *Homo sapiens* por dezenas de milhares de anos. Em quase todas as culturas estudadas, os homens, principalmente homens jovens, são mais violentos do que as mulheres, e múltiplas linhas de evidência correlacionam os níveis mais elevados de testosterona e hormônios relacionados ao comportamento agressivo. A associação da puberdade com o aumento dos níveis de testosterona em homens fornece um elo entre esses fatores. No entanto, nem todos os homens são agressivos, e os níveis de testosterona não explicam a grande variação nos níveis de agressão e violência em diferentes indivíduos cenários, ou eras.

Evidência das ciências médicas e biológicas liga o comportamento agressivo a vários sistemas cerebrais distintos que interagem um com o outro. Há também vários sistemas cerebrais e hormonais que sustentam as interações humanas positivas, como cuidar dos outros e resolução de conflitos. Os sistemas de agressividade e de cuidados interagem uns com os outros, bem como, para formar uma rede complexa, disseminada. Embora esses sistemas estejam presentes em todos os indivíduos, sua função varia entre os indivíduos e situações. Do ponto de vista do sistema nervoso e, em seguida, os pontos de vista de Rousseau e Hobbes estão corretos: os seres humanos são naturalmente cuidadosos *e* agressivos por natureza.

A evidência empírica também demonstra correlações entre uma variedade de eventos e circunstâncias sócioeconômicas e a probabilidade de conflitos em grupo. Vários estudos demonstram aumento das taxas de uma variedade de ações agressivas, em associação com a privação econômica, "opressão" de um grupo por outro, status inferior das mulheres, a falta de democracia, a presença do nacionalismo e discriminação generalizada contra as minorias. Essas associações não provam a causalidade, mas o uso de métodos estatísticos e contraditórios para eliminar outras possíveis razões para estas correlações e a replicação destes achados em várias configurações e épocas fortalece a probabilidade de uma relação causal, explicativa.

Raciocínio *empático* amarra muitos acontecimentos históricos, interpessoais e intrapessoais à violência. A história é consumada com eventos como a guerra desencadeada por sentimentos percebidos de desvantagem, ódio ou inveja de um grupo. Plausibilidade narrativa também apóia ligações causais entre as taxas mais altas de agressão e as variáveis econômicas e sociais listadas no parágrafo anterior.

Raciocínio *eclesiástico* sustenta as muitas chamadas para a paz e violência. Alegações de dados "retidão" estão ligadas a fontes divinas e superioridade moral/física. Os sistemas de crenças enraizadas em pacifismo, resistência a não violência, direito divino, constitucionalismo, nacionalismo, religião formal, e a espiritualidade são usados para justificar atos de violência e atos de paz e são citados por aqueles que aceitam e promulgam esse sistema como uma causa de atos pacíficos e violentos. Para aqueles que compartilham nas crenças, a verdade é indiscutível, e sua rejeição reflete uma diferença fundamental, que pode levar ao conflito. Como observado no Capítulo 10, os críticos da religião, como Harris e Hutchens vinculam a violência realizada em nome da religião formal, como prova de que não existe um ser supremo por causa da contradição entre a tranquilidade professada e os atos de agressão física realizados em nome e sob a direção de religiões organizadas. Outros, como Goodenough e Collins, destacam os pontos positivos pacíficos que têm derivados e vêem a violência levada a cabo sob os auspícios da religião organizada como um reflexo da falta de perfeição da humanidade. E, claro, muitos conflitos humanos surgiram a partir de fortes convicções não relacionadas à religião.

Faceta 2: níveis de análise (os quatro P's)

Muitas das variáveis biológicas, sociais, econômicas e situacionais discutidas na seção sobre lógica empírica agem no nível de *predisposição* ao influenciar a probabilidade de que um indivíduo ou um grupo se comportará de forma agressiva ou pacífica, incluindo a probabilidade de que buscarão uma resolução não-violenta de um desacordo. Outro conjunto de variáveis que predispõem à agressão foi descrito por Jared Diamond em seu livro *Armas, Germes e Aço (Guns, Germs, and Steel)*, no qual as diferenças em geografia, exposição e vulnerabilidade às doenças infecciosas, e a disponibilidade de recursos naturais são destacadas como influência a probabilidade de que os grupos usaram métodos violentos ou pacíficos para assegurar necessidades percebidas, resolver as diferenças, e sobreviver ou falhar.

Os traços da personalidade de indivíduos os predispõem a agirem de forma agressiva ou pacífica. Estas são características das pessoas que estão presentes em algum grau ou outro, em todos os indivíduos (ou seja, são universais) de forma gradual (presente de uma forma mensurável que segue a distribuição normal ou curva de Gauss). Impulsividade e estabilidade são dois desses atributos humanos universais que se correlacionam com a ocorrência de comportamentos violentos e de cuidados ao longo da vida. Nos últimos anos, surgiram evidências de que essas características de personalidade podem ser moderadas (diminuindo a impulsividade diminui resultados potencialmente negativos) ou incentivadas (crescente abertura à experiência está associada a uma maior probabilidade de aprender com as experiências negativas). Isto oferece um exemplo de como identificar predisposições à violência pode levar à prevenção, diminuindo a probabilidade de um relacionamento casual indesejável e incentivando um desejável.

Eventos *precipitantes* específicos são muitas vezes identificados como causas de interações violentas. Eles vão desde o uso da violência para resolver um insulto verbal percebido, ao início da Primeira Guerra Mundial, com o assassinato do Arquiduque Ferdinando. A natureza causal desses eventos geralmente depende de uma relação temporal estreita e a força da plausibilidade narrativa que os ligam. Muitos dos fatores acima identificados como predisponentes pode também atuar como precipitantes para atos de violência.

O nível *programático* de análise guia com eficácia a análise das causas da violência a partir de vários pontos de vista. No nível biológico, são as interações entre os vários sistemas cerebrais e endócrinos que resultam em um resultado violento ou não violento. A função desses sistemas múltiplos é formada ao longo da vida pelos fatores sociais e psicológicos descritos anteriormente. Assim como todas essas variáveis atuam ainda não é bem compreendida, e a complexidade dessas interações, torna improvável que algum dia haverá um único modelo explicativo conclusivo.

Muitos dos fatores sociais e econômicos identificados na edição da *Science* e descritos como predisponentes ou de precipitação — privação econômica, "opressão" de um grupo por outro, status inferior das mulheres, a falta de democracia, a presença do nacionalismo e discriminação generalizada contra minorias — interagem em um nível programático e leva a um conflito que não teria ocorrido se uma combinação diferente ou menos eventos houvessem ocorrido. O surgimento aparentemente repentino de muitos crimes e conflitos às vezes podem ser mais bem compreendidos como o resultado de interações programáticas entre várias ou muitas variáveis biológicas, sociais, ambientais e econômicas.

Um fator não discutido anteriormente que pode ser examinado no nível programático é a identidade do grupo. Muitos dos artigos na edição de *Science* identificam a tendência de raciocínio dos seres humanos de "nós" *versus* "eles" como inato e expresso, tanto a nível individual, quanto de grupo. Vários experimentos empíricos demonstram que esta tendência de fazer distinções entre o "semelhante" e "diferente" é estabelecida ou presente muito cedo no desenvolvimento humano, e dados de observação de uma variedade de disciplinas demonstram que os conceitos de "alteridade" e identidade "em grupo" são universais. Por outro lado, os limites da identidade do grupo alteram drasticamente, por vezes, ao longo de curtos períodos de tempo, o que implica fortemente que a identidade do grupo é formada pelas variáveis sociais e ambientais que atuam ao nível do grupo, ainda que a predisposição para a identidade de grupo seja inata.

Violência em nível de grupo pode ser entendida de forma *programática* como emergindo de interações entre as predisposições dos seres humanos que agem de forma agressiva e formam organizações sociais e uma ampla gama de variáveis ambientais e situacionais. Enquanto os grupos de curto prazo, como máfias e gangues podem reunir pessoas com experiências, demográficas, étnicas, geográficas e sócio-econômicas semelhantes e compartilhar experiências de vida e crenças, o sociólogo John Levi Martin apresenta evidências em seu livro *Estruturas Sociais (Social Structures)* que muitas organizações sociais e políticas de longa duração (e, portanto, bem-sucedidas), como os militares dos EUA, se desenvolveram e são mantidas por relações caracterizadas pelos seguintes três elementos: a desigualdade entre os participantes, incompletude (pelo qual ele quer dizer que existe a flexibilidade para mudar e adaptar-se), e falta da necessidade de conhecer os outros pessoalmente, como um pré-requisito para o sucesso individual.

O nível *intencional* de análise é proeminente em modelos evolutivos que descrevem aumento da probabilidade de passar genes para a próxima geração como a base para a frequência de muitos comportamentos como a agressividade. Darwin identificou a *seleção de grupo* como um mecanismo pelo qual a frequência do gene aumentaria se a sobrevivência e a probabilidade reprodutiva maior de indivíduos fossem associadas a uma maior probabilidade de sobrevivência do grupo em que eram membros. Em relação ao conflito humano, este modelo sugere que indivíduos com traços que favorecem a identidade do grupo e agressão provavelmente sobreviveriam mais em tempos de privação e luta por recursos escassos e, portanto, grupos de indivíduos com essas características, tais como parentes, seriam mais prováveis se reproduzirem e aumentar a frequência desses genes nas gerações subsequentes.

Como explicar a existência de traços como altruísmo que pode levar as pessoas a sacrificarem suas vidas e, portanto, a não se reproduzirem? Na década de 1930, RA Fisher (o mesmo Fisher discutido nos capítulos 4 e 8) e JBS Haldane sugeriram que as ações que aumentam o sucesso reprodutivo de seus parentes, mesmo que custem a vida daquele indivíduo, também pode aumentar a frequência dos genes daquela pessoa. O chamado *seleção de parentesco* ou *teoria da aptidão inclusiva*, esse mecanismo tem sido proposto como uma base genética para comportamentos em muitas espécies em que os indivíduos não se reproduzem, mas atuam para aumentar a sobrevivência do grupo. As abelhas obreiras, por exemplo, desempenham um papel central na manutenção da colmeia, mas não acasalam. O desenvolvimento de uma formulação matemática da seleção de parentesco por William Hamilton na década de 1960 levou à ampla aceitação deste mecanismo, mas o personagem narrativo desta afirmação intencional pode ser visto no debate animado que irrompeu quando o biólogo EO Wilson e seus colegas Martin Nowak e Corina Tarnita publicaram uma forte réplica de seleção de parentesco em um artigo de 2010 na prestigiosa revista *Nature*. Parte deste debate centra-se em saber se a formulação matemática do conceito é válida, mas os que defendem e disputam o conceito citam comportamentos e papéis em uma variedade de espécies diferentes para reforçar seus argumentos. Em uma carta de refutação, 137 cientistas enquadraram o debate da seguinte forma: "A seleção natural [o modelo favorecido por Wilson] explica o aparecimento do design no mundo dos vivos, e da teoria da aptidão inclusiva que explica *para que serve este design* [grifo do autor]." O texto em itálico enfatiza a qualidade intencional deste mecanismo evolutivo amplamente aceito.

Os dois lados concordam que a evolução tem desempenhado um papel importante no desenvolvimento do comportamento social, mas discordam sobre se o DNA por si só pode explicar os papéis e comportamentos sociais presentes em muitas espécies, ou se estes são melhores explicados por mecanismos emergentes, programáticos. O modelo do surgimento de estruturas sociais em humanos de John Martin Levi é um exemplo.

Cito este debate entre os biólogos como um exemplo de um desacordo entre os especialistas científicos sobre um mecanismo causal. O fracasso em resolver a questão, pelo menos no presente, demonstra que a utilização de vários exemplos e fatos contraditórios não podem resolver as divergências se diferentes conclusões são tiradas a partir desses exemplos. Com o tempo, porém, a evidência empírica adicional, provavelmente surgirá e convencerá a maioria ou todos os especialistas da precisão de um modelo explicativo, seja uma destas duas alternativas ou alguma outra.

Causalidade intencional também é uma parte de muitos sistemas eclesiásticos. Fraquezas humanas, como a violência são conceituadas em muitos sistemas de crenças como falhas em reconhecer ou aderir aos valores desse sistema, e atribuição intencional causal é aplicada às tragédias e desastres resultantes. Muitos sistemas de crenças vinculam uma incapacidade de aceitar os seus princípios básicos como causa do conflito humano e de agressão. Alguns identificam o conflito como um sinal da correção de suas opiniões. Da mesma forma, os defensores da evolução vêem a existência universal da violência e do altruísmo como evidência de sua base genética e que devem ter valor de sobrevivência e, portanto, servem ao propósito de perpetuar a espécie. Em nenhum caso pode um estudo empírico falsificável ser construído para refutar a afirmação, mas a capacidade em ambos os sistemas de citar muitos exemplos de apoio da precisão da alegação são usados para demonstrar a sua validade.

FACETA 1: MODELOS OU LÓGICAS

Até agora, a violência e a paz têm sido discutidas como se fossem estados *categóricos*. No entanto, a multiplicidade de variáveis associadas com a violência e o conflito humano e o baixo poder explicativo de qualquer uma destas variáveis, quando considerado isoladamente sugere fortemente que um modelo causal categórico da agressão humana raramente será, se alguma vez, válido. Uma questão ocasional pode ser utilmente enquadrada numa perspectiva categórica, por exemplo, se a Segunda Guerra Mundial teria ocorrido sem Hitler, mas isso é mais uma provocação para pensar em um assunto complexo do que uma questão para a qual qualquer atribuição causal categórica válida pode ser esperada.

Muitas das variáveis identificadas como predisposições empíricas à violência — traços de personalidade, privação econômica, opressão de um grupo por outro, status inferior das mulheres, a falta de democracia, a presença do nacionalismo e discriminação generalizada contra as minorias — têm uma relação *probabilística* com a violência. No entanto, o raciocínio *emergente* causal fornece uma abordagem para combinar muitas destas características predisponentes e de precipitação, em uma compreensão do por que um determinado ato ou conflito violento ocorrido. Ao nível da pessoa, um indivíduo predisposto pode agir de forma impulsiva violenta, pelo acaso ter fornecido vários antecedentes simultaneamente. A Segunda Guerra Mundial não teria começado quando começou, Pearl Harbor não teria sido atacada, mas o aumento da agressão de Hitler na Europa e o embargo de petróleo dos Estados Unidos, do Japão, em resposta ao que se considerou atos abertamente agressivos para com outros Estados-Nações foram fatores predisponentes que contribuíram significativamente.

Uma das limitações da questão da *Science* é a ausência de uma integração destes muitos fios em uma explicação causal abrangente de agressão. *Os Melhores Anjos da Nossa Natureza: Por Que a Violência Diminuiu (The Better Angels of Our Nature: Why Violence Has Declined)* de Steven Pinker é uma tentativa impressionante de fazer exatamente isso. A abordagem de Pinker é dupla. Primeiro, ele se baseia em um trabalho publicado pela primeira vez no final de 1930 por Norbert Elias (1897-1990), um cientista social que nasceu na Alemanha e que se mudou para a Inglaterra pouco antes do início da Segunda Guerra Mundial. Reunindo provas de várias fontes históricas, Elias descobriu que as taxas de violência haviam diminuído desde os tempos medievais, em paralelo com o aumento do tamanho e da organização dos estados-nações. Ele atribuiu esse padrão de declínio das taxas de violência a um "processo civilizatório" fomentado pelo desenvolvimento dessas grandes entidades governamentais e o aumento paralelo na importância e no alcance geográfico do comércio. Para testar a hipótese de Elias, Pinker ampliou significativamente o leque de comportamentos violentos analisados e compilou dados de uma extraordinária variedade de fontes. Ele confirma que, por muitas medidas, a violência diminuiu significativamente e, manteve-se de forma constante nos últimos 500-600 anos.

O que Pinker faz de maneira tão perfeita, no entanto, é tecer esta evidência de que a taxa de conflito humano tem diminuído ao longo do tempo com inúmeros relatos históricos, estudos experimentais, e uma descrição dos sistemas cerebrais envolvidos na violência e autocontrole em uma conta coerente, abrangente, e atraente da agressão humana. Enquanto grande parte das provas que ele cita usam teste de hipóteses, raciocínio contraditório, falsificação, e métodos estatísticos para eliminar possíveis fatores de confusão, é o seu habilidoso uso do método narrativo em ligar essas muitas vertentes de informação que convence o leitor (pelo menos este leitor) da plausibilidade, precisão e completude relativa de sua tentativa de explicar as tendências humanas para a violência e tranquilidade. Ao fazer isso, Pinker mais do que atende aos critérios de Richard Evans de ação (comportamento violento em suas diversas formas), acontecimento (eventos históricos em que a violência era proeminente e dados de vários grupos e Estados-Nação), personagem (os perpetradores e vítimas, variando de indivíduos para as culturas e os Estados-Nação) e definição (indivíduos, grupos, situações de vida, várias configurações, unidades governamentais, compactos, nações). Enquanto encontrei-me em desacordo com algumas das conclusões que Pinker chama de estudos individuais ou conjuntos de dados, por exemplo, sua concordância com a hipótese de que a depressão pós-parto é atribuível à "implementação emocional da decisão de manter uma criança", e acredito que ele se recusou a discutir os muitos épicos do mundo Oriental que seriam menos favoráveis a sua hipótese, o livro entrelaça tantas peças de apoio de evidências, que faz uma forte, embora não irrefutável alegação. E mais do que atende aos critérios de Bradford Hill para apoiar as relações causais.

Pinker usa dois capítulos, 114 páginas, integrando o que se sabe sobre os sistemas cerebrais humanos envolvidos na agressão ("demônios internos") e serenidade ("melhores anjos") com uma extensa revisão de experiências que ligam esses sistemas cerebrais aos comportamentos humanos que são violentos, pacíficos ou uma forma intermediária desses extremos. O desafio que ele enfrenta ao fazer isso se reflete em seu uso de modificadores e descritores como "plausível", "metáfora", "pode ser entendido", "consistente com", "o poder", "apoio", "pode", "no laboratório de psicologia", e "não pode provar", quando ele liga resultados experimentais com as ocorrências do mundo real. A conclusão de Pinker e de Elias de que a violência não é inevitável é apoiada por esta combinação de evidência histórica de que o comportamento violento diminuiu significativamente ao longo de muitos séculos, a evidência experimental de que os sistemas anatômicos/fisiológicos implicados atuam em uma função classificada e, portanto, são passíveis de modulação e evidência experimental de que as atitudes e comportamentos relacionados com a agressão podem ser influenciados por expectativas, oportunidades e fatores ambientais classificados como sociológico, político e econômico.

Desde que Pinker reconhece que o modelo causal que ele constrói é provisório, ele deveria tê-lo excluído do livro e somente ter descrito a evidência que ele acredita que é importante na construção de um modelo final? Em minha opinião, com certeza não. Sua descrição da natureza provisória de algumas das ligações e as implicações de seu modelo final é um reconhecimento de que essas alegações exigem um estudo mais aprofundado, independente de ser necessário mais experiências, recolher novos dados históricos, ou mais estudo de exemplos históricos. É esse tipo de modelagem causal que estimula o desenvolvimento de hipóteses testáveis, estudos experimentais e comentários históricos, e ao fazer isso se move a busca de causas adiante.

~

Há uma resposta geral à pergunta "O causa os conflitos humanos?" Creio que a resposta seja sim. O cérebro humano tem múltiplos sistemas e mudanças geneticamente programadas ao longo do tempo de vida que predispõem tanto à violência quanto a tranquilidade. Os indivíduos têm tendências inatas (temperamentos) moldadas tanto pela biologia quanto pela experiência que influenciam a probabilidade de agir com violência ou de forma pacífica, e os seres humanos compartilham tendências de ver alguns outros iguais ou diferentes e de procurar causas e efeitos.

Os seres humanos também são programados para agirem em grupos, e isso traduz tendências individuais em ações coletivas. Eventos na vida dos indivíduos, grupos e nações influenciam fortemente a probabilidade de comportamentos pacíficos ou violentos. Alguns podem ser previstos com precisão razoável e suas consequências impedidas, incentivadas ou moderadas, mas outras ocorrem por acaso. Traços humanos e instituições surgiram ao longo de milênios, o que têm diminuído a frequência e a devastação da violência humana no nível do indivíduo, do grupo e do Estado-Nação.

Esta descrição geral, no entanto, não responde por que eventos violentos específicos ocorrem e está limitado em sua capacidade de prever futura violência e paz. Portanto, os métodos narrativos sempre serão necessários para vincular os detalhes das vidas individuais, ambientes, circunstâncias econômicas, crenças, raças e etnias, biologia predisponentes, diferenças inatas, eventos fortuitos e eventos ambientais incontroláveis. É na interligação em conjunto dos dados biológicos, históricos e experimentais em uma teia coerente, abrangente em que esta importante tarefa descansa. Assim, a compreensão das causas dos conflitos humanos continuará a exigir o uso de ambos os métodos narrativo e empírico, a construção de modelos probabilísticos e emergentes para explicá-lo, bem como a identificação de fatores que atuam como elementos predisponentes, precipitantes e programáticos.

~

Será que as ciências sociais ainda têm um papel no deslinde da causalidade em questões complexas como a violência humana e conflitos humanos? Enquanto não é mais possível identificar os limites da "ciência social", e a definição da palavra "ciência", as ciências sociais em geral abordam questões sobre as interações e as instituições humanas. Como Vico sugeriu há mais de duzentos e cinquanta anos, a amplitude das questões levantadas pelas ciências sociais, muitas vezes requerem mais confiança na lógica narrativa/empática e mais dependência de raciocínio de cima para baixo do que dos estudos em ciências físicas.

A mudança mais dramática nas ciências sociais desde Max Weber, um dos fundadores da sociologia e das ciências sociais em geral, é uma maior dependência de estudos empíricos, experimentais e descritivos, bem como a utilização de métodos como o desenho do estudo contraditório, jogo de teoria, modelagem de custo/benefício, e imagens do cérebro — e, como a discussão de Pinker do conflito humano demonstra, mais esforço para integrar os dados das ciências biológicas e físicas.

Será que isso significa que é hora de abandonar a distinção entre as ciências físicas/naturais e as ciências sociais, principalmente desde que, como observado anteriormente, o raciocínio narrativo é empregado nas ciências biológicas e físicas e a falsifiabilidade às vezes não é possível tanto nas ciências sociais quanto nas físicas? Acredito que a distinção ainda tem valor e sugiro que Weber e Jaspers tinham razão há um século, quando concluíram que as diferenças metodológicas entre a narrativa / empática e empírica valem a pena ser reconhecidas e destacam que as ciências sociais continuarão a ser mais dependentes do raciocínio narrativo. O benefício de manter a distinção pode ser visto no capítulo final de Pinker, quando tenta integrar as muitas linhas de evidência que desenvolveu ao longo do livro para uma explicação para o declínio da taxa de violência ao longo do tempo e à apresentação de propostas para continuar esta tendência. Sua maior dependência no raciocínio narrativo e menor capacidade de fornecer suporte empírico para essas conclusões devem servir como uma fonte de cautela. Isto não significa uma destituição ou refutação de suas conclusões finais, mas sim como uma base para a distinção entre os dados empíricos que ele tão habilmente entrelaça e as conclusões que ele desenha para uma ação futura.

Uma teoria abrangente da agressão humana é uma meta admirável, e acredito que o livro de Pinker mostra que progressos significativos foram feitos na construção de um. Enquanto uma explicação final abrangente poderá nunca ser alcançada, as ciências sociais fornecem cenários em que muitos "grandes temas" que se relacionam com o comportamento humano, tais como "identidade de grupo", "empatia" e "processo civilizatório" podem ser estudados e integrados. Esta integração exige habilidades narrativas/empáticas que não são necessárias nas ciências físicas, uma razão para manter a ampla distinção entre os dois.

Há, no entanto, limites para os métodos utilizados pelos cientistas sociais que devem ser reconhecidos e são bem ilustrados no livro *Melhores Anjos (Better Angels)*. Estes incluem uma dependência de estudos transversais, da qual conclusões causais não podem ser extraídas, mas que seduzem muitos a fazê-lo; a utilização de amostras não representativas, como os estudantes universitários americanos em estudos experimentais tiram conclusões de resultados que são aplicados universalmente em seres humanos; a crença de que o uso de técnicas avançadas tecnologicamente, como a ressonância magnética funcional do cérebro que permite conclusões sobre a direção da causalidade quando os estudos são apenas transversal e correlacional; a interpretação dos resultados experimentais de forma categórica quando os resultados demonstram correlações que são classificados ao invés de absoluto (tal como homens contra mulheres, níveis de testosterona altos vs baixos); e a apresentação de valores como fatos, uma questão particularmente difícil, uma vez que o fato de uma pessoa ou do grupo é o valor da outra pessoa ou do grupo. Estas limitações também se aplicam às ciências físicas e sempre atormentarão estudos de grandes questões, como a origem do universo, a base da evolução, e as causas da agressão humana.

A identificação dos limites e pontos fortes de cada estudo, método ou conclusão é a melhor maneira de combater generalizações e conclusões indevidas em ambas as ciências sociais e físicas.

No entanto, o ceticismo sobre o valor das ciências sociais é abundante. Um ataque é conhecido como o Sokal hoax, nomeado para o autor que apresentou e publicou um artigo absurdo intitulado *"Transgredindo as Fronteiras: Rumo a uma Hermenêutica Transformativa da Gravidade Quântica"* (Transgressing the Boundaries: Towards a Transformative Hermeneutics of Quantum Gravity) na revista *Social Text*. Sokal, um físico da Universidade de Nova York, foi alvo pós-modernismo, uma abordagem que eu também acho carente de utilidade. No entanto, o tom de escárnio na descrição de Sokal da fraude se depara mais amplamente como um ataque contra o método narrativo e contra aqueles que o empregam. Nenhuma resposta tão desdenhosa foi direcionada ao método científico na última década, seguindo múltiplas revelações de artigos fraudulentos com base em experimentos que nunca foram realizados, propositadamente manipulados, ou grosseiramente mal interpretados — e, em seguida, publicados nas revistas de primeira linha, *Nature, Science* e *Cell*. Essas fraudes científicas eram frequentemente descobertas por estudantes que trabalhavam no laboratório do autor, e não pelos revisores (geralmente cientistas seniores no mesmo campo), editores ou editores das revistas que foram enganados. O ponto aqui é que a perpetração dessas fraudes, quer nas ciências físicas ou sociais, é mais um comentário sobre a tendência dos indivíduos de agir de forma fraudulenta do que acusações de campos inteiros ou seus métodos.

Os últimos trezentos anos nos ensinou que novos métodos e diferentes tipos de conhecimento continuarão a serem descobertos e incorporados em explicações causais mais validadas. Novos e imprevistos mecanismos como a alteração epigenética pós-natal do genoma e novos métodos, como o uso de fatos contraditórios surgirão e ajudarão a explicar observações e analisar hipóteses que pareciam além do empirismo antes de sua descoberta. No entanto, as suposições feitas no início do livro, que existem causas e que o tempo é direcional, podem estar além do empirismo ou pelo menos não passíveis de comprovação empírica, experimental. As distinções entre as ciências físicas/naturais e as ciências sociais podem corroer ainda mais no futuro, mas para o presente ambas fornecem respostas às perguntas importantes. Haverá sempre uma gama de competências em aplicá-las, de modo que as habilidades atrás de seu uso devem ser sempre valorizadas. Mais importante, não é mais necessário evitar a tentativa de explicar fenômenos complexos, como Galileu concluiu, com razão, o que era necessário há quatrocentos anos.

Depressão

Na introdução notei que muitas vezes me perguntam sobre a causa ou as causas da depressão. A resposta mais simples para esta pergunta é que não sabemos muito sobre isso. Enquanto uma extensa pesquisa para saber as raízes biológicas e sociais da depressão e transtorno bipolar já dura cinquenta anos, a informação que foi aprendida ainda tem que ser traduzida em um modelo explicativo que pode ser testado e confirmado ou refutado. Há muitas ligações, e muito mais se sabe agora do que há meio século, mas os especialistas não conseguem concordar sobre a definição do termo "depressão", muito menos sobre suas causas experimentais, biológicas e sociais. Como resultado desta falta de consenso, há divergências sobre a interpretação dos resultados da investigação; a eficácia da psicoterapia, medicação e da eletroconvulsoterapia (ECT ou "tratamento de choque"); e sobre as relações entre tais construções amplamente utilizadas como: felicidade, transtorno bipolar, tristeza, desmoralização, desânimo, depressão maior ou depressão clínica.

Como um médico, com trinta e cinco anos de experiência, acho a evidência convincente de que a palavra "depressão" tem vários significados. No entanto, muitos estudiosos discordam desta afirmação, e o argumento será resolvido somente se a biologia de vários ou de todos estes estados de humor hipotéticos forem determinados e mostrados como sendo relativamente distintos ou essencialmente similares.

Para os fins desta discussão, examinarei quatro significados do termo depressão e apresentarei as evidências de que diferentes mecanismos causais subjazem pelo menos estes quatro "tipos" potenciais de depressão. O conhecimento é tão limitado e a divergência tão desenfreada entre os especialistas, porém, que isso só pode ser visto como uma proposta que requer um estudo mais aprofundado.

Tristeza e desmoralização como experiência universal humana

A conceituação mais comum da depressão é que ela é um estado emocional único, universal, no qual as pessoas diferem apenas na "quantidade" ou gravidade. Este significado da depressão capta o que é uma experiência universal humana: a tristeza, infelicidade e mau humor que ocorrem em face de uma decepção ou de um evento ou resultado indesejado. Para a maioria das pessoas, este é um estado de sentimento transitório, que dura horas ou dias e não interfere na rotina diária. Embora esta seja uma emoção humana normal e universalmente experienciada, ocasionalmente persiste até o ponto em que a pessoa é incapaz de ver que existem maneiras de sair daquele estado de sentimento. Vou me referir a este estado de tristeza persistente pelo termo "desmoralização". Esta palavra foi sugerida pela primeira vez por Jerome Frank, um dos meus professores, que enfatizou uma "incapacidade de ver a luz no fim do túnel", como a característica central da razão mais comum que as pessoas procuram ajuda profissional, seja essa ajuda de um médico, praticante religioso, ou curandeiro. Desmoralização pode ser acompanhada por dificuldade em dormir, perda moderada de apetite e dificuldade em se engajar em atividades habituais, mas a pessoa não experiencia a maioria dos outros sintomas de depressão descritos a seguir.

Faceta 2: Níveis de análise

Pela tristeza ser universal, deve haver sistemas cerebrais predisponentes que subjazem à resposta emocional a eventos que são percebidos, experienciados, ou que se espera serem adversos. Evidências de psicologia experimental, estudos de neuroimagem em indivíduos normais, e os estudos de indivíduos com lesão cerebral que se tornaram deprimidos sugerem que vários sistemas que interagem estão na base da experiência do humor triste e feliz. O grau ou intensidade da resposta emocional a um evento é influenciado não só pela gravidade percebida do estressor, mas também por outros fatores predisponentes e de modulação, como outros eventos recentes da vida, experiências precoce de vida, experiências anteriores de eventos similares, a disponibilidade de apoios sociais, temperamento da pessoa, as expectativas sociais do grupo e da cultura em que a pessoa vive, e outros fatores ambientais. A eficácia das várias formas de psicoterapia, melhor documentada para aqueles com um componente de aprendizagem (terapia cognitiva-comportamental e a terapia interpessoal), sugere, mas não prova que o risco de tornar-se desmoralizado aumenta se a pessoa aprendeu padrões específicos "autodestrutivos" de pensar. A falta de evidência de resposta à medicação antidepressiva apoia a tese de que esta forma de depressão é diferente da depressão maior, mas isso também é controverso.

Um evento *precipitante* é necessário neste tipo de depressão desde que o humor triste é definido como a resposta emocional a um evento negativo percebido ou a um conjunto de eventos. As pessoas variam no que consideram um evento negativo e como avaliam a gravidade do estressor e o uso da pessoa da lógica *narrativa* influencia ambos significativamente.

Dados os múltiplos sistemas cerebrais que modulam tanto a expressão quanto a experiência de tristeza e felicidade, bem como a influência de variáveis que vão desde a experiência inicial de vida ao tipo e gravidade do evento e da percepção desse evento pelo indivíduo, um integrador, nível *programático* de análise acabará por ser necessário para compreender a experiência emocional cotidiana. Minha hipótese é que a desmoralização será mostrada por ser semelhante ao estado de tristeza vivida universalmente, mas que os mecanismos de recuperação de costume não retornaram o humor da pessoa ao seu estado inicial (muito diferentes de pessoa para pessoa).

Faceta 1: modelos de análise

A universalidade da tristeza como uma resposta ao desapontamento, as grandes diferenças entre as pessoas em que desencadeia a desmoralização, e da ampla gama de severidade dos sintomas, em resposta a um determinado estressor, argumenta contra um modelo causal *categórico* de desmoralização e em favor de um modelo causal *probabilisticamente* operatório. Algoritmos probabilísticos foram desenvolvidos, os quais reúnem respostas habituais a estressoras. Por exemplo, a perda de uma casa ou de um relacionamento esperado, é muito mais provável de obter um alto nível de desmoralização do que a perda de uma caneta ou uma nota baixa em um único teste, mas existem grandes diferenças entre os indivíduos na forma como classificam decepção, em traços temperamentais, como a resiliência, e na disponibilidade de abafar apoios sociais. Tudo isso afeta a probabilidade de tornar-se desmoralizado.

LUTO: UMA RESPOSTA UNIVERSAL A UMA PERDA SIGNIFICATIVA

O luto é uma experiência humana universal em que a perda é seguida por um período relativamente curto de dormência e, em seguida, por um período de profunda dor emocional e física que vai e vem, mas em que os profundos sentimentos de perda/tristeza são acionados por uma lembrança do objeto perdido ou do ente falecido. Finalmente vem um período de resolução, o que pode durar vários meses, durante os quais a maioria dos sintomas gradualmente diminui.

O período inicial de dormência geralmente dura horas ou dias. As pessoas podem se surpreender que não estejam mais chateadas ou enlutadas, e são capazes de realizar atividades como notificar as pessoas da morte e arranjar um funeral culturalmente apropriado e celebração da cerimônia/vida.

O segundo "estágio" muitas vezes dura vários meses e é caracterizado por uma gama de sentimentos que incluem raiva, tristeza e tumulto emocional. É a queda brusca nas profundezas da tristeza e a saída deste estado, por vezes, igualmente rápida, que caracteriza esta experiência emocional, e esta é uma das características distintivas da depressão de luto. Enquanto profundos sentimentos de tristeza podem persistir por dias, esta flutuação em emoções é muitas vezes sobreposta. Dificuldade em adormecer é comum, especialmente no início desta fase. O apetite pode diminuir e levar a perda de peso de alguns quilos, e as ideias de culpa que tenham algum elemento de verdade (por exemplo: "Se eu tivesse insistido que o meu pai fosse ao médico quando ele me disse que estava com dor de estômago, talvez teriam descoberto o câncer mais cedo") são comuns. Alguns indivíduos ficam menos interessados em atividades normalmente apreciadas, mas entre os episódios de tristeza, a maioria dos indivíduos relata que o seu nível de prazer e autoconfiança é normal.

O terceiro período é menos bem definido, temporalmente e sintomaticamente. Os sentimentos de angústia e os sintomas físicos ou vegetativos de dificuldade em dormir e de diminuição de energia e de atividades geralmente já desapareceram, mas a virada repentina quando a lembrança do falecido vem, ainda pode ocorrer e de fato pode ocorrer por muitos anos. Portanto, não há nenhum "fim" da dor definido. Para muitos, porém, os sentimentos de tristeza desaparecem totalmente após seis meses ou um ano, altura em que muitos descrevem retornando ao seu estado de espírito típico ao longo da vida, energia e visão da vida.

O que distingue a depressão de luto de outras formas de tristeza, portanto, é este curso de característica (a sequência de dormência, sensação de confusão, incluindo tristeza, e resolução ao longo de muitos meses) e a alternância entre a tristeza súbita, profunda, quando a pessoa é lembrada do falecido e períodos de humor relativamente normais. A depressão de desmoralização não tem esse curso ou flutuações dramáticas, apesar de indivíduos poderem ser desmoralizados por semanas ou meses. Na depressão maior, as flutuações de humor seguem um padrão mais regular, estereotipado e previsível, em que o humor é pior, ao mesmo tempo todos os dias. Os estados de humor que acompanham um transtorno de personalidade podem oscilar rapidamente, mas surjem ao longo da vida, enquanto que os estados de humor flutuantes de dor são acionados por uma perda e não estão presentes na maior parte da vida da pessoa.

O luto é universal, mas sua expressão é significativamente moldada pela cultura. Por exemplo, entre os navajos, a expressão pública de emoção é muito rara e é amplamente vista como inaceitável, visto que em muitas culturas islâmicas a exibição pública do luto é entendida como um sinal da importância da relação com o falecido.

FACETA 2: NÍVEIS DE ANÁLISE

A natureza universal do luto e do padrão relativamente sequenciado de seu curso sugerem que é um "fio", baseado no aspecto de vida do cérebro e que os seres humanos são universalmente *predispostos* a vivê-lo. A perda é o evento *precipitador.* O curso sequencial do estágio sugere que há um aspecto inato, *programático* que dirige a experiência emocional. Em um nível *intencional* de análise, o luto é uma experiência compartilhada e pode ter sido geneticamente selecionada por ser fomentada ou uma consequência da união do grupo no momento em que a partilha de tarefas durante a agricultura e a caça tornou-se benéfica para a sobrevivência. Ele também pode ser uma manifestação ao longo da vida das ligações emocionais que são a base dos filhos e o cuidado de parentes queridos, e desta forma é uma consequência de tudo o que está subjacente a teoria da seleção de parentesco.

FACETA 1: MODELO DE ANÁLISE

Esta descrição conceitua o luto como um estado *categório* por causa de seu padrão estereotipado e ligação a um conjunto específico de fatores precipitantes, como a morte ou a perda de um ente querido. A existência de padrões esperados dentro de uma cultura, mas uma grande variação entre as culturas apoia a noção de que a natureza essencial é inerente ou embutida e, portanto, categoricamente única, mas que os rituais surgem para apoiar aqueles que estão passando por esta experiência.

Faceta 3: lógica (os três Es)

Enquanto a evidência *empírica* apoia a universalidade e a formação cultural significativa do luto, compreender o significado da perda usa-se a lógica *empática/narrativa*. A forte formação da experiência de luto por normas culturais demonstra a importância do luto para a experiência humana e da natureza fundamental das relações com outros seres humanos para nossas vidas.

Depressão maior

A depressão clínica ou maior tem afligido a humanidade há milhares de anos. Os gregos antigos se referiam a ela como "melancolia", e a descrição de Hipócrates de 2.500 anos, é indistinguível da doença, uma vez que é experienciada hoje. Há três elementos centrais da depressão maior: uma mudança no humor, uma mudança na autoconfiança, e um conjunto de mudanças na função corporal.

A mudança de humor é descrita variadamente como tristeza, melancolia, ou se sentir por baixo, mas cerca de um terço das pessoas não experimentam esta mudança de humor como tristeza e às vezes são inflexíveis, portanto, elas "não estão deprimidas." Esse estado é bem captado nesta citação do relato autobiográfico de William Styron de sua depressão maior, intitulado *Visível Escuridão (Darkness Visible,)*, um título tirado de um livro clássico do século XVII de Robert Burton intitulado *A Anatomia da Melancolia (The Anatomy of Melancholy)*: "Quando me conscientizei que eu estava arrasado pela doença, senti a necessidade, entre outras coisas, de registrar um forte protesto contra a palavra depressão". O que está claro pela descrição de Styron é que ele estava experimentando algo que "o deixou para baixo", isto é, lhe tomou e era distinto da qualquer outro estado já experimentado. Isso captura um dos dois elementos que distinguem este sentimento de tristeza da desmoralização. O primeiro é que as pessoas com depressão muitas vezes se sentem tragadas ou capturadas por uma persistente e permanente mudança no estado emocional, que as mesmas reconhecem como distinta da experiência habitual de humor (percebi que esta é a razão pela qual muitos indivíduos experimentam e relatam que é diferente da tristeza da vida cotidiana). Em segundo lugar, a depressão maior é acompanhada por uma capacidade diminuída ou perdida de desfrutar e obter prazer com as atividades normalmente apreciadas, como ler, conversar com os amigos, participar de atividades esportivas, ou ver os netos. O estado de sentimento alterado da depressão maior é muito presente tanto que, se não for presente todos os dias, muitas vezes a piora é notável, dia após dia (referida como "variação diurna"), e é relativamente pouco afetada por eventos externos, sejam eles positivos ou negativos.

A segunda característica da depressão maior é uma redução do sentido usual de autoconfiança e autoestima da pessoa. É importante ressaltar que esta é uma mudança do que é habitual para essa pessoa e geralmente é notada pela pessoa. Muitas vezes, a pessoa atribui a mudança a um motivo ou evento, fazendo parecer plausível, mas é a presença dessa diminuição na autoestima a questão central.

O terceiro elemento da depressão maior é constituído por um conjunto de sintomas físicos que incluem pouca energia, falta de concentração, perda de apetite e peso, e sono deficiente, em que a capacidade de adormecer é mantida, mas a insônia no meio da noite e o despertar mais cedo e menos descansada do que em uma noite habitual. Muitas pessoas descrevem-se se sentindo "diferente" de alguma forma física em comparação como de costume, a sensação de que é difícil para muitas pessoas serem mais específicas, é o que parece ser o que Styron estava dizendo.

A depressão maior é distinta da desmoralização por esta tríade característica da mudança de humor, baixa autoconfiança, e vegetativo, sintomas físicos e por sua persistência (atualmente a convenção é que seja exigida a duração de pelo menos duas semanas, mas um episódio normal dura muitos meses, se não for tratado). Na desmoralização, os problemas do sono mais comumente envolvem dificuldade em adormecer, ao invés do despertar precoce, e a pessoa não perde a capacidade de obter prazer em atividades geralmente apreciadas. A depressão maior é distinta de luto pelas flutuações irregulares do luto em emoção e padrão sequencial ao longo dos meses de dormência, tumulto emocional e resolução. Distingue-se da personalidade depressiva pelo personagem ao longo da vida de personalidade depressiva contra a periodicidade (episódios da tríade depressiva que pontuam longos períodos de humor "normal" ou de costume) da depressão maior.

Os estressores são por vezes identificados como precedente em um episódio de depressão maior, embora possa ser difícil determinar se o "precipitante" era na verdade um resultado dos primeiros sintomas, por exemplo, pouca energia que leva à perda de um compromisso que tem consequências adversas. No entanto, estudos sugerem uma fraca, mas positiva relação entre o estresse e o desenvolvimento da depressão maior. Uma vez que um estressor ou precipitante presumido pode ou não estar presente na depressão maior, mas está sempre presente na desmoralização, a *presença* de um estressor não é útil para a classificação da depressão de uma pessoa como desmoralização ou depressão maior, mas a *falta* de um agente precipitante faz com que a depressão maior seja mais provável.

Faceta 1: modelos

A existência de uma tríade característica de sintomas, a qual é semelhante em muitas culturas diferentes, que ocorre por um período limitado de tempo durante a vida de uma pessoa, e tem sido estável por mais de 2.500 anos apóia a tese de que esta é uma condição *categórica* e que sua causa ou causas será relacionada a uma mudança *categórica* no controle do sistema de humor. Pelo nosso conhecimento deste sistema ser rudimentar, não há base para especular o que as mudanças específicas são e como elas serão diferentes daquelas que podem estar por trás de outros estados de humor, mas esta formulação sugere que será uma mudança qualitativa na função, ao invés de uma mudança no grau, como é previsto na desmoralização.

Estudos de gêmeos sugerem que 50 a 60% do risco de depressão maior é genético: o risco de ambos os gêmeos terem o distúrbio é de 50 a 60%, se forem monozigóticos ou idênticos, enquanto é de aproximadamente 10 a 15%, se eles forem dizigóticos ou "fraternais", a mesma probabilidade de um irmão ter depressão maior se outro irmão ou um dos pais tiverem. Nenhuma anormalidade genética única foi identificada que explica este risco, mas um número de diferentes genes tem sido implicado. Se esses diferentes fatores de risco genéticos, por fim, levam a um único caminho causal ou induzem à depressão por múltiplos mecanismos é desconhecido, mas estão sob estudo intensivo.

A depressão é frequentemente dita como sendo "bioquímica", pois medicamentos antidepressivos são mais eficazes do que o placebo no tratamento da depressão maior moderada e grave. É interessante notar, porém, que a combinação de medicação mais psicoterapia é mais eficaz do que a medicação sozinha. Uma vez que os medicamentos que são eficazes no tratamento de depressão maiores influenciam níveis da serotonina química, noradrenalina, dopamina, e talvez acetilcolina, uma teoria longa explorada é que anormalidades em um ou em vários dos sistemas cerebrais que utilizam estes neurotransmissores é prejudicada. No entanto, nenhuma mudança consistente foi encontrada em pessoas com depressão. Os medicamentos antidepressivos influenciam os níveis de um número de outras químicas do cérebro, e alguns induzem outras modificações, incluindo a formação de novas células do cérebro, por isso é possível que o mecanismo pelo qual melhoram a depressão, ainda está para ser descoberto. Um achado contraditório é que as drogas que sedam e diminuiem a ansiedade, tais como barbitúricos, álcool e benzodiazepínicos (Valium, Xanax e Ativan), agem sobre os neurotransmissores relacionados com o composto GABA, ao invés daqueles influenciados por antidepressivos, uma descoberta que sugere que a depressão não é uma deficiência generalizada de todos os sistemas do cérebro, nem um descritor de todos os estados emocionais negativos. No entanto, a ansiedade é um sintoma comum na depressão maior, e estudos genéticos e farmacológicos recentes implicam um possível papel para o sistema GABA.

Curiosamente, há diferenças na ressonância magnética funcional do cérebro em indivíduos quando estão deprimidos e quando não estão, e estas diferenças ocorrem nas mesmas ou semelhantes regiões do cérebro se a melhora no humor é induzida por medicamentos antidepressivos ou placebo. Isto sugere que uma mudança categórica ocorre quando o humor melhora e pode ser interpretado como reconhecimento de que tudo que retorna o sistema à linha de base, seja tempo, medicação, psicoterapia, ECT, exercício físico, ou a estimulação profunda do cérebro, leva a uma reinstituição de um funcionamento normal do sistema de humor.

Como já foi observado, as pessoas que se tornam depressivas relatam eventos de vida mais adversas no período de tempo antes do início de um episódio de depressão maior em comparação com os grupos não depressivos. Enquanto a direção da causalidade está em questão, é certamente plausível que fatores genéticos ou fatores de predisposição no início de vida fazem alguns indivíduos vulneráveis a uma ruptura categórica do sistema de controle do humor. Da mesma forma, é plausível que características tais como a resiliência pode ser protetora. Não há evidência para estas suposições.

Várias linhas de evidências me levam a especular que um modelo *emergente* será encontrado para explicar o aparecimento categórico da depressão maior. As diferenças entre depressão maior e desmoralização não são as principais mudanças no grau — o declínio na capacidade de sentir prazer e a diminuição da autoconfiança, as alterações nas caractéristicas do sono e o caráter diurno das alterações de humor não são vistas na desmoralização. Dada a probabilidade de que o mesmo sistema de humor está envolvido em ambos, tanto na desmoralização quanto na depressão maior (e, possivelmente, nas características da depressão de tristeza e temperamentais, como discutido na próxima seção), creio que a evidência favorece um modelo causal em que a responsividade normal do sistema de humor para eventos de vida é perdido ou dramaticamente (qualitativamente) alterado na depressão clínica, enquanto é alterado para um grau probabilístico na desmoralização. Na verdade, isto é uma especulação, e estudos empíricos serão necessários para testar essa ideia

Faceta 3: lógica (os três Es)

Muitos dos pontos discutidos acima foram desenvolvidos utilizando métodos *empíricos*. A identificação final das causas da depressão e uma determinação de que se qualquer esquema proposto, tal como o apresentado aqui é válido dependerá de estudos que examinam hipóteses testáveis e, pelo menos, parcialmente refutáveis. No entanto, a lógica *empática* sempre será utilizada para ligar participantes à desmoralização e ao luto e, possivelmente, à depressão maior, uma vez que o significado de precipitante varia muito entre as pessoas. A lógica empática também pode ser utilizada para examinar a questão da relação entre a gravidade do estressor e a probabilidade de tornar-se desmoralizado, mas continua a ser um desafio para evitar o raciocínio circular (um evento é um grande estressor porque induz mais tristeza contra um maior grau de tristeza, induzidno a uma mudança maior do cérebro).

Faceta 2: níveis de análise (os quatro Ps)

Vários dos fatores identificados acima como o aumento do risco do desenvolvimento de depressão maior parecem funcionar como fatores *predisponentes* uma vez que muitos indivíduos com essas características ou experiências, incluindo fatores de risco genéticos, circunstâncias adversas da vida logo cedo e estressores recentes, não desenvolvem depressão maior.

Muitos medicamentos, hormônios e drogas de abuso (incluindo esteróides, testosterona, a reserpina medicamentos anti-hipertensivos e alfametildopa, álcool e cocaína) podem precipitar a depressão maior. Algumas condições médicas estão associadas com um risco aumentado de depressão, e em muitas delas não há nenhuma relação entre a gravidade da doença e a incidência de depressão. Estas incluem doenças do cérebro, tais como a doença de Parkinson e esclerose múltipla, doenças cardiovasculares e diabetes mellitus. A depressão está associada com câncer de pâncreas e certos tipos de câncer de pulmão, e a depressão é muitas vezes notada antes que os sintomas físicos da doença subjacente tornam-se notáveis e que a doença seja diagnosticada. Isso apóia a ideia de que essas doenças induzem a depressão por meio de um mecanismo mensageiro químico ou hormonal.

Depressão como uma característica de personalidade

O uso final do termo depressão refere-se ao estado emocional habitual ou ao longo da vida de uma pessoa. A probabilidade de que uma pessoa fará interpretações otimistas ou pessimistas de uma situação; reagirá a um estressor de forma controlada sem emoção ou, de forma dramática emocionalmente expressiva; e reagirá à mudança de uma forma protegida ou envolvente são características universais, compartilhadas por todos os seres humanos, e estas se tornam aspectos característicos estáveis de cada indivíduo na metade da adolescência. A tendência ao longo da vida de ser infeliz, então, pode ser conceituada como um aspecto essencial do ser de uma pessoa, isto é, sua personalidade. Neste sentido do termo "depressão", cada indivíduo pode ser descrito como tendo um lugar contínuo de uma probabilidade muito elevada de experimentar a infelicidade à uma probabilidade muito baixa de realmente acontecer. Tal como acontece com todas as características universais compartilhadas, essa probabilidade é distribuída na população de uma forma normal ou na forma de curva de Gauss — de tal forma que algumas pessoas têm tendências persistentes ao longo da vida de serem pessimistas, ver o negativo ao invés do positivo, e descrevem que experienciam o mínimo de prazer em resposta aos eventos percebidos por muitas pessoas como indução positiva e de felicidade. Este significado da palavra depressão, então, refere-se a um conjunto de características temperamentais ao longo da vida.

Faceta 1: modelos

Por definição, esta é uma característica universal que segue um modelo de causa *predisponente*. Isto é, o "lugar" de um indivíduo na distribuição normal influenciará sua resposta a uma situação ou estressor. Ter um temperamento depressivo aumenta a probabilidade de que uma pessoa experienciará a infelicidade ou um maior grau de infelicidade a um determinado estressor, mas não determina absolutamente a resposta. Um estressor *precipitante* interage com essa tendência preexistente para determinar qual será o resultado de humor. Assim, a tendência à desmoralização é influenciada pelo temperamento em uma forma causal, mas muitas outras variáveis descritas sob desmoralização desempenham um papel adicional.

Considerações finais sobre depressão

É altamente provável, embora não totalmente confirmado ou traçado, que uma teia disseminada dos sistemas cerebrais subjaz o que chamamos de humor. Este sistema tem vários nós que integram entradas e saídas; modulam os sentimentos de alegria, tristeza, preocupação, ansiedade, raiva, prazer e dor; e ligam os sistemas que sustentam o sono, energia, iniciativa, avaliação de risco, a cognição, atenção e concentração. Tal sistema provavelmente foi construído com redundância e módulos de compensação que subjazem a resiliência. Se este for o caso, as múltiplas propostas dos "significados" de depressão podem refletir na desregulação funcional de vários módulos e grupos de módulos (subsistemas) desta rede disseminada, e os vários tipos de depressão, que serão melhores entendidos como decorrentes da natureza *programática* do sistema de humor.

A biologia de um sistema tão complexo será um desafio para desembaraçar. Talvez seja por isso que tentativas para entender sua biologia, até agora, produziu resultados limitados. Parece plausível que tal sistema terá as seguintes características, identificadas por Kitano:

1. *Controles do sistema,* incluindo os controles de reação *(feedfoward),* em que um dado estímulo desencadeia uma série de etapas ligadas que apontam para sistemas envolvidos em tais ações díspares como prazer, desconforto e cognição, e mecanismos de *comentários (feedback)* que mantêm o sistema (temperamento/personalidade depressiva), mas se o sistemas estiver desordenado, este já não permite a modulação normal do humor, resultando em Depressão Maior.
2. *Redundância,* representação do mesmo sistema em ambos os lados do cérebro.
3. *Estabilidade estrutural,* isto é, múltiplas vias que regulam a capacidade de resposta (temperamento), e aumentam a probabilidade de que uma pessoa será capaz de repetir (aprender) as respostas que maximizam respostas adaptativas para funcionar em face de circunstâncias adversas (resiliência).
4. *O design modular* que permite que a pessoa funcione em face de circunstâncias muito perturbadoras, limitando a disfunção (por exemplo, em luto), inclui subsistemas que aumentam a probabilidade de uma resposta benéfica (resiliência) e limitam os efeitos adversos (todo o sistema) e os resultados da depressão, e prevê a entrada de outros módulos que estão na base das respostas de modulação, como a cognição, a resposta ao estresse, prazer, busca de recompensa, e o controle de impulsos inatos, como comer, dormir, e reprodução.

Neste modelo causal programático proposto de depressão, a depressão maior seria o resultado de uma disfunção multi-módulo, na qual muitos módulos tornam-se minimamente ou praticamente indiferentes aos comentários e aos mecanismos do controle de reação (feedforward) e, assim, causando disfunção de uma forma emergente. Personalidade depressiva refletiria os valores de referências estáveis dos vários sistemas, e a desmoralização refletiria em uma regulação baixa de um único sistema ou um pequeno número de sistemas que regulam a capacidade de resposta emocional, mas não uma disfunção categórica de sistemas múltiplos, ligados. O luto resultaria de um conjunto de módulos que são ligados de forma pré-programada para responder a um conjunto específico de gatilhos. A depressão maior, por sua vez, seria uma disfunção categórica/emergente de múltiplos sistemas, personalidade depressiva, um ponto de ajuste/equilíbrio ao longo da vida, de uma série de módulos e subsistemas que agem de forma predisponente, luto — resposta multi-módulo pré-especificada a uma perda significativa, e desmoralização — função diminuída de módulos que regulam a capacidade de resposta emocional e resiliência.

~

Uma discussão sobre a causa ou causas da depressão pode parecer prematura sem um consenso entre os especialistas sobre como conceituar depressão. No entanto, como PW Anderson observou há quarenta anos, abordagens de cima para baixo e de baixo para cima se complementam. Iniciar com estados normais e anormais de humor e tentar compreender as suas bases biológicas, é um caminho para descobrir os mecanismos causais da depressão, mas estudos básicos de como funciona o cérebro em níveis molecular, celular, sináptico, e em níveis multicelulares e como essas entidades biológicas são afetadas por mudanças na função do gene, nos níveis de hormônio do estresse, etc, também serão necessários. Aprender vários outros sistemas que provavelmente estão envolvidos na depressão, como a cognição (ele próprio constituído por vários sistemas modulares de interação), dor e aprendizagem serão necessárias também para compreender os inúmeros fatores que fundamentam as causas e expressão do humor deprimido. A justificativa para a discussão de modelos provisórios antes de mais conhecimento é iminente sobre estas questões de cima para baixo e de baixo para cima, é que propostas como esta geram hipóteses testáveis. Como observado no Capítulo 5, o grande número de componentes do sistema de humor e o significativo grau de variação individual pode impedir um modelo final, totalmente explicativo, e as implicações probabilísticas de variação individual talvez nunca permitam uma previsão confiante no nível do indivíduo.

A segunda justificativa para a geração de possíveis modelos do sistema humor se relaciona com a narrativa/empática subjacente da pergunta "Por que estou deprimido?" A questão surge, em parte por causa da incompreensibilidade de certos estados de humor e de respostas e buscas inatas do cérebro humano por justa causa. Há bases empíricas a uma resposta muito provisória, mas, como todas as narrativas, os pontos de vista do respondente influenciarão significativamente o que é proposto. Como médico, sinto que responder a pergunta com o melhor de minha capacidade, mas apresentando-a como provisório direciona ao desejo das pessoas de saber por que algo está acontecendo, enquanto indicando que não há resposta correta absoluta ou individual. Esta é a faca de dois gumes da tendência humana inata de buscar as causas. Narrativas são fáceis de encontrar, mas podem ser prejudiciais, bem como úteis. Narrativas nunca serão equivalentes a fatos gerados cientificamente, mas narrativas do raciocínio causal fornecem respostas que não podem ser acessadas por métodos empíricos, pelo menos para o presente. Acredito que tanto a abordagem narrativa quanto empírica serão sempre necessárias quando se busca causa ao nível do indivíduo devido a incapacidade inerente de conhecer todos os fatos sobre um sistema tão complexo como o humor, uma versão bastarda do princípio da incerteza de Heisenberg e teorema da incompletude de Gödel.

~

Um dos pressupostos deste livro é que a compreensão e o reconhecimento dos métodos que estão sendo usados podem avançar a discussão de um tema complexo, tais como as bases de agressão humana. Não resolve o problema da complexidade, e reconhecidamente é complexo por si só, mas é proposto como um contador a modelos excessivamente simplistas e como uma forma de abraçar e valorizar os pontos fortes e as limitações de diferentes tipos de informações e métodos muito diferentes de coleta de informações. Ele fornece uma estrutura que incorpora o trabalho de muitos estudiosos que abordaram questões de como o conhecimento se acumula e propõe uma linguagem que incorpora as suas conclusões. É uma tentativa de ser ao mesmo tempo abrangente e pluralista, mas não acrítico ou eclético.

Apenas rotulando vários fatores como "categórico", "predisposição", e "empírico" certamente não é evidência de utilidade. O que tentei mostrar neste capítulo é que a identificação de correlatos e construção de narrativas é fácil; demonstrar que são causais e identificar como contribuem causalmente é muito mais desafiador. Este desafio é agravado quando temas tão complexos e multideterminados como violência e depressão são considerados. Por fatores e descritores tão díspares como o nível de testosterona; discriminação com base em fatores físicos, sociais, econômicos ou geográficos; e identidade de grupo pode ser identificada como correlacionada com os níveis de violência, uma visão abrangente ou pelo menos sofisticada que incorpora um vasto leque conceitual e real de características pode parecem assustadoras, se não impossíveis de ser integrada. Minha esperança é que o modelo de três facetas fornecerá uma estrutura que destaca os pontos fortes das muitas ferramentas intelectuais necessárias para explicar o "porquê das coisas."

Referências

Introdução

Aristóteles. *Física*. Citação em livro 2, parte 3, 194b16.

Burns, P. C., R. C. Ewing, e A. Navrotsky. 2012. "Combustível Nuclear em um Acidente de Reator." *Ciência* 335: 1184–1187. Descreve o que acontece durante a fusão do núcleo de um reator nuclear.

Clery, D. 2011. "Designs Atuais Causam Problemas em Reatores Fukushima". *Ciência* 331: 1506.

Perrow, C. 1984. *Acidentes Normais*. New York: Harper Collins.

Wald, M. L. 2004. "Em Grandes Blackout, O Retrospecto Não É 20/20." *New York Times* (May 13). ——. 2012. "Combinação de Erros Levou à Perda de Energia em San Diego." *New York Times* (May 2).

Capítulo 1

Aristóteles. 1991. *A Metafísica*. Trans. J. McMahon. Amherst, N.Y.: Prometheus.

Barrow, J. D. 1998. *Impossibilidade*. New York: Oxford University Press. Traça a história da ciência e identifica os limites e pontos fortes do método científico.

Butterfield, J., ed. 1999. *Os Argumentos do Tempo*. New York: Oxford University Press.

Casti, J. L. 2001. "*Formalmente Falando.*" *Natureza* 411: 527.

Coveney, P., e R. Highfield. 1990. *A Flecha do Tempo.* New York: Ballantine.

Ekeland, I. 2006. *O Melhor dos Possíveis Mundos.* Chicago: University of Chicago Press. Aborda a Questão Fundamental de Causa "Por que o Universo é do jeito que é?" Discute a irreversibilidade do tempo no nível macroscópico.

Gazzaniga, M. S. 1985. O Cérebro Social*: Descobrindo as Redes da Mente.* New York: Basic Books.

Geertz, C. 1983. *Conhecimento Local.* New York: Basic Books. Uma discussão clássica da relatividade do conhecimento.

Gould, S. J. 1987. *O Tempo é uma Flecha, O Tempo é um Ciclo.* Cambridge, Mass.: Harvard University Press.

Le Poidevin, R., e M. MacBeath, eds. 1993. *A Filosofia do Tempo.* New York: Oxford University Press.

McHugh, P. R., e P. Slavney. 1998. *As Perspectivas da Psiquiatria* 2 ed. Baltimore, Md.: Johns Hopkins University Press.

Notturno, M. A., ed. 1994. *Karl Popper, Conhecimento e o Problema da Mente-Corpo* New York: Routledge.

Nozick, R. 2001. *Invariâncias: A Estrutura do Mundo Objetivo.* Cambridge, Mass.: Harvard University Press. Alegações de que a verdade é relativa ao espaço e ao tempo.

Palmer, L., e G. Lynch. 2010. "Uma Vista Kantiana do Espaço." *Ciência* 328: 1487–1488. Comentários a prova, incluindo Wills *et al.* (2010), demonstrando que o sistema cerebral utilizado por um rato para localizar-se no espaço é uma "forma pura a priori", isto é, existe no cérebro antes do rato usar a experiência para aprender onde está. Apoia a alegação de Kant dos modelos pré-existentes de cognição, relevantes aqui, a respeito de sua noção de causalidade como uma construção inata.

Plotnitsky, A. 1994. Complementaridade.. Durham, N.C.: Duke University Press.

Polyn, S. M., *et al.* 2005. "Categoria- Atividade Específica Cortical Precede Recuperação Durante a Pesquisa de Memória" *Ciência* 310: 1963–1966. Suporte para a noção de causalidade inata.

Popper, K. 2002. *A Lógica da Descoberta Científica.* London: Taylor & Francis.

Taylor, C. C. W., R. M. Hare, e J. Barnes. 1999. *Os Filósofos Gregos: Socrates, Platão, Aristóteles* Oxford: Oxford University Press.

Trusted, J. 1991. *Física e Metafísica Teorias do Espaço e do Tempo.* New York: Routledge. Uma história legível do conceito de tempo na filosofia e na ciência.

Wills, T. J., *et al.* 2010. "Desenvolvimento do Mapa Cognitivo hipocampal em Ratos" *Ciência* 328: 1573 -1576. Apoio para a noção de causalidade inata.

Vico, G. 1999. *Nova Ciência.* 3 ed. New York: Penguin.

Capítulo 2

Achlioptas, D., R. M. D'Souza, e J. Spencer. 2009. "Percolação Explosiva em Redes Aleatórias" *Ciência* 323: 1453–1457. Demonstra que uma pequena adição de conectividade de nós de borda em um sistema muito grande pode levar a uma alteração súbita mudança imitando a mudança categórica.

Aristotle. 1991. A Metafísica. Trans. J. McMahon. Amherst, N.Y.: Prometheus.

Korner, S. 1990. *Kant.* London: Penguin. Uma introdução acessível.

Kuhn, T. S. 1970. *A Estrutura das Revoluções Científicas*. 2º. ed. Chicago: University of Chicago Press.

Pearl, J. 2000. *Causalidade* Cambridge: Cambridge University Press.

Capítulo 3

Dehaene, S., *et al.* 2008. "Log ou Linear? Intuições Distintas da Escala dos Números, em Culturas Ocidentais e da Amazônia Indígena." *Ciência* 320: 1217-1220.

Murphy, G. L. 2002. *O Grande Livro dos Conceitos*. Cambridge, Mass.: The MIT Press. Comentários à evidência de que algumas categorias parecem ser pré-cabeadas no cérebro (inata), enquanto outras não são.

Susser, M. 2001. "Glossário: Causalidade em Ciência da Saúde Pública." *Jornal de Epidemiologia e Saúde Comunitária* 55: 376-378.

Capítulo 4

Bernstein, P. L. 1996. *Contra os Deuses A Fascinante História do Risco.* New York: John Wiley.

Blaisdell, A., *et al.* 2006. "Raciocínio Causal em Ratos." *Ciência* 311: 1020-1022.

De Duve, C. 2002. "Mistérios da Vida: Há "algo mais"'?" Perspectivas em Biologia e Medicina 45: 1-15.

Franklin, J. 2001. A Ciência da Conjectura: *Evidências e Probabilidade Antes de Pascal,* Baltimore, Md.: The Johns Hopkins University Press. Uma história legível e informativa de raciocínio probabilístico. Corrige alegações anteriores de que não existia antes da década de 1650.

Kaplan, R. 1999. *O Nada Que É: Uma História Natural do Zero* New York: Oxford University Press.

King, G. 1989. *Unificação da Metodologia Política:* A Teoria da Probabilidade de Inferência Estatística. Cambridge: Cambridge University Press. Aplica-se o raciocínio probabilístico e a análise de questões abordadas por cientistas políticos.

Pearl, J. 1988. *Raciocínio Probabilístico em Sistemas Inteligentes: Redes de Inferência Plausível.* San Francisco: Morgan Kaufmann.

Salsburg, D. 2001. *A Senhora Experimentando Chá* New York: W. H. Freeman and Company. Uma história acessível de estatísticas.

Seife, C. 2000. *Zero: A Biografia de uma Ideia Perigosa* New York: Penguin Putnam.

Capítulo 5

Achlioptas, D., R. M. D'Souza, e J. Spencer. 2009. "Percolação Explosiva em Redes Aleatórias." *Ciência* 323: 1453–1457. Demonstra que uma pequena adição de conectividade de nós de borda em um sistema muito grande pode levar a uma alteração súbita imitando mudança categórica.

Alon, U. 2007. *Uma Introdução à Biologia de Sistemas* Boca Raton, Fla.: Chapman & Hall/CRC.

Anderson, P. W. 1972. "Mais é Diferente." *Ciência* 177: 393–396.

Bak, P. 1996. *Como a Natureza Funciona: A Ciência da Criticalidade Auto--Organizada.* New York: Copernicus.

Barabási, A.-L. 2002. *Ligado: A Nova Ciência das Redes.* Cambridge, Mass.: Perseus.

Berlinski, D. 1995. *Uma Turnê do Cálculo.* New York: Random House.

Buchanan, M. 2002. *Nexo.* New York: Norton.

Camazine, S., *et al.* 2001. *Auto-organização em Sistemas Biológicos.* Princeton, N.J.: Princeton University Press.

de Duve, C. 2005.*Singularidades.* New York: Cambridge University Press.

Gavin, A.-C., *et al.* 2006. "Pesquisa Proteoma Revela Modularidade do Maquinário de Influência Celular" *Natureza* 440: 631–636. Este estudo demonstra o agrupamento da "máquina" dentro das células que fazem proteínas em 257 agrupamentos únicos. Isso apóia a noção de que há aglomeração de processos celulares em módulos ou redes.

Johnson, S. 2001. *Emergência.* New York: Scribner.

Kitano, H. ed. 2001. *Fundamentos da Biologia de Sistemas.* Cambridge, Mass.: The MIT Press.

Levin, S. 1999. *Domínio Frágil : Complexidade e os Espaços Públicos.* Leitura, Mass.: Perseus.

Miller, J. M., e S. E. Page. 2007. *Sistemas Adaptativos Complexos.* Princeton, N.J.: Princeton University Press.

Pikovsky, A., M. Rosenblum, e J. Kurths. 2001. *Sincronização.* Cambridge: Cambridge University Press. Strogatz, S. 2003. *SYNC.* New York: Hyperion.

Vandermeer, J. H., e D. E. Goldberg. 2003. *Ecologia Populacional.* Princeton, N.J.: Princeton University Press.

Wald, M. L. 2012. "Combinação de Erros Levou à Perda de Energia em San Diego." *New York Times* (2 de maio).

Watts, D. J. 2003. *Seis Graus: A Ciência de uma Idade Conectada.* New York: Norton.

Capítulo 6

Ball, P. 2008. "Quântica Sempre." *Natureza* 453: 22–25. Discute a possível primazia da teoria quântica sobre visões clássicas e experimentais do mundo.

Galison, P. 2003. *Relógio de Einstein, Mapas de Poincaré* New York: Norton.

Gould, S. J. 1999. *Pilares do Tempo.* New York: Ballantine.

Haack, S. 2003. *Defendendo a Ciência–Dentro da Razão.* Amherst, N.Y.: Prometheus.

Holton, G. 2005. *Vitória e Aflição em Ciência: Einstein, Bohr, Heisenberg, entre Outros.* Cambridge, Mass.: Harvard University Press.

Oreskes, N. 2001. *Placas Tectônicas.* Boulder, Colo.: Westview.

Capítulo 7

Bennett, M. R., e J. Hasty. 2008. "Genoma Religado." *Natureza* 452: 824–825. Demonstra como os genes podem ser analisados, atuando em redes e como analisá-los desta forma dá informações diferentes do que analisá-los isoladamente.

Couzin-Frankel, J. 2009. "A Promessa de uma Cura: 20 Anos e Contagem." *Ciência* 324: 1504–1507. Uma história da caça à anormalidade genética na fibrose cística e do papel que sua descoberta tem desempenhado no desenvolvimento do tratamento.

Finch, C. E., e T. B. L. Kirkwood. 2000. *Possibilidade, Desenvolvimento e Envelhecimento.* New York: Oxford University Press.

Friedland, A. E., *et al.* 2009. "Redes de Genes Sintéticos Que Contam" *Ciência* 324: 1199–1202. A construção de relógios intracelulares que "contam" em um sentido sugere que o tempo biológico pode ser irreversível.

Gudbjartsson, D. F., *et al.* 2008. "Muitas Sequências Variáveis Afetando a Diversidade de Altura do Humano Adulto". *Natureza Genética* 40: 609–615.

Levin, S. 1999. *Domínio Frágil: Complexidade e os Espaços Públicos.* Leitura, Mass.: Perseus. Quotation at 44.

Lowenberg, S. 2009. "Crise de Desnutrição da Guatemala." *Lancet* 374: 187- 189. Não é apenas a falta de calorias, mas sim a falta dos tipos certos de alimentos que levam à baixa estatura.

McArthur, R. H., e E. O. Wilson. 2001 [1967]. *A Teoria da Biogeografia de Ilhas.* Princeton, N.J.: Princeton University Press.

Nüsslein-Volhard, C. 2006. *Vindo a Vida: Como os Genes impulsionam o desenvolvimento* Carlesbad, Calif.: Kales. Um cientista ganhador do Prêmio Nobel descreve seu trabalho sobre a biologia do desenvolvimento do embrião, incluindo o papel do acaso.

Turner, J. S. 2007. *O Cúmplice do Tinkerer.* Cambridge, Mass.: Harvard University Press. Oferece uma abordagem de "cima para baixo" à biologia.

Vandermeer, J. H., e D. E. Goldberg. 2003. *Ecologia Populacional.* Princeton, N.J.: Princeton University Press. Cotação na 3.

Visscher, P. M. 2008. "Avaliando a Variação da Altura Humana" *Natureza Genética*: 489–490.

Wardle, D. A., *et al.* 2004. "As Ligações Ecológicas entre Biotas Acima do Chão e Abaixo do Chão" *Ciência* 304: 1629–1633.

Young, I. M., e J. W. Crawford. 2004. "Interações e Auto-Organização no Complexo Solo-Micróbio" *Ciência* 304: 1634–1637.

Capítulo 8

Morgan, S. L., e C. Winship. 2007. *Cenários e Conclusão Causal.* New York: Cambridge University Press.

Perrow, C. 1984. *Acidentes Normais.* New York: HarperCollins.

Petroski, H. 1992. *O Papel da Falha no Projeto Bem Sucedido.* New York: Vintage. "Cada caso de falha [é] uma oportunidade para testar hipóteses" (232).

Tenner, E. 1996. *Por que as Coisas Mordem de Volta* New York: Knopf. Citação na 256.

Wald, M. L. 2004. "Em Grandes Apagões, O Retrospecto Não É 20/20." *New York Times* (13 de maio). ——. 2012. "Combinação de Erros Levou à Perda de Energia em San Diego." *New York Times* (2 de maio).

Capítulo 9

Carr, E. H. 1961. *O Que É História?* New York: Vintage. Citação na 113.

Couch, T. D., e P. L. Jakab. 2003. *Os irmãos Wright e a Invenção da Idade Aérea* Washington, D.C.: National Geographic.

Evans, R. J. 1997. *Na Defesa da História.* New York: Norton. ——. 2001. *Mentira sobre Hitler: História, Holocausto, e o Teste de David Irving* New York: Basic Books. Citação na 241, n. 51. A lei britânica sobre difamação foi alterada nos últimos anos, provavelmente em resposta a este e a casos semelhantes e com a percepção de que a lei estava sendo usada para proteger os indivíduos com status alto de críticas.

Frank, J. D., e J. B. Frank. 1991. *Persuasão e Cura.* 3ª. ed. Baltimore, Md.: Johns Hopkins University Press. Uma discussão acessível de métodos retóricos na era moderna.

Gaddis, J. L. 2002. *Como Historiadores Mapeiam o Passado.* New York: Oxford University Press.

Gazzaniga, M. S. 1985. *O Cérebro Social: Descobrindo as Redes da Mente* New York: Basic Books.

Greene, B. 1999. *O Universo Elegante* New York: Vintage.

Judson, H. F. 2004. *A Grande Traição: Fraude na Ciência.* Orlando, Fla.: Harcourt. Demonstra que a confiança no método científico e sua replicação por si só não protegem contra as falsas alegações da ciência. O método científico, portanto, requer fidelidade a uma ética de honestidade, assim como o método narrativo.

Lipstadt, D. 1993. Negação do Holocausto: *O Assalto Crescente na Verdade e na Memória.* New York: Plume.

Luria, A. R. 1987. *A Mente de um Mnemonisa..* Cambridge, Mass.: Harvard University Press. Uma descrição fascinante de uma pessoa cuja memória era "muito boa".

McHugh, P. R., e P. S. Slavney. 1998. *As Perspectivas da Psiquiatria.* 2. ed. Baltimore, Md.: Johns Hopkins University Press.

Nisbet, R. 1976. "Muitos Toquevilles." *Estudioso Americano* 46: 59–75.

Novick, P. 1988. *Aquele Nobre Sonho: "A Questão da Objetividade" e a Profissão Histórica Americana.* Cambridge: Cambridge University Press.

Roberts, R. H., e J. M. M. Good, eds. 1993. *A Recuperação da Retórica.* Charlottesville: University Press of Virginia.

Simons, H., ed. 1989. *Retórica nas Ciências Humanas.* London: Sage.

Toulmin, S. 2001. *Retorno a Razão.* Cambridge, Mass.: Harvard University Press. Citação 8.

Capítulo 10

Armstrong, K. 1994. *A Hisória de Deus* New York: Ballantine. Citação na 253, n. 59.

Brooke, J. H. 1991. *Ciência e Religião: Algumas Perspectivas Históricas.* Cambridge: Cambridge University Press. Citação 17.

Burtt, E. A. 1954. *Os Fundamentos Metafísicos da Ciência Moderna.* Garden City, N.Y.: Doubleday. Uma velha, mas insuperável discussão sobre o papel da religião na vida dos grandes cientistas.

Collins, F. 2006. *A Linguagem de Deus* Detroit, Mich.: Thomson Gale.

Dawkins, R. 2008. *A Desilusão de Deus.* New York: First Mariner.

Dubuisson, D. 2003. *A Construção Ocidental de Religião* Ocidental. Trans. W. Sayers. Baltimore, Md.: Johns Hopkins University Press.

Franklin, J. 2001. *A Ciência da Conjectura: Evidências e Probabilidade Antes de Pascal.* Baltimore, Md.: Johns Hopkins University Press.

Goodenough, U. 1998. *As Profundidades Sagradas da Natureza* New York: Oxford University Press. Citação xvi.

Gould, S. J. 1999. *Pedras do Tempo: Ciência e Religião na Plenitude da Vida.* New York: Ballantine.

Groopman, J. 2004. *A Anatomia da Esperança.* New York: Random House.

Harris, S. 2004. *O Fim da Fé: Religião, Terror, e o Futuro da Razão.* New York: Norton.

Holton, G. 2005. *Vitória e Aflição em Ciência: Einstein, Bohr, Heisenberg, entre Outros.* Cambridge, Mass.: Harvard University Press. Os capítulos em que Einstein e Rabi demonstram como pontos de vista religiosos influenciaram o seu trabalho, mesmo evitando a religião formal.

James, W. 1999. *As Variedades da Experiência Religiosa*. New York: Random House. Citações na 532, 545. Os insights desta clássica introdução ao tema permanecem informativos mais de cem anos depois que foi escrito.

Larson, E. J., and L. Witham. 1997. "Os Cientistas Ainda Estão Mantendo a Fé" *Natureza* 386: 435–436. Maugham, W. S. 1999 [1916]. *Da Escravidão Humana*. New York: Random House.

Zukav, G. 1979. *A Dança Mestre de Wu Li*. New York: Bantam.

Capítulo 11

Abbot, P., *et al*. 2011. "Teoria da Aptidão Inclusiva e Eusocialidade" *Natureza* 471: 1057–1060. Citação na 1057. Refuta a rejeição da teoria da seleção de parentesco por Nowak,Tarnita, e Wilson (2010).

Alexopoulos, G. S. 2005. "*Depressão no Idoso.*" *Lancet* 365, no. 9475: 1961–1970.

Alzheimer, A. 1987. "Sobre uma doença peculiar do Córtex Cerebral." Trans. L. Jarvik and H. Greenson. *Doenças de Alzheimer e Distúrbios Associados1: 7–8.*

Brookmeyer, R., S. Gray, e C. Kawas. 1998. "Projeções da Doença de Alzheimer nos Estados Unidos e o Impacto da Saúde Pública no Atraso do Início da Doença" Jornal Americano da Saúde Pública 88: 1337–1342.

Brooks, P. 2000. *Confissões Preocupantes*. Chicago: University of Chicago Press. Demonstra que mesmo confissões podem não ser verdadeiras e que podem ser induzidas e, deste modo falsamente identificam culpa causal.

Burton, R. 1977 [1621]. *A Anatomia da Melancolia*. New York: Vintage.

Carey, N. 2012. *A Revolução Epigenética*. New York: Columbia University Press. Cramer, P. E., et al. 2012. "ApoE - Terapias Que Limpam Rapidamentte ß-amilóide e Revertem os Déficits nos Modelos AD de Ratos." *Ciência* 335: 1503–1510.

Corrada, M. M., *et al.* 2008. "Prevalência de Demência Após os 90: Os Resultados do Estudo 90 +." *Neurologia* 71: 337–343.

Dennett, D. C. 1995. *A Perigosa Ideia de Darwin: Evolução e o Significado da Vida*. New York: Simon e Schuster. Um forte defensor do darwinismo expõe seu caso.

Diamond, J. 1997. *Armas, Germes e Aço: Os Destinos da Sociedade Humana* New York: Norton.

Elias, N. 2000. *O Processo Civilizatório: Investigações Sociogenéticas e Psicogenéticas* Rev. ed. Cambridge, Mass.: Blackwell.

Fodor, J., e M. Piattelli-Palmarini. 2011. *Onde Darwin Errou*. New York: Picador. Dois cientistas evolucionistas descrevem algumas das limitações do Darwinismo.

Harvey, C. D., et al. 2012. "Sequências Escolha-Específica em Córtex Parietal Durante uma Decisão Tarefa Virtual-Navegação" Natureza 484: 62–64. Evidência de que a memória para o desempenho da tarefa é o resultado da queima coerente, sequenciado de conjuntos de neurônios ao invés de ser dirigida por um único neurônio. Esta organização programática é um possível mecanismo para o surgimento de comportamento.

Heng, H. H. Q. 2008. "O Conflito Entre os Sistemas Complexos e Reducionismo" *Jornal da Associação Médica Americana* 300: 1580–1581. Meramente reconhecendo a complexidade de um sistema não garante que a aplicação deste conhecimento resolverá os problemas.

Johnson, C. J., *et al.* 2008. "Introspecção Estrutural Em Um Oscilador Circadiano." *Ciência* 322: 697-701. Demonstra como (e por que, já que não podem operar no sentido oposto) relógios biológicos são unidirecionais.

Judson, H. F. 2004. *A Grande Traição: Fraude na Ciência.* Orlando, Fla.: Harcourt.

Kupfer, D. J., *et al.* 2012. "O Transtorno Depressivo Maior: Novas Perspectivas Clínicas, Neurobiológicas e Tratamento." *Lancet* 379: 1045-1054.

Lyketsos, C., *et al.* 2008. *Aspectos Psiquiátricos de Doença Neurológica* New York: Oxford.

Mace, N. L.,e P. V. Rabins. 2011.*O Dia de Trinta e Seis Horas* 5ª. ed.. Baltimore, Md.: Johns Hopkins University Press. Martin, J. L. 2009. *Estruturas Sociais* Princeton, N.J.: Princeton University Press.

Mayr, E. 2001. *O que é a Evolução.* New York: Basic Books.

Morgan, S. L., e C. Winship. 2007. *Cenário e Inferência Causal.* New York: Cambridge University Press.

Nowak, M. A., C. E. Tarnita, e E. O. Wilson. 2010. "A Evolução da Eusocialidade." *Natureza* 466: 1057-1062. Wilson e a rejeição dos colegas da teoria da seleção de parentesco. Refutada por Abbot *et al* (2011).

Okasha, S. 2006. *Evolução e os Níveis de Seleção.* New York: Oxford University Press.

Pinker, S. 2011. *Os Melhores Anjos da Nossa Natureza: Por que a Violência Diminuiu* New York: Viking. Citação na 418.

Posner, R. 2001. *Fronteiras da Teoria do Direito* Cambridge, Mass.: Harvard University Press.

Rabins, P. V., *et al.* 1982. "O Impacto da Demência na Família" *Jornal da Associação Médica Americana* 248: 333–335.

Ruse, M. 2003. *Darwin e Design*. Cambridge, Mass.: Harvard University Press.

Sokal, A. D. 2000. *O Sokal Hoax: O Sham que agitou a Academia*. Lincoln: University of Nebraska Press.

Styron, W. 1992. *Escuridão Visível*. New York: Vintage.

Timberg, C., e D. Halperin. 2012. *Tinderbox: Como o Ocidente Provocou a Epidemia de AIDS e Como o Mundo Pode Finalmente Superá-la*. New York: Penguin.

Volberding, P. A., e S. G. Deeks. 2010. "Terapia Anti-Retroviral e Gestão de Infecções por HIV" *Lancet* 376: 49–62.

Weiner, J. 1994. *O Bico do Passarinho: A História da Evolução no Nosso Tempo*. New York: Knopf. A descrição do trabalho de Grants que demonstra a seleção atuando durante um curto período de tempo.

Leia Magnitudde

Mundo animal

Seu cachorro é o seu espelho

Kevin Behan

Em Seu cachorro é seu espelho, *o famoso treinador de cães Kevin Behan propõe um radical e inédito modelo para a compreensão do comportamento canino. Com ideias originais e uma escrita cativante, o livro está destinado a mudar completamente a maneira de se ver o melhor amigo do homem. O autor usa toda a sua experiência para forçar-nos a uma reflexão de quem realmente somos, o que os cães representam em nossa vida, e por que estamos sempre tão atraídos um pelo outro. Fugindo das teorias tradicionais, que há anos tentam explicar as ações dos cachorros, Behan traz à tona a ideia de que as atitudes caninas são movidas por nossas emoções. O cão não responde ao seu dono com base no que ele pensa, diz ou faz. O cão responde àquilo que o dono sente. Este livro abre a porta para uma compreensão entre as espécies e, talvez, para uma nova compreensão de nós mesmos.*

MAGNITUDDE

Leia Magnitudde

Autoconhecimento

Através dos olhos do outro

Karen Noe

Como médium, Karen Noe frequentemente recebe mensagens de arrependimento – entes queridos falecidos comunicam-se dizendo que agora entendem que deveriam ter dito ou feito coisas de formas diferentes quando ainda estavam na Terra. Neste livro, a autora nos mostra que não é preciso morrer para iniciar uma revisão de vida. Devemos fazê-la agora mesmo, antes que seja tarde demais. Escrevendo diferentes tipos de cartas podemos enxergar melhor como afetamos a todos que passam por nosso caminho. Assim, Karen nos traz sua jornada pessoal, mostrando como a sua própria vida se transformou depois que ela passou a escrever cartas aos seus entes queridos. Esta obra é um guia que vai lhe mostrar como escrever essas cartas.

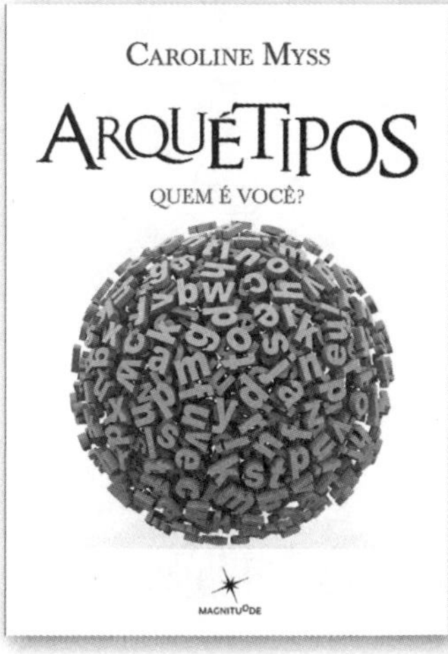

Arquétipos – quem é você?

Caroline Myss

Nenhum de nós nasce sabendo quem é ou por que somos do jeito que somos. Temos de procurar por esse conhecimento de maneira intensa. Uma vez que a curiosidade sobre si mesma é acionada, você inicia uma busca pelo autoconhecimento. Você é muito mais do que a sua personalidade, seus hábitos e suas realizações. Você é um ser infinitamente complexo, com histórias, crenças e sonhos – e ambições de proporções cósmicas. Não perca tempo subestimando a si mesmo. Use a energia do seu arquétipo para expressar o verdadeiro motivo de sua existência. Viver nunca significou não correr riscos. A vida deve ser vivida em sua plenitude.

MAGNITUDDE

Leia Magnitudde

Autoajuda

O Mestre e o aprendiz

Bertani Marinho

Na máxima "Faça aos outros o que gostaria que eles fizessem a você", conceito de fraternidade conhecido como "Regra de Ouro", Jesus resumia todas as normas e princípios das relações interpessoais. Neste livro, o autor Bertani Marinho nos faz mergulhar na história de Magno, um humilde vendedor de tapetes que descobre o caminho da prosperidade e das boas vendas ao aplicar em sua vida a "Regra de Ouro", um exemplo para todos nós de que é possível mudar, crescer, conquistar e usufruir... Tudo em equilíbrio consigo mesmo e em paz!

Coragem para Lutar

William S. Prescott

Neste livro, William S. Prescott compartilha abertamente suas dolorosas dificuldades emocionais. Lutando pela própria sobrevivência e bem-estar, William descobriu um método simples, mas eficaz, para lidar com os seus tormentos internos. Este livro tem como objetivo ajudar qualquer pessoa a enfrentar os medos que limitam a sua realização pessoal. Trata-se de valiosa inspiração para se lutar as próprias batalhas, crescer em sua própria jornada e viver a vida que se está destinado a viver.

MAGNITUDDE